GOLDEN GATE SEMINARY LIBRARY

Fundamentos bíblico-teológicos del matrimonio y la familia

Jorge E. Maldonado
editor

NUEVA CREACION
Buenos Aires — Grand Rapids
y
William B. Eerdmans Publishing Company

© 1995 Nueva Creación
filial de Wm. B. Eerdmans Publishing Co.
255 Jefferson Ave. S.E., Grand Rapids, Michigan 49503, EE.UU.

Nueva Creación, José Mármol 1734 — (1602) Florida
Buenos Aires, Argentina

Esta obra se publica y distribuye en colaboración con
EIRENE INTERNACIONAL

Reservados todos los derechos
All rights reserved

Impreso en los Estados Unidos
Printed in the United States of America

Library of Congress Cataloging-in-Publication Data

Fundamentos bíblico-teológicos del matrimonio y la familia /
Jorge E. Maldonado, editor.
p.   cm.
Includes bibliographical references.
ISBN 0-8028-0929-4 (pbk.)
1. Marriage — Religious aspects — Christianity. 2. Marriage — Biblical
teaching. 3. Family — Religious life. 4. Family — Biblical teaching.
5. Marriage — Latin America. 6. Family — Latin America.
I. Maldonado, Jorge Eduardo.
BV835.F865   1995
248.4 — dc20   94-46256
                                                   CIP

Contenido

Presentación 5

1. **La familia en los tiempos bíblicos** 7
   Jorge E. Maldonado

2. **Persona, pareja y familia** 27
   Jorge Atiencia

3. **La relación hombre-mujer en la Biblia** 45
   C. René Padilla

4. **La familia, educadora de la fe** 71
   Edesio Sánchez Cetina

5. **El matrimonio según san Pablo** 93
   Jean-Jaques von Allmen

6. **Matrimonio: problema y misterio** 123
   Margareth Brepohl

7. **La Iglesia y la familia** 131
   John H. Westerhoff

8. **La familia en la misión de Dios** 155
   Dorothy Flory de Quijada

9. **El divorcio y las iglesias evangélicas** 175
   Alianza Evangélica Española

10. **Hacia una pastoral evangélica del matrimonio** ... 193
    Iglesia Evangélica Metodista Argentina

Presentación

Para reflexionar sobre la familia desde una perspectiva bíblico-teológica, partimos de la convicción de que la familia no es el fruto de la mera necesidad biológica de perpetuar la especie, ni solamente la unidad económica que sustenta a los individuos y a la sociedad, ni tan sólo el medio más efectivo de transmitir la cultura, ni siquiera el resultado de un contrato social, ni el producto natural de dos seres que se aman. Cuando hablamos de la familia, estamos hablando de algo que nos trasciende. Estamos tocando un tema que tiene origen en Dios mismo. Con razón el apóstol Pablo dice que estamos frente a un misterio (Ef. 5.32) y lo compara con la relación de Cristo y la Iglesia. «Misterio» en el sentido bíblico quiere decir un valor, una significación y una riqueza que son difíciles de conocer aparte de la revelación divina.

En el mensaje bíblico, Dios, quien garantiza el tiempo de la siembra y de la cosecha (Gn. 8.22), quien da comida a todos los seres vivientes (Sal. 104.27; 136.25; 145.15-16) y gobierna las bóvedas celestes (Is. 40.1-26), quien crea y forma cada nueva criatura que es concebida (Job 31.15; Sal. 139.13; Is. 43.7) e infunde vida al que nace (Gn. 29.31; 30.22), ha establecido que sea en el círculo de la familia que él mismo forma, sustenta y protege a las nuevas generaciones (Sal. 22.9-11).

Desde una perspectiva teológica, el matrimonio y la familia pertenecen al orden de la creación y no tanto al de la historia (el estado y la ley) o al de la redención. En otras palabras, el matrimonio y la familia no son instituciones «cristianas», ya que no se inician con Cristo, ni se limitan al ámbito de la Iglesia. El matrimonio y la familia son más bien instituciones «humanas», ya que por el acto creativo de Dios se insertan en la misma naturaleza y estructura humanas. Sin embargo, la familia cristiana alcanza un significado y un valor muy elevados al pertenecer a la dimensión de la nueva creación en Cristo y participar como instrumento del Reino de Dios en la tierra.

Al mismo tiempo, la vida familiar se organiza de acuerdo con la cultura en la cual se desarrolla y en interacción constante con el momento histórico en que está presente. Además, las formas de organización familiar evolucionan con el tiempo. Así como no es posible establecer una definición universal y normativa de familia, tampoco es posible pretender aplicar indiscriminadamente las formas culturales de organización familiar de los tiempos bíblicos a las más complejas relaciones familiares de nuestro tiempo. Es aquí donde la labor hermenéutica y la reflexión teológica están llamadas a hacer su contribución. Esas tareas que van a iluminar la acción pastoral no pueden hacerse de una vez para siempre. Al contrario, cada nueva generación tiene el deber de retomar los textos bíblicos y trabajar con ellos para encontrar lo que ellos tienen que decir a las familias contemporáneas.

Con este esfuerzo editorial queremos estimular la reflexión bíblico-teológica sobre el matrimonio y la familia, conscientes de que hay mucho por hacer.

La mayoría de los trabajos son contribuciones de latinoamericanos que han reflexionado sobre el tema. C. René Padilla, Edesio Sánchez Cetina, Jorge Atiencia son personas conocidas en el ambiente teológico. Dos mujeres han hecho también su aporte: Margareth Brepohl, psicóloga, y Dorothy Flory de Quijada, periodista. Hay también un trabajo del educador norteamericano John H. Westerhoff quien, con mucha sensibilidad transcultural, propone desafíos a la familia contemporánea —y a la Iglesia— en esta época compleja que nos toca vivir. Incluimos un trabajo de Jean-Jaques von Allmen, el erudito bíblico suizo, recién fallecido, sobre el difícil tema del matrimonio en los escritos de Pablo. Los hermanos de España aportan con su reflexión sobre el divorcio a la luz de las Escrituras y de los difíciles problemas pastorales que éste plantea a las iglesias evangélicas. Para finalizar, hemos incluido un documento sobre la pastoral familiar elaborado por la Iglesia Evangélica Metodista Argentina, como una muestra de preocupación ministerial.

Esperamos, mediante estos artículos, desafiar a las iglesias evangélicas de habla española, a proseguir la tarea hermenéutica y teológica en torno al matrimonio y la familia.

Jorge E. Maldonado
Junio de 1993

1

La familia en los tiempos bíblicos

Jorge E. Maldonado*

El propósito de este trabajo es considerar las diferentes formas en que se organizaba la vida familiar en los tiempos bíblicos, sus costumbres y tradiciones. Se espera que el ejercicio sirva como una introducción a la discusión teológica de los artículos siguientes.

Es probable que lo que hoy llamamos «familia» muy poco tenga que ver con las expresiones culturales de la época bíblica. Una comprensión de esas diferencias nos ayudará a retomar la tarea siempre nueva de encontrar en la Escritura —en medio de los elementos culturales en que ésta fue escrita— los principios y valores necesarios para orientar nuestro trabajo teológico y pastoral hoy en día y en nuestro contexto.

El grupo social llamado «familia» se encuentra presente en todas las culturas desde los tiempos antiguos hasta los contempo-

---

* Jorge E. Maldonado es pastor, sociólogo y terapeuta familiar. Es miembro fundador de la Asociación Latinoamericana de Asesoramiento y Pastoral Familiar EIRENE. Fue Secretario Ejecutivo de la Oficina de Ministerios Familiares y Secretario Ejecutivo Interino de Evangelización del Consejo Mundial de Iglesias en Ginebra, Suiza. Es el Rector del Centro Hispano de Estudios Teológicos de la Iglesia del Pacto Evangélico en Los Angeles, California, Estados Unidos.

ráneos. Científicos sociales que han estudiado los diferentes pueblos alrededor del mundo parecen coincidir en la observación de que «en toda sociedad conocida, casi cada persona vive sumergida en una red de derechos y obligaciones familiares».[1] El término describe una diversidad de realidades sociales desde la red extensa de parientes —que se encuentra especialmente en sociedades agrarias— hasta la familia nuclear contemporánea y sus variantes, peculiar de las áreas urbanas e industrializadas del mundo.

Las definiciones de «familia» se forjan cultural e históricamente. En la parte noroccidental del mundo, donde se han experimentado por más tiempo los efectos de la industrialización, la *familia nuclear* tiende a ser normativa. En la parte sur del mundo, donde otros modos de producción y organización social coexisten y la sobrevivencia depende en gran parte de las redes de parentesco, el término «familia» tiene un sentido más amplio. Aunque todos tenemos una noción bastante definida de lo que es una familia, todavía es difícil establecer una definición universal y normativa.

Lo que distingue a la familia de otros grupos sociales es sus funciones: un lugar común de residencia, la satisfacción de necesidades sexuales y afectivas, la unidad primaria de cooperación económica, y la procreación y socialización de las nuevas generaciones. Sin embargo, estas funciones, tradicionalmente asignadas a la familia, describen mejor a la *tribu*, al *clan* o a la *familia extendida*. Históricamente —y ese es el caso de las familias en la Biblia— la raza humana ha existido primeramente en grupos sociales más extensos que la familia nuclear. Cuando la convivencia humana creció en su complejidad, tribus y clanes dieron lugar a la familia extendida y a un sinnúmero de instituciones sociales secundarias. La familia nuclear es una adaptación posterior. Esto no quiere decir que el núcleo constituido por hombre-mujer y sus hijos no existiera antes de la era industrial, sino que no se lo consideraba como «familia» aparte de esas redes más extensas y entretejidas de relaciones familiares. En breve, hoy en día se considera familia tanto la «unidad social básica formada alrededor de dos o más

---

1 William J. Goode, *The Family*, Prentice Hill, Prentice Hill, 1976, p. 1. Ver también Berta Corredor, *La familia en América Latina*, Centro de Investigaciones Sociales, Bogotá, 1982. Un trabajo más actual y transcultural es el de Wen-Shing Tseng y Jin Hsu, *Culture and Family, Problems and Therapy*, The Haworth Press, Nueva York, 1991.

adultos que viven juntos en la misma casa y cooperan en actividades económicas, sociales y protectoras en el cuidado de los hijos propios o adoptados»,[2] como la «red más extensa de relaciones establecidas por matrimonio, nacimiento o adopción».[3] En todo caso, las maneras en que esas relaciones se establecen, los derechos y obligaciones asignados a los sexos, y el número de personas que la forman, difieren grandemente de un lugar a otro de acuerdo con la cultura, la clase social, la religión y la región del mundo donde se vive.

La familia en el Antiguo Testamento

Es tarea imposible tratar de exponer en unos pocos párrafos la enorme variedad de expresiones familiares y su evolución a lo largo de miles de años que cubre el Antiguo Testamento. Durante ese período se dieron muchos cambios. Abraham vivió una vida semi-nómada. Sus descendientes, que se asentaron en Canaán, construyeron ciudades e interactuaron con la gente de la región. Cuando decidieron tener un rey en vez de jueces locales, experimentaron la prosperidad, pero también los trabajos forzados, los impuestos y la brecha creciente entre ricos y pobres. Luego de la división del país en dos reinos, las invasiones de Siria, Egipto, Asiria, y Babilonia, así como los setenta años de exilio y luego el control político por parte de Persia, Grecia y Roma, sin duda imprimieron huellas profundas e introdujeron cambios significativos en la vida familiar de la gente del Antiguo Testamento.

Sin embargo, es posible afirmar que la familia fue de central importancia en la organización de las sociedades veterotestamentarias.

Sin duda que otros factores estuvieron presentes en la formación de las sociedades de los períodos más remotos que da cuenta el Antiguo Testamento, pero ninguno de ellos desempeñó un papel más importante que la familia... Todos los asuntos públicos fueron,

---

2 Bernard Faber, «Family», *Enciclopedia Americana* II, edición internacional, Americana Corporation, Nueva York 1982, p. 218.
3 Jorge E. Maldonado, «Family», *Dictionary of Ecumenical Movement*, Nicholas Lossky, José Miguez-Bonino y otros, eds., WCC Publications, Ginebra, 1991, p. 415.

hasta cierto punto, asunto familiares; estaban regulados por los ancianos, o sea los cabeza de familia y de los clanes.[4]

En el tiempo de la peregrinación de Israel por el desierto se definió su estructura. Una tribu estaba formada por varios clanes que a su vez eran grupos de familias unidas por lazos de consanguinidad (Jos. 7.14-18). En esa estructura social Israel veía a cada individuo como miembro de una familia. Cada familia a su vez estaba unida a otras familias que formaban un clan. El clan a su vez estaba unido en grupos más extensos, formando las tribus, de modo que toda la nación de Israel era en efecto, una gran familia de familias.

La familia en el Antiguo Testamento era definitivamente patriarcal. Uno de los términos para designarla es «casa paterna» (*bet ab*). Las genealogías se presentan siempre a través de la línea paterna. El padre tenía sobre los hijos, incluso los casados, si vivían con él, y sobre sus mujeres, una autoridad total, que antiguamente llegaba hasta el derecho de vida o muerte. La desobediencia y la maldición a los padres eran castigadas con la muerte (Ex. 21.15-17; Lv. 20.9; Pr. 20.20). A medida que el sistema legal evolucionó, ese derecho del padre fue transferido a las cortes, pero en esencia no cambió: ante la queja de un padre, la corte generalmente pronunciaba sentencia de muerte.[5]

Otro de los términos usados en el Antiguo Testamento para familia en el hebreo es *mishpahah* que significa familia, pero también clan, tribu, pueblo, y describe al grupo de personas que habitan en un mismo lugar o en varias aldeas, que tienen intereses y deberes comunes, y cuyos miembros son conscientes de los lazos de sangre que los unen, por lo que se llaman «hermanos» (1 S. 20.29).[6]

Otra palabra en el Antiguo Testamento para designar familia era «casa» (*bet o bayít*).[7] Se la usa para denotar vivienda, y figura-

---

4. T. K. Cheyne y J. Sutherland-Black, eds., *Encyclopaedia Biblica*, Adam and Charles Black, eds., 1914, p. 1498.
5. *Idem*.
6. Roland De Vaux, *Instituciones del Antiguo Testamento*, Herder, Barcelona, 1976, pp. 50-51.
7. C. Caverno, «Family», *The International Standard Bible Encyclopedia* II, Eerdmans, Grand Rapids, 1969, p. 1094; Arch. E. Dichie, «House», *ISBE* III, p. 1434.

damente el lugar donde Jehová habita (especialmente con referencia al tabernáculo o al templo). También significa familia, descendencia y hasta un pueblo entero, como en «la casa de Israel» (Jos. 24.15 y Ez. 20.40). La palabra «casa» aparece más de dos mil veces en toda la Biblia.[8]

Los patriarcas hebreos seguían las costumbres de sus vecinos con respecto a tener más de una esposa; es decir, eran polígamos. Una familia de aquellos tiempos, con frecuencia, incluía al esposo, sus esposas y sus hijos, sus concubinas y sus hijos, los hijos casados, las nueras y los nietos, esclavos de ambos sexos y sus hijos nacidos bajo ese techo, los extranjeros residentes en su predio, las viudas y los huérfanos, los allegados y todos cuantos estaban bajo la protección del jefe de la familia.[9] Cuando Lot fue tomado prisionero por los reyes de Canaán, Abraham «juntó a los criados de confianza que habían nacido en su casa que eran 318 hombres en total» (Gn. 14.14) y logró rescatar a su sobrino.

Un término importante para nuestra discusión es «padre» ('ab).[10] Se usaba para referirse no sólo al padre, sino al abuelo, y a los antepasados distinguidos como Abraham. También se aplicaba a hombres de mucho respeto, sin que mediara parentesco alguno. El padre cumplía funciones sacerdotales. Religión y familia estaban entretejidos con las mismas hebras. La comunidad de adoración básica que mantenía la cohesión social de ese entonces era la familia. Al igual que en otros grupos humanos a su alrededor, entre los hebreos el padre de la casa era también el sacerdote que vigilaba las relaciones entre la gente de su casa y Dios (Job 1.5). Esto es mucho más evidente después del Exodo, cuando el padre ocupa el lugar predominante en el ritual de la pascua (Ex. 12.21-28). Los miembros de la familia estaban bajo estricta obligación de reunirse en el santuario familiar (1 S. 20.29).[11] Quien cumplía esta función religiosa en lugar de un padre, adquiría tal dignidad. Así Moisés fue llamado «padre» de los hijos de Aarón (Nm. 3.1). Los profetas eran llamados «padres» por sus

---

8 Roy B. Wyatt, «Casa», *Diccionario ilustrado de la Biblia* Caribe, Miami, 1974, pp. 106-107.
9 Rolando de Vaux, *op. cit.*, pp. 50-51.
10 Philip Wendell Crannel, «Father», *The International Standard Bible Encyclopedia* II, Eerdmans, Grand Rapids, 1969, p. 1100.
11 Cheyne y Sutherland-Black, *op. cit.*, p. 1498.

discípulos (2 R. 2.12). Más tarde los rabinos fueron también llamados «padres».[12]

El pueblo de Israel también usaba la palabra «padre» para referirse a Dios. La Biblia la usa para hacer referencia a la relación de Dios con su pueblo (Dt. 14.1; Is. 64.8; Pr. 3.12). En la relación de Jehová con el pueblo de Israel, éste es llamado «hijo» o «hija», y a veces «esposa» (Os. 11.1; Jer. 3.22; 31.17; Is. 54.6). En Isaías 66.13 la imagen análoga para Jehová es la de una madre, y en Isaías 54.5 es «marido».

La fertilidad era considerada como parte esencial de la promesa de Dios al pueblo judío. Se hacían provisiones para asegurarla. Por ejemplo, si un hombre casado moría sin dejar hijos, su hermano estaba en la obligación de tomar a la viuda por esposa a fin de continuar la descendencia de su hermano fallecido (Dt. 25.5-10). Una mujer estéril podía dar una de sus esclavas al marido para que, a través de ella, pudiera tener hijos (Gn. 30.1-13).

Los niños estaban incluidos en el Pacto o alianza de Dios con Israel mediante la circuncisión que se realizaba a los ocho días de nacido un varón. Los niños eran instruidos en la Ley por el padre en el contexto cotidiano del hogar (Dt. 6.4-9) y participaban activamente en las celebraciones de la Pascua y otras festividades religiosas en el hogar. Solamente después del exilio babilónico se institucionalizó la instrucción religiosa. Se ponía mucho énfasis en la obediencia a los padres y maestros y se usaba con frecuencia la vara y el castigo corporal para disciplinar a los niños (Pr. 22.15; 13.24).

La condición de la mujer

Aunque las mujeres hacían gran parte de los trabajos duros de la casa y del campo, ocupaban un lugar secundario tanto en la sociedad como en la familia. Las solteras estaban bajo la tutela de su padre o de un guardián. Al parecer, las mujeres eran tratadas más bien como prendas de valor al ser «compradas» por sus futuros esposos, e incluso vendidas como esclavas (Ex. 21.7). Por

---

12 Gottfried Quell, «The Father Concept in the Old Testament», *Theological Dictionary of the New Testament* V, Eerdmans Grand Rapids, 1967, pp. 969-972.

norma, sólo los hijos varones tenían derecho a la herencia, y el hijo mayor tenía derecho a una doble porción de la propiedad de su padre. Sólo si no había varones en la familia, las hijas podían heredar a su padre. Si una familia no tenía hijos, la propiedad pasaba al pariente varón más cercano.[13]

El compromiso nupcial (o el acto de contraer esponsales) era un contrato entre dos jóvenes realizado frente a dos testigos. La pareja se intercambiaba anillos o brazaletes. El novio o su familia tenía que pagar una suma de dinero, llamada *mohar*, al padre de la novia. A veces podía pagarlo en trabajo (Gn. 29.15-30). Al parecer, el padre sólo podía gastar el interés de ese capital, el cual debía devolverse a la hija a la muerte de sus padres o si ella enviudaba. Labán parece haber quebrantado esa costumbre (Gn. 31.15). El padre de la muchacha, a cambio, le daba una dote que solía consistir en sirvientas, regalos o tierras. El matrimonio era un evento más bien civil (familiar y comunal) antes que religioso. La boda se celebraba cuando el novio tenía ya su casa lista. Con sus amigos iba a la casa de la novia, en donde ella lo esperaba ataviada con su vestido especial para la ocasión y con un puñado de monedas que él le había entregado anteriormente. De allí el novio la llevaba a su nueva casa o a la casa de sus padres en donde se hacía la fiesta con los invitados. En el trayecto, amigos, vecinos e invitados formaban un cortejo con música y danzas.[14]

En el matrimonio del Antiguo Testamento, el marido era el señor (*ba' al*) de su esposa. Por medio del matrimonio la mujer pasaba a ser propiedad del esposo. Las mujeres eran preciadas como potenciales madres destinadas a dar al clan el más precioso de los dones: hijos, y especialmente varones. De ahí que la esterilidad —atribuida generalmente a una falla en la mujer— era un estigma, considerado como castigo de Dios (Gn. 16.1-2; 1 S. 1.6). Sólo cuando la mujer llegaba a ser la madre de un hijo varón obtenía su completa dignidad en el hogar (Gn. 16.4; 30.1). El no tener un hijo era todavía más difícil de sobrellevar para el esposo: su casa (su descendencia) estaba amenazada por la extinción; las hijas se casaban y se iban; sólo los varones podían hacerse cargo del culto familiar, de discutir la ley y de portar las armas.

---

13 Pat Alexander, org. ed., *Eerdmans' Family Encyclopedia of the Bible*, Eerdmans, Grand Rapids, 1978, p. 196.
14 *Ibíd.*, p. 198.

La falta de hijos en un matrimonio conducía a veces al divorcio o la poligamia. Entre los hebreos, como entre la gente del mundo antiguo en general, el tener una numerosa prole era un deseo muy generalizado. Una bendición muy apreciada tenía que ver con la abundancia de hijos (Gn. 24.60), quienes eran considerados como «saetas en manos del valiente» (Sal. 127.3-5). Más tarde, cuando se adoptó una forma de vida más sedentaria, las mujeres llegaron también a ser apreciadas por su eficiencia en el trabajo hogareño (Pr. 31.11-30).

Es interesante notar que, a pesar de tratarse de una sociedad patriarcal, muchos textos bíblicos mencionan al hombre y a la mujer juntos y en igual plano. Un primer ejemplo es Génesis 1, en donde los dos son hechos a imagen de Dios, ambos reciben el mandato de procrear y señorear. Este es en sí un pasaje en contra de la cultura dominante en donde sólo el varón, y en muchos lugares sólo el rey, podía ser imagen de Dios. Otro ejemplo es el quinto mandamiento que habla sobre el honor que deben los hijos a ambos progenitores (Ex. 20.12). Débora, «la madre de Israel» (Jue. 5.7), es una figura atípica del mundo antiguo, posible en un momento específico de la historia de Israel, antes de la monarquía. El libro de Proverbios habla varias veces de la necesidad de respetar y obedecer la enseñanza de padre y madre (Pr. 1.8; 6.20). El hablar mal del padre o calumniar a la madre se castigaba con la muerte (Dt. 21.18, 21; Ex. 21.15).

En los escritos de los profetas se observa que la familia, llamada a ser el altar de la fe y de la instrucción espiritual, se convertía a veces en el foco de desorientación (Jer. 9.13-14; Am. 2.4). El deterioro de la familia era un poderoso recordatorio para «volverse a Dios» (Mi. 7.6-7). Varios de los profetas levantaron sus voces para hacer volver al pueblo a una relación familiar más justa y satisfactoria como parte de su compromiso con Dios. Oseas fue un testimonio viviente de la preocupación de Dios por la monogamia. Miqueas abogó por el amor en la familia y el respeto por los progenitores. Isaías proclamó la fidelidad conyugal de Yahweh, el esposo, hacia Israel. Ezequiel continuó favoreciendo el matrimonio monogámico y el reconocimiento de un lugar más alto para la mujer tanto en la familia como en la sociedad.

Con el paso del tiempo evolucionó la estructura de la familia en Israel. La vida urbana trajo cambios. El tipo de vivienda en aldeas y ciudades restringió el número de personas que podían vivir en el mismo lugar. Disminuyó el número de esclavos en cada casa. El juicio de un hijo rebelde pasó a manos de los ancianos de la ciudad (Dt. 21.18-21). Precisamente en la época postexílica, según los relatos de los libros sapienciales, la familia judía se nos muestra más evolucionada: el amor marital y la educación de los hijos son preocupaciones constantes y la monogamia se supone como la forma corriente de relación conyugal.[15]

La familia en los tiempos de Jesús

La primera página del Nuevo Testamento ubica a Jesús, el Mesías, como miembro de la familia de David y de Abraham (Mt. 1.1). La culminación y el cumplimiento de las promesas del pacto hechas en el Antiguo Testamento se dan en la persona y obra de Jesucristo, nacido en la trayectoria de una familia (Mt. 1.1; Lc. 3.23-38; Ro. 4.13; Gá. 3.6, 7, 16). Todos estos textos son una continuación de la manera en que el Antiguo Testamento se aproxima al cumplimiento de las promesas en el contexto de la familia. De modo que, tanto en el Antiguo Testamento como en el Nuevo, las declaraciones acerca del matrimonio y de la familia están ligadas con el mensaje total de las Escrituras que dan testimonio de Jesucristo (Jn. 5.39).

También el Nuevo Testamento usa el término «casa» (*oikos* en griego) para describir la familia.[16] Se habla, por ejemplo, de «la casa de Israel» (Mt. 10.6; Hch. 2.36; He. 8.8-10) y de «la casa de David» (Lc. 1.27, 69; 2.4) para indicar la línea de familia o el linaje.

Las mujeres, siguiendo la tradición del Antiguo Testamento, tampoco eran consideradas «iguales» a los hombres. La mujer estaba obligada a obedecer a su marido como a su dueño... y esta obediencia era un deber religioso. Además, estaban excluidas de la vida pública. Joachim Jeremias escribe:

> Las hijas, en la casa paterna, debían pasar después de los muchachos; su formación se limitaba al aprendizaje de los trabajos domésticos, coser, tejer en particular; cuidaban también de los hermanos

---

15. Claudio Gancho, «Familia», *Enciclopedia de la Biblia* III, segunda edición, Garriga, Barcelona, 1969, pp. 431-433.
16. Gerhard Kittel, «Oikos», *Theological Dictionary of the New Testament*, Eerdmans, 1967.

y hermanas pequeños. Respecto al padre, tenían ciertamente los mismos deberes que los hijos. Pero no tenían los mismos derechos que sus hermanos; respecto a la herencia, por ejemplo, los hijos y sus descendientes precedían a las hijas.[17]

Según Josefo, el historiador judío del primer siglo, tanto los derechos como los deberes religiosos de las mujeres eran limitados. Sólo podían entrar en el templo al atrio de los gentiles y al de las mujeres. Había rabinos que sostenían que a la mujer no se le debía enseñar la ley. Las escuelas, donde se enseñaba la ley y además a leer y escribir, eran exclusivamente para varones. Sólo a algunas hijas de familias de elevado rango social les era permitido estudiar. En las sinagogas había separación entre hombres y mujeres. En el culto, la mujer sólo escuchaba; le estaba prohibido enseñar. En casa, la mujer no podía bendecir la comida. En general, la mujer en la cultura judía estaba segregada a un segundo plano, al igual que las mujeres de las culturas vecinas de la época.[18]

Si la mujer ocupaba un lugar secundario en la vida doméstica, y sus deberes y derechos religiosos estaban limitados, en la vida pública no participaba en absoluto. Cuando la mujer judía de Jerusalén salía de casa, llevaba la cara cubierta con dos velos y otros atavíos que imposibilitaban reconocer los rasgos de sus cara. La mujer que salía sin llevar la cabeza y la cara cubiertas ofendía las buenas costumbres al punto de exponerse a que su marido ejerciera el derecho —¡incluso el deber!— de despedirla, sin que estuviese obligado a pagarle la suma estipulada en el contrato en caso de divorcio. En síntesis, las mujeres debían pasar inadvertidas ante el público. Era una gran deshonor para un alumno de los escribas hablar con una mujer en la calle. El escriba Yosé Yojanán, que vivió un poco antes del tiempo de Jesús, recomendaba no hablar mucho con una mujer, incluso con la propia.[19]

Mientras más notable era una familia, más estrictas eran las restricciones impuestas a las mujeres. Las solteras estaban restringidas al umbral de la casa paterna y las casadas debían portar siempre el velo. En las clases populares y en el campo, por razones económicas, parece que estas restricciones no se aplicaban en su

---

17 Joachim Jeremias, *Jerusalén en tiempos de Jesús*, Cristiandad, Madrid, 1985, pp. 385-386.
18 *Idem.*
19 *Ibíd.*, pp. 371-374.

totalidad, y las mujeres podían ayudar a sus maridos en sus trabajos y negocios.

Los esponsales, que precedían al contrato matrimonial, se realizaban cuando las jóvenes tenían entre doce y doce años y medio de edad. Hasta ese momento, la joven estaba totalmente bajo la potestad del padre: no tenía derecho a poseer el fruto de su trabajo, ni a rechazar el matrimonio decidido por su padre. Con los esponsales el joven «adquiría» a la novia. Joachim Jeremias se pregunta si existía acaso una diferencia entre la adquisición de una esposa y la adquisición de una esclava, y se responde que no, aparte de dos hechos: a) la esposa conservaba el derecho jurídicamente reconocido de poseer los bienes (no de disponer de ellos) que había traído de su casa y b) la esposa tenía el amparo del contrato matrimonial que le aseguraba recibir una suma de dinero en caso de divorcio o de muerte del esposo.[20]

Aunque los varones eran considerados adultos a los trece años, después de una ceremonia que los hacía «hijos de la ley» y que ocurría generalmente en el templo (Lc. 2.41-42), accedían a los esponsales y al matrimonio unos años más tarde que las niñas. Un dicho atribuido al rabino Samuel «el Joven» (fin del siglo I) contempla que «a los cinco años se está listo para la Escritura; a los diez para el *Mishna*; a los trece para el cumplimiento de los mandamientos; a los quince años para el *Talmud*; a los diez y ocho para la alcoba de la novia...»[21]

El matrimonio tenía lugar ordinariamente un año después de los esponsales. Allí pasaba la novia definitivamente del poder del padre al poder del esposo. La joven pareja generalmente iba a vivir con la familia del esposo. Allí, además de enfrentar la desventaja de tener que adaptarse a una comunidad extraña, la joven quedaba en total dependencia de su marido. Aunque en los tiempos del Nuevo Testamento ya imperaba la monogamia, la esposa estaba en la obligación de tolerar la existencia de concubinas junto a ella. Además, el derecho al divorcio era exclusivo del hombre. El marido podía «despedir» a su mujer (Mt. 19.3), según algunas interpretaciones de Deuteronomio 24.1, en caso de encontrar en ella «algo vergonzoso», quedando este recurso al capricho del

---

20 *Ibíd.*, pp. 379-380.
21 Samuel «el Joven», Aboth 5.21, citado por Hans-Ruedi Weber, *Jesús y los niños*, CELADEC, Lima, 1980, p.103.

hombre. Los hijos, en caso de divorcio, quedaban con el padre, lo que constituía la prueba más dura para la mujer.[22]

«Sólo partiendo de este trasfondo —dice Joachim Jeremias— podemos apreciar plenamente la postura de Jesús ante la mujer.»[23] Si bien Juan el Bautista había bautizado a mujeres (Mt. 21.32), Jesús permitió que mujeres le siguieran (Lc. 8.1-3; Mr. 15.40-41; Mt. 20.20). Jesús no sólo habló con mujeres (Jn. 4; Jn. 8.2-11) sino que discutió con ellas temas teológicos (Lc. 10.38-42; Jn. 11.21-27) en una época en que ningún rabino se atrevía a hacerlo. Estos acontecimientos no tienen parangón en la historia de la época. Es más, Jesús no se contenta con colocar a la mujer en un rango más elevado que aquel en que la había colocado la cultura de su tiempo, sino que la coloca ante Dios en igualdad con el hombre (Mt. 21.31-32). Si bien es cierto que Jesús no tomó mujeres entre los doce discípulos, no significa que estableció que para el resto de la historia las mujeres quedarían fuera de las funciones oficiales de enseñanza y gobierno de la iglesia. La profesora Irene Foulkes encuentra más bien en esto la clave hermenéutica para el inicio del nuevo Israel. El nombramiento de los doce —dice ella— era una especie de parábola actuada: significaba el arranque de un nuevo pueblo «que sobrepasaría en mucho a la vieja nación definida en términos de descendencia humana de los doce patriarcas».[24]

Jesús y los niños

En cuanto a los niños, en el Nuevo Testamento hay más de una docena de palabras griegas diferentes para describirlos, y se usan de manera muy diversa. Estos términos indican origen, estatus social, niveles de edad, etc. Algunas de esas palabras se usan también para designar a los siervos, a los simples, a los sencillos, a los ignorantes, a alguien inmaduro, a lo poco, a lo pequeño.[25] Esto revela que la posición de un niño en el mundo del primer siglo no era la más envidiable.

---

22 Jeremías, *op. cit.*, pp. 379-382.
23 *Ibíd.*, p. 387.
24 Irene W. de Foulkes, «La Biblia y la Tradición», *Comunidad de hombres y mujeres en la Iglesia*, SEBILA, San José de Costa Rica, 1991, p. 65.
25 Hans-Ruedi Weber, *op. cit.*, pp. 75-77.

En el mundo greco-romano, la primera pregunta que surgía ante el nacimiento de un niño era si debía vivir o no. En Esparta, por ejemplo, la muerte de los niños estaba institucionalizada. Incluso los filósofos justificaban esa práctica, al parecer extendida en el mundo antiguo, de «exponer» (abandonar) a los niños. Platón, reflexionando sobre la ciudad ideal afirmó:

> Pienso que los hijos de buena familia deberán ser llevados a la casa de expósitos o a ciertas niñeras que viven en barrios apartados; pero los hijos de las clases inferiores y todos los que nacen con defectos, serán expuestos en secreto, de modo que nadie sepa qué ha sido de ellos.[26]

Si bien la educación de los niños estaba regulada en el mundo greco-romano, las opiniones estaban divididas entre si los niños debían ser educados por sus padres en el hogar o si debían ser entregados a tutores, maestros y niñeras. Para los ciudadanos de Esparta, como para Platón, los niños debían ser separados y criados fuera de sus hogares. Educar a un niño era considerado como domar un animal. Platón afirmaba:

> Del mismo modo que las ovejas o cualquier otro animal no puede estar sin pastor, así los niños no pueden vivir sin tutor ni los esclavos sin amo. Y de todas las criaturas salvajes, el niño es la más intratable, en tanto que, por encima de todas ellas, posee una fuente de razonamiento que aún no ha sido domada, y por lo tanto es traicionero, astuto e insolente. El niño debe ser sujetado con muchos frenos —primero, cuando deja el cuidado de la niñera y la madre, con un tutor que guíe su ignorancia, y luego con maestros de toda clase de temas y lecciones— para que se transforme en un niño libre. Pero, por otra parte, debe ser tratado como un esclavo; y todo hombre libre que lo encuentre en falta deberá castigar tanto al niño como al tutor.[27]

En contraste, para los israelitas el nacimiento de un niño —especialmente el de un varón— era un acontecimiento feliz, una bendición (Sal. 127.3-5). No sólo que se consideraba un crimen abandonar a un niño, sino que el mismo Dios de Abraham, Isaac y Jacob se presentaba como el protector de los niños abandonados

---

26 Platón, *La República*, 460 C., citado por *ibíd*, p. 93.
27 Platón, *Leyes*, 808 D.E., citado por *ibíd.*, p. 96.

(Ez. 16.4-14, específicamente aquí de una niña que simboliza a Israel). Los niños estaban incluidos en el pacto (o alianza) de Dios con Israel. Mediante la circuncisión de los varones y la presentación en el templo (Lc. 2.21-38) se los incluía en la comunidad. Los niños eran instruidos en la Ley por el padre (Dt. 6.4-9) y participaban activamente en la celebración de la pascua en el hogar. Sin embargo, en general los niños eran considerados insignificantes, al punto que no eran contados como gente (Mt. 14.21). El rabino del primer siglo Dosa ben Harkinas (c. 90 d.C.) escribió: «Dormir en la mañana, tomar vino al mediodía, conversar con los niños y sentarse a la mesa con gente ignorante, ponen a un hombre fuera del mundo».[28]

Sólo ante el trasfondo greco-romano y judío de su tiempo es posible apreciar con justicia las palabras, actitudes y acciones de Jesús con los niños (Mt. 19.13-15; Mt. 11.25; Mt. 18.3; Mr. 9.36-37; Mr. 10.13-16; Lc. 7.31-35; Mr. 9.33-37 y sus respectivos pasajes paralelos). La actitud de Jesús hacia los niños era tan nueva y sorprendente que sus discípulos se quedaban desconcertados (Mr. 10.13-16).

> Aún hoy podemos preguntarnos si la iglesia cristiana desde entonces ha entendido totalmente estas sorprendentes acciones y dichos... En la persona de Jesús —en sus enseñanzas, vida, muerte y resurrección— el Reino de Dios estaba realmente anticipándose. Dentro de esta realidad anticipada del Reino, los niños aparecen en una luz totalmente nueva.[29]

Jesús y la familia

Jesús validó la institución familiar. El mismo llegó al mundo a través de una familia en la cual, además de padres, tuvo hermanos y hermanas (Mt. 13.55-57). Jesús experimentó una niñez de crecimiento integral, tanto físico como intelectual, social y espiritual (Lc. 2.52). Como adulto, aunque rabino itinerante, sin hogar fijo (Lc. 9.58), supo disfrutar de la hospitalidad hogareña (Mt. 8.14; Lc. 10.38-42). Su primer milagro lo realizó en una boda (Jn. 2.1-12). Hizo muchos otros milagros que demostraron su preocupación

---

28 Dosa ben Harkinas, Mishpa, Aboth 3.11, citado por *ibíd.*, p. 25.
29 *Ibíd.*, p. 27.

por la familia (Mt. 8.14-15; Lc. 7.12-16; Jn. 11.5-44). Nos enseñó a llamar a Dios «Padre nuestro» (Mt. 6.9) y lo presentó como el padre que espera alerta el retorno del hijo pródigo (Lc. 15.11-32). En la cruz se preocupó de la seguridad de su madre encargándola al discípulo que amaba (Jn. 19.26). Parece que no sólo su madre, sino también sus hermanos estaban entre los discípulos en el aposento alto después de su ascensión (Hch. 1.14).

Jesús cuestionó la idea de que la descendencia biológica judía alcanzara para la membresía en el Reino de Dios (Mt. 12.48-50). Sin embargo, mucho de su ministerio público estuvo dirigido a la familia. Enseñó enfáticamente que el cuarto mandamiento, honrar padre y madre, permanecía válido aun por encima de las obligaciones cúlticas (Mt. 15.3-6; Mr. 7.10-13). Restableció claramente la igualdad de derechos entre el hombre y la mujer en el matrimonio al negar al marido el derecho al repudio y a la poligamia (Mt. 19.3-8; Mr. 10.2-9), privilegios patriarcales reconocidos en el mundo antiguo.[30] En su trato con las mujeres y los niños, gente de segunda categoría en la ciudadanía de ese entonces, Jesús no siguió las costumbres de la época. Según Jesús, los niños tenían un alto valor como miembros de su Reino (Mr. 10.13-16). Entre sus palabras más fuertes están las que tienen que ver con actitudes y acciones de adultos que hacen tropezar a un niño (Mt. 18.6).

Los apóstoles y la familia

Algunos apóstoles eran hombres de familia (Mt. 8.14; 1 Co. 9.5). Aunque San Pablo prefirió permanecer solo por causa del evangelio, honró el matrimonio de otros (1 Co. 7.1-9; 1 Ti. 4.1-4). Aconsejó a las esposas cristianas permanecer en unión con sus esposos, aunque éstos no fueran creyentes (1 Co. 7.10-16). La buena marcha de la familia fue una de las maneras de reconocer a pastores y diáconos (1 Ti. 3.1-13; Tit. 1.5-7). La hospitalidad en hogares cristianos era una virtud muy apreciada (Ro. 12.13; 1 P. 4.9). Las relaciones cristianas en los círculos familiares de los creyentes eran un poderoso testimonio a los inconversos (1 P. 3.1-7). Allí, en la familia, las virtudes abstractas de amor, perdón, gozo, paz,

---

30 Bernhard Häring, *El matrimonio en nuestro tiempo*, Herder, Barcelona, 1973, p. 128.

benignidad, dominio propio (Gá. 5.22) tienen la oportunidad de hacerse realidades concretas.

El Apóstol Pablo y los demás escritores del Nuevo Testamento estaban familiarizados con los patrones de autoridad familiar que prevalecían en el ambiente de su tiempo. Aparentemente aceptaron las normas existentes y no abogaron por cambios en la estructura social. Sin embargo, por medio de sus enseñanzas y sus acciones hicieron evidente su convicción respecto al valor de las mujeres y los niños. En un ambiente en que los judíos hacían su oración matutina dando gracias a Dios porque no habían nacido ni gentiles, ni mujeres ni esclavos, ellos hablaron con mujeres, les instruyeron del Reino de Dios, ministraron a sus necesidades y les encomendaron un lugar en la obra del Reino (Hch. 1.14; 16.13-40; 18.26; Ro. 16.1-5; 1 Co. 16.19-20; 2 Jn.; etc.). No son pocas las menciones que San Pablo, por ejemplo, hace de mujeres como «colaboradoras en Cristo» (Ro. 16.1-4) y «combatientes» en el arduo trabajo de la evangelización (Fil. 4.1-3) y en la labor pastoral (Ro. 16.1). Nombres como Evodia y Síntique, Priscila y Febe han sido celosamente conservados en las Escrituras como una manifestación de los espacios que la Iglesia de Jesucristo del primer siglo, en medio de sus errores y limitaciones, abría y mantenía para el ministerio de la mujer.

La estructura social patriarcal no fue puesta a un lado por Jesús y los apóstoles. La estructura familiar de aquella época, como la comunidad de personas relacionadas por vínculos de matrimonio y parentesco y regidas por la autoridad del padre, fue reconocida y puesta al servicio de Dios y la edificación de la Iglesia del Nuevo Testamento. El libro de Los Hechos de los Apóstoles narra casos de familias enteras que aceptaron el evangelio y fueron bautizadas (Hch. 10.24-48; 16.15; 16.31-33; 18.8). Esto da testimonio no sólo de la unidad familiar de los que se convertían al Señor, sino también de que el padre de familia —y a veces la madre, como en el caso de Lidia (Hch. 16.15)— era el portavoz de toda su casa delante de Dios y de la comunidad (Jn. 4.53; Lc. 19.9; Flm. 1-2).

Esto indica que el evangelio no arrancó bruscamente a los primeros cristianos de su sistema habitual de familia, ni los aisló inútilmente de la sociedad en que vivían. Más bien reconoció los valores de la familia (al igual que reconoció los valores de la cultura) cuando éstos correspondían a los principios del Reino de Dios. Al mismo tiempo, el evangelio evaluó y juzgó tanto el ambiente social como el familiar cuando estos no estaban de acuerdo con la voluntad de Dios.

Es más, el vocabulario que el Nuevo Testamento usa para referirse a la relación de los redimidos proviene de las relaciones familiares. Por creer en Jesucristo somos hechos *hijos* del *Padre* celestial (Jn. 1.11-13). Al ser parte de la Iglesia estamos en la comunidad de *hermanos*, en la cual Cristo es «el *primogénito* entre muchos hermanos» (Ro. 8:29). Una evidencia de pertenecer a «la *familia de Dios*» (Ef. 2.19; Gá. 6.10) es la demostración del amor en la comunidad de hermanos (1 Jn. 3.14-16).

A través de los saludos de San Pablo a los creyentes en Roma es posible asomarnos a la ventana de algunos de los hogares, casas y composiciones familiares en las iglesias del Nuevo Testamento. De las veintinueve personas que San Pablo saluda en el capítulo 16 de su epístola a los Romanos, solamente tres son parejas casadas y ninguna representa la típica familia patriarcal de aquel entonces: a Prisca (Priscila) se la nombra primero aquí (vv. 3-4) y en Hechos 18.18 señalándola como la que encabezaba la pareja ministerial junto con su esposo Aquila (Hch. 18.2); Andrónico y Junias (v. 7) representan una pareja igualitaria de «apóstoles».[31] Filólogo (que significa «el que le gusta hablar», cualidad supuestamente femenina) y Julia (v. 15) forman la otra pareja. Aunque

---

31 Junias o Junia es la forma griega de un nombre femenino muy usado en el mundo romano. C. E. B. Cranfield (*The International Critical Commentary*, T. & T. Clark, Ltd., 1979, pp. 788-789) afirma que «es completamente correcto dar por sentado que la persona referida era una mujer» y que «lo más probable era que Andrónico y Junias eran esposo y esposa ... paisanos de Pablo». En cuanto a la designación de «apóstoles», el mismo autor, en concordancia con otros comentaristas, afirma que hay al menos dos significados para el uso de esta palabra en el Nuevo Testamento: el sentido *limitado*, que designa a los que vieron a Jesús cara a cara y a quienes él comisionó, y el sentido *amplio*, que denota aquellos misioneros itinerantes (Hch. 14.4, 14; 1 Co. 12.28; Ef. 4.11). Cranfield afirma que es en este último sentido que Junias es reconocida, junto con su esposo, como «insigne» en la labor apostólica. Tomás Hanks («What kind of Church? Poor, feminist, gender-benders?», estudio bíblico no publicado sobre Romanos 16.1-27, p. 1) afirma: «El hecho de que Junias era mujer y apóstol fue universalmente reconocido a través del período patrístico, pero la corrupción del texto en la edad media cambió su nombre a una forma masculina con el propósito de oscurecer este hecho».

los hombres (diecinueve en total) son casi el doble que las mujeres (diez en número), sólo a tres hombres se los saluda como líderes de la iglesia, mientras siete de las diez mujeres son específicamente mencionadas por su liderazgo (vv. 1-2, 3-5a, 6a, 7a, 12). Puede concluirse que muchas de las iglesias del siglo I en el mundo helénico fueron fundadas y lideradas por mujeres. En efecto, la primera convertida en Europa fue Lidia (Hch. 16.11-15), a quien «el Señor le movió a poner toda su atención en lo que Pablo decía (y) fue bautizada con toda su familia» (vv. 14b-15a, VP). Al parecer, el modelo patriarcal de presbíteros (varones) fue un patrón que prevaleció entre las iglesias de origen judío.[32]

El resto de casas que San Pablo saluda en Romanos 16 reflejan diversas configuraciones familiares que el Apóstol dignifica y apoya con sus saludos. No se hace alusión a la situación doméstica de algunas mujeres como Febe, la diaconisa de Cencrea a quien honra con su primer saludo (v. 1), María (v. 6) y Pérsida (v. 12b), y de algunos hombres tales como Epeneto (v. 5b.), Ampliato (v. 8), Urbano (v. 9), Estaquis (v. 9), Apeles (v. 10) y Herodión (v. 11). Trifena y Trifosa (v. 12) al parecer son dos hermanas que «trabajan en el Señor». Rufo vive con su madre (v. 13). El versículo 14 lleva un saludo a un grupo de cinco hombres que viven bajo el mismo techo con un número no determinado de otros hermanos, probablemente sus sirvientes o esclavos. Con Filólogo y Julia viven Nereo y su hermana, además de otro soltero, Olimpas, y otros «santos que están con ellos» (v. 15). Esta variedad de expresiones domésticas de la iglesia de Roma de ninguna manera es causa de divisiones sino de bendición, gozo y esperanza (vv. 17-20).

Conclusión

Cuando venimos a la Biblia para buscar elementos orientadores para la vida familiar y el trabajo pastoral con familias, no venimos con las maletas vacías. Traemos, por un lado, siglos de tradiciones cristianas que han interiorizado en nosotros valores, creencias, actitudes respecto al matrimonio, a la familia, a las relaciones entre hombre y mujer, etc. Por otro lado, acarreamos, sin ser necesaria-

---

32. Walter Schmithals, *Der Römerbrief: Ein Komentar*, Gerd Mohn, Gütersloh, 1988, citado por Tomás Hanks, *op. cit.*, p. 2.

mente conscientes, tanto los patrones culturales que hemos heredado de generación en generación como los que se van formando alrededor nuestro aquí y ahora. Al llegar a la Biblia nos encontramos que el mensaje eterno de Dios se ha encarnado profundamente en sociedades humanas en el tiempo y el espacio, y como tales sujetas a cambio. De modo que para afirmar nuestras bases teológicas sobre el matrimonio y la familia no podemos simplemente hacer un listado de versículos sobre la niñez, el noviazgo, el matrimonio, la familia, y los hijos. Como hemos visto, necesitamos indagar sobre los contextos culturales, los momentos históricos, las costumbres y las limitaciones sociales en medio de los cuales se dieron los textos sagrados.

Después de ese ejercicio, la pregunta crucial debe encararse: ¿cómo interpretar, usar y aplicar los textos bíblicos de hace veinte siglos o más a las condiciones tan distintas y en cambio continuo de finales del siglo XX? La profesora Foulkes, desde su perspectiva de maestra de la Biblia y mujer, afirma que hay que comenzar con Jesús. Jesús desafió los patrones culturales imperantes y sancionados por la religión que restringían los espacios humanos necesarios para el desarrollo pleno de mujeres, niños, siervos y marginados. Jesús, por su palabra y obra, abrió esos espacios facilitando a sus seguidores encontrar su lugar en la comunidad de redimidos y en la comunidad humana. Afirma que aunque esos espacios se interrumpieran, como en el caso de la lectura rabínica que San Pablo hace de Génesis 2-3 en 1 Timoteo 2, no se altera el impulso básico ya demostrado en su lanzamiento.

> Lo que la Iglesia en cada época posterior está llamada a examinar es cómo lanzarse hacia adelante sobre la línea ascendente marcada por Jesús, por Pablo y sus compañeros de misión y por las primeras comunidades. La tradición cristiana, a menudo muy influenciada por corrientes que no parten de Jesús ni de su obra liberadora, ha perdido de vista esa trayectoria iniciada. Es responsabilidad nuestra, en medio de nuestra cultura pero en fidelidad a Jesús, tratar de recuperarla y adelantarla.[33]

Una observación final: mucha de la enseñanza de la iglesia acerca de la familia, se aplica a la persona, a la pareja y al hogar (o casa) en general. Con el reconocimiento logrado hoy por la

---

33 Foulkes, *op. cit.*, p. 71.

persona como individuo, con la creciente distinción entre pareja y familia, con la justa afirmación de la mujer como persona diferenciada del hombre, y el control sobre la procreación, nos encontramos ante un proceso inevitable e irreversible hacia la clara distinción entre *persona, pareja, familia* y *casa* (como unidad doméstica, «household»).[34] Este proceso, sin embargo, no tiene que ser visto con pesimismo. Al contrario, las familias cristianas contemporáneas tienen el potencial para desarrollar relaciones cercanas más justas y equitativas; la intimidad puede florecer a medida que las formas autoritarias desaparecen; la igualdad de los sexos puede proveer un mejor sentido de identidad y apoyo para las nuevas generaciones; la procreación —al ser considerada más bien opcional antes que esencial para la familia— puede estar dotada de un sentido más rico y pleno de realización y solidaridad humanas.

---

34. William Everett, *Blessed be the Bond: Christian Perspectives on Marriage and Family*, Fortress, Filadelfia, 1985.

2

Persona, pareja y familia

Jorge Atiencia[*]

Sin un entendimiento bíblico de lo que es «ser persona» será difícil el cultivo del carácter relacional del ser humano. No estamos solos al empezar aquí. Escrituristas tanto católicos como protestantes han empezado a considerar la importancia de este tema como anterior a una reflexión sobre el matrimonio y la familia.

En Génesis 1.26 y 27 encontramos el concepto bíblico fundamental de la persona humana (Hombre, en sentido genérico) y de su valor: hombre-mujer hechos a «imagen y semejanza de Dios». Este concepto a nuestro modo de ver marcará toda una diferencia en lo que respecta a nuestra percepción de la conducta y realización del ser humano. Somos conscientes de que toda interpretación es limitada, pues está condicionada por el marco de referencia existencial e histórico en el cual se mueve el intérprete. Además, toda percepción de la Escritura es siempre «parcial y limitada», como nos recuerda San Pablo en 1 Corintios 13.12. Esto, sin embargo, no impide que se cumpla con la tarea hermenéutica con una actitud de diligencia y humildad.

---

[*] Jorge Atiencia, ecuatoriano, ha vivido también en Colombia, Sudáfrica y Canadá con su familia, desarrollando la evangelización y el trabajo pastoral con estudiantes universitarios. Sus estudios doctorales en los Estados Unidos fueron hechos en el área de la terapia y la pastoral familiar.

El proyecto divino

Con respecto al texto «imagen y semejanza de Dios» (*imago Dei*), somos conscientes de la historia y de la variedad de su tratamiento.[1] De todas formas, nos encontramos frente al hecho trascendental de que el ser humano fue creado «a imagen y

---

1 Reinhold Niebuhr (*The Nature and Destiny of Man* I, Charles Scribners & Sons, Nueva York, 1964, p. 151) presenta un excelente resumen. G. C. Berkower (*Man: The Image of God*), Eerdmans, Grand Rapids, 1972, p. 67) afirma que con la «imago Dei» la Escritura no nos permite sistematizar; comprenderlo requeriría el estudio de toda la Escritura. Destaca, sin embargo, que aquí radica la «unicidad» del ser humano. Leonard Verduin, al tratar el tema en *Somewhat Less than God* (Eerdmans, Grand Rapids, 1979, pp. 27-28 y 51), se inclina a interpretar la «imago Dei» como «ser soberano-creado» y como «ser moral». Greham Machen (*El hombre*, Estandarte de la Verdad, Lima, 1969, pp. 152-154), inspirándose en autores de la teología reformada, entiende la «imago Dei» como el «alma» en el hombre. Virginia Mollenkott (*Man, Women and the Bible*, Abingdon Press, Nashville, 1977, pp.58ss.) se acerca apologéticamente al texto, donde ve el «carácter andrógino» de Dios. Esto le permite rechazar la ecuación «Dios = masculinidad» y establecer la ecuación «Dios = masculinidad + femineidad». Karl Barth (*Church Dogmatics* III, libro 1, T.& T. Clark, Edimburgo, 1958, pp. 207-220) expresa que el contenido del texto bíblico ha de entenderse como la «diferencia entre el hombre y la mujer». La analogía con el Creador no es una «analogía del ser» sino una «analogía de la relación». En la capacidad relacional del hombre y la mujer, Barth entiende la «imago Dei». James Nelson (*Embodiment: An Approach to Sexuality and Christian Theology*, Augsburg, Minneapolis, 1978, p. 247) mira el texto a través del lente de la «sexualidad humana». Lo que somos (hombre-mujer), dice él, refleja lo que Dios es. El carácter «andrógino» de Dios está involucrado aquí. Puebla, en sus deliberaciones sobre la Iglesia y América Latina (*CELAM-Puebla*, Canal, Bogotá, 1979, pp. 105-112), también reflexionó sobre el hombre y afirmó que sólo una visión cristiana del ser humano es integral frente a las posiciones parciales predicadas por el capitalismo, el marxismo, el freudianismo, etc. El argentino Severino Croatto (*La sexualidad en los textos bíblicos*, Metanoia, Rosario, 1991, pp. 17-18) afirma que la «imagen de Dios» en Génesis conlleva una idea democratizadora del concepto corriente de la época. Cuando la «imagen» o representación de la divinidad correspondía sólo el rey, en tanto que era hombre, Génesis propone «varón y hembra» en general.

semejanza de Dios», entendiéndose por ello que Dios ha dejado algo de sí mismo en el ser humano, lo cual le da una dignidad especial.

Somos conscientes también de que un entendimiento más acabado de este texto es imposible aparte de la encarnación. Jesús encarnado en medio de los seres humanos nos muestra mejor que nadie lo que significa la *imago Dei*. Aunque participamos plenamente de la afirmación de que Jesús es el camino para entender la *imago Dei* (Col. 1.15), por razones de espacio nos limitamos solamente al tratamiento de los textos en el libro de Génesis.

Antes de la creación del ser humano se da la creación del universo. Este, una vez terminado, no parece tener un fin en sí mismo, sino que cobra su propósito con la presencia del Hombre. La naturaleza sirve de plataforma a la existencia humana. «Entonces ... hagamos» dice el texto: ya puede hacerse al Hombre. Este, a su vez, no puede entenderse divorciado del medio donde subsiste y logra su realización. Hecho el universo, Dios hace al Hombre. El texto hace también referencia a la pluralidad divina, la que interpretada con el resto de la Escritura, nos permite pensar que se trata de la comunidad divina, la trinidad, que se usa a sí misma como modelo en dicha tarea. No creemos que el texto insinúe un contenido específico, pero sí nos permite descifrar implicaciones coherentes con el mismo texto que, sumadas, dibujan a la persona humana.

El Hombre es creado, de acuerdo con el relato de Génesis, en relación directa con su Creador. Este vínculo directo parecer estar mediado por el «soplo de aliento de vida» (Gn. 2.7). El Hombre es ubicado en un medio ambiente, pero al mismo tiempo distanciado de él. Este «soplo», huella de Dios en el Hombre, determinará el curso de sus relaciones. Por él, Dios y Hombre quedan atados, y de aquí en adelante este último no podrá ser definido y comprendido sin el primero. Esto hizo del ser humano un «sujeto»[2] y en consecuencia un ser en relación.

Ser hecho a «imagen y semejanza» significa también que Creador y criatura participan de una relación específica, como padre-hijo. Se utilizan las mismas palabras al hablar de Adán y su descendencia: «Y vivió Adán ciento treinta años, y engendró un

---

2 Frank Stagg, *Polarities of Man's Existence in Biblical Perspective*, Westminster Press, Filadelfia, 1979, pp. 26ss.

hijo a su *semejanza*, conforme a su *imagen*, y llamó su nombre Set» (Gn. 5.3). En tal condición, la relación entre Dios y el Hombre está mediada por la confianza (Gn. 1.28-30) y la aceptación (Gn. 1.31). El objetivo que Dios busca al entrar en este tipo de relación es que el Hombre se realice y tenga vida (Gn. 2.15-16). Pero es propio también de esta relación el establecimiento de límites que no sólo regulen la vida (Gn. 1.15-16), sino que también protejan las relaciones y la vida misma (Gn. 2.17).

La *imago Dei*, entonces, nos permite ver al Hombre como un «sujeto»: en relación con el Creador, alguien a quien se lo acepta, en quien se confía y quien está destinado a realizarse plenamente y disfrutar de la vida; todo esto enmarcado dentro de los límites que Dios establece para su bien.

En el texto de Génesis, el Hombre recibe de su Creador el mandato de «señorear» en el mundo creado. El Hombre es puesto como «soberano» del medio. Ningún otro ser creado recibe tal mandato ni es puesto en tal categoría; solamente aquel que es concebido «a imagen y semejanza» del Creador. *Imago Dei* y «soberanía» están tan íntimamente ligadas que no pueden entenderse en forma separada.[3] De hecho, estamos inclinados a pensar que este es un factor determinante en el concepto de persona. A menos que el Hombre «señoree» sobre su entorno, no podrá ser visto como tal. Si no lo hace, deja de ser «sujeto» y pasa a ser «objeto», pues al no señorear se confunde con la naturaleza como un elemento más de ella. En esa tarea de «señorear», si el ser humano no ve al otro como compañero, sino que lo utiliza como objeto, atentará contra la *imago Dei* tanto en él como en el otro.

La comunidad divina misma se proyecta en esta comunidad humana, la bi-unidad[4] hombre-mujer. Si la *imago Dei* es la proyección de la comunidad divina en la comunidad humana, entonces podemos apreciar el hecho de que varón y hembra son iguales y al mismo tiempo diferentes. Esta igualdad y a la vez diferencia es la que les permite al hombre y a la mujer una relación sin fusión, intimidad sin pérdida de identidad, acercamiento pero a su vez derecho al espacio psicosocial y espiritual necesario para crecer.

---

3. *Idem*.
4. James Olthuis, *I Pledge You my Troth*, Harper & Row, Nueva York, 1976, p. 4.

¿Cómo se explica esta igualdad y esta diferencia? Reflexionemos. La *igualdad* es percibida en el texto de Génesis al menos en tres aspectos: a) En su *condición*. Ambos son hechos a «imagen y semejanza», en ambos Dios deja su distintivo. Esto los iguala a un nivel muy profundo que, en último término, les permite relacionarse. Si el uno no ve en el otro la *imago Dei*, entonces la posibilidad de relacionarse y, en consecuencia, de comunicarse desaparece, pues ya no se ven como iguales. En su condición de iguales, *hombre y mujer* se respetan. b) En su *vocación*. Ambos reciben el mandato de señorear la tierra, a ambos Dios les confía la tarea de la mayordomía de la creación, a ambos Dios les encarga la reproducción y el cuidado de los hijos. En su vocación, hombre y mujer se necesitan. c) En su *satisfacción*. Hombre y mujer son hechos de tal manera que la mutua aceptación, recibimiento y goce son posibles. Para su satisfacción, hombre y mujer se aceptan.

Si la igualdad les permite relación, co-participación y aceptación, su *diferencia* les permite individuación y crecimiento. Su diferencia puede apreciarse sobre todo en su *sexualidad* y en su *complementariedad*. a) Hombre y mujer son creados seres sexuales «varón y hembra». Esta diferencia no radica únicamente en su constitución física, sino también en su forma de ser, de percibir el mundo, de reaccionar, de relacionarse, etc. Esta «diferencia» les permite acercarse mutuamente y relacionarse a un nivel en donde ambos aprecian el ser distintos y, a su vez, comprenden la razón de ser de la sexualidad misma. b) La diferencia sexual da lugar a la diferencia funcional, entendida en términos de complementariedad y no de competencia: el uno tiene lo que el otro carece y viceversa. Esta característica de complementariedad tiene rasgos universales,[5] pero también particulares, como puede observarse en toda pareja. Esta diferencia hace posibles el enriquecimiento mutuo, la eficiencia y el desarrollo de una relación funcional entre un hombre y una mujer.

Una vez creados, hombre y mujer son vistos por Dios como «buenos en gran manera» (Gn. 1.31). En ambos encuentra complacencia. Nótese que el texto bíblico intencionalmente atribuye estas diferencias a la Creación, es decir, al diseño de Dios, y no las ve como estructuradas por la cultura. Las diferencias cultura-

---

[5] Corinne Hutt, *Males and Females*, (Penguin Education, Harmondsworth, Middlesex, 1972, p. 139.

les se dan a partir de esta diferencia básica establecida en la creación.

La ruptura del proyecto divino

El capítulo tercero del libro del Génesis nos muestra a una humanidad que cruzó las fronteras trazadas por el Creador, lo cual repercutió en la experiencia de distorsión de la *imago Dei*, mas no en su desaparición. La humanidad pretendió dejar la *imago* para convertirse en *Dei* y esto significó, como lo había anticipado el Creador, la entrada de la muerte (Gn. 2.17). Esta «muerte» afectó la capacidad de relación del ser humano. Adán, el hombre, se esconde de Dios (Gn. 3.9-10), se avergüenza de sí mismo (Gn. 3.7 y 8), toma distancia del prójimo acusándolo (Gn. 3.12) y hace violencia a la naturaleza (Gn. 3.14-24). En pocas palabras, la esencia de «persona humana» queda afectada, truncada, distorsionada.

Por medio del pecado descrito anteriormente entra en la creación un elemento nuevo que ha sido acertadamente llamado «alienación».[6] Esta tomó varias formas (Gn. 3.7, 8, 11-12), pero en particular afectó el carácter relacional del ser humano, porque truncó la base misma de dicha «relacionalidad», la *imago Dei*. Ahora, hombre y mujer se esconden de su Creador aunque continúan «oyendo su voz», no porque Dios se muestre condenatorio, sino porque el hombre y la mujer ya no pueden aceptarse a sí mismos, son conscientes de que «estaban desnudos». Hombre y mujer se distancian, ahora se acusan, es decir, ya no se ven como iguales. Sin embargo, creemos que el efecto más profundo se nota en el manejo de las «diferencias». Estas pierden su carácter de «idoneidad» y «complementariedad», y se convierten en motivo de conflicto. La mujer, antes vista como «compañera» es ahora la «causa» del problema: «...la mujer que me diste por compañera...» (Gn. 3.12). El hombre deja de ser el compañero que la miró acertadamente, conforme al proyecto de Dios, y, en consecuencia, la recibió (Gn. 2.23); ahora se convierte en un ser «acusador», inca-

---

6. Manford Brauch, «Theology for Marriage and Family», conferencias de clases no publicadas, Eastern Baptist Theological Seminary, Filadelfia, 1982.

paz de asumir su responsabilidad y manejar su autonomía. La diferenciación sexual, elemento que hacía posible la complementariedad que los acercaba, que les permitía el reconocimiento y enriquecimiento mutuos, que los hacía primeramente pareja, ahora los desubica, disocia y desequilibra. La mujer quedará escindida entre dos direcciones: una que la atrae hacia su marido (Gn. 3.16) y otra que la atrae hacia su autonomía. El varón, por su parte, responde también desequilibradamente: toma ventaja de esta situación y la explota, dominándola. El ahora la ve diferente, le cambia el nombre: ya no es «Ishah» (varona), término que destaca su identidad (Gn. 2.23), sino «Eva» (madre de todos los vivientes) término que resalta su función (Gn. 3.20). La idoneidad ha quedado supeditada a la utilidad. La mujer pasa a ser un medio para lograr un fin. La sexualidad se ha reducido a sexo. El sujeto se ha reducido a objeto, y esto ha traspasado la historia. Podemos encontrar aquí las raíces profundas e históricas del machismo. La Caída, entonces, afectó la base misma del matrimonio y la familia.

De aquí en adelante hemos de presenciar una historia de acusaciones, explotación, segregación, racionalización y proyección de problemas, la que cobra mayor visibilidad en la estructura relacional de la pareja y la familia. Acertadamente ha dicho una autora argentina, «la primera división de la humanidad, no fue entre señor y esclavo, oligarca y proletario, sino entre el varón y la mujer».[7]

La restauración

Afortunadamente, la gracia del Creador no ha dejado al ser humano en dicha condición. Dios concibió un plan de redención anunciado ya en el mismo contexto de la Caída (Gn. 3.1-20). La presencia de Jesucristo como Señor y Salvador significa para la humanidad la posibilidad de conversión: de un estado de no-relación (Gn. 3.7-20) a uno de relación (Jn. 1.11-12) y, en consecuencia, conversión a la posibilidad de volver a ser «persona» en plenitud de todo lo que ello implica.

---

7 Beatriz Melano de Couch, *La mujer y la Iglesia*, El Escudo, Buenos Aires, 1972, p. 22.

La presencia de Jesucristo en la historia marca el advenimiento de una nueva era. Con él, el Reino de Dios anuncia las «buenas nuevas» de la restauración de la *imago Dei*: superar la experiencia de la Caída, ya que ésta no puede verse como normativa de las relaciones humanas.

El advenimiento de la nueva era en Cristo suscita el surgimiento de la «nueva humanidad» (Ef. 2.14-16). Las divisiones dadas a lo largo de la historia (raza, educación, sexo, clase) desaparecen, porque en Cristo «ya no hay judío ni griego; no hay esclavo ni libre; no hay varón ni mujer» (Gá. 3.28).

Pero el Reino de Dios ha traído algo más que la sola restauración de la *imago Dei*; ha traído un modelo y también unos recursos. El modelo apunta a la meta a la cual ha de aspirar la pareja y la familia: los recursos a los instrumentos que ha de usar para lograr dicha meta.

El texto al cual nos referimos para reflexionar sobre el *modelo* es Efesios 5.21-33. En este pasaje San Pablo retoma Génesis 1 al 3, y sostiene la igualdad y la diferencia del hombre y de la mujer que los llevan a la experiencia de la unión: «y los dos serán una sola carne» (Ef. 5.31). El matrimonio se da sobre las mismas condiciones de Génesis 1 y 2. Lo nuevo ahora es la introducción de un modelo que la pareja ha de seguir al relacionarse. Este modelo es descrito por San Pablo a la luz de la relación establecida entre «Cristo y la Iglesia» (Ef. 5.23). Marido y mujer se han de relacionar entre sí de la manera en que Cristo se relaciona con la Iglesia. ¿Qué implica este modelo? Creemos que varios elementos:

En primer lugar, el modelo implica *un motivo*. El trato entre esposo y esposa está mediado por el amor. Esto es posible sólo con una visión noble del ser humano: un concepto de muy alta dignidad del otro. El hombre ve en la mujer un objeto de amor, así como Cristo ve a la Iglesia. El hombre está llamado a amar a la mujer, así como «Cristo amó a la Iglesia». Este amor no apunta a una obligación; es más bien una acción, una decisión de la voluntad. El amor queda así rescatado de la dictadura de los sentimientos —algo tan propio de nuestro medio latino— con los cuales a menudo se lo confunde. Este «amad» no es tampoco conmiseración o lástima, ni «sobre-estimar» al uno y «sub-estimar» al otro. Este «amad» es la valoración del otro que provoca en mí acciones y no sólo sentimientos. Este «amad» es entrega, no de cosas —relación mediada por el consumismo— sino de «uno mismo»

(Ef. 5.25). Al entregar mi ser me valoro y valoro al otro. Al entregar mi ser, hago disponible lo que soy y mi presencia para que el otro cuente conmigo, y en ese encuentro ambos hallamos la realización plena. Esto es ir más allá del justo reclamo de los movimientos feministas de «derechos para la mujer». Es, a su vez, una bomba en la base misma del machismo.

En segundo lugar, el modelo nos ofrece un ideal. El hombre ha de buscar para la mujer lo que Cristo busca para la Iglesia, «santificarla ... a fin de lograr una Iglesia gloriosa, sin mancha, ni arruga, ni cosa semejante» (Ef. 5.26). Queda descartado para el hombre el buscar en el matrimonio a una empleada, una oficinista, un medio para la expresión de su sexualidad o una madre para sus hijos. Al entrar a formar «una sola carne», el hombre, por su entrega, busca la «promoción» de ella. El hombre no puede aspirar a nada menos que esto porque, entonces, él mismo se desvaloriza. Por «promoción» de ella entendemos el estímulo para su crecimiento (santidad) y la conservación de su identidad (sin mancha, ni arruga). Sólo así el marido inspirará «respeto» (Ef. 5.33) en su mujer y ésta, a su vez, valorará al hombre.

En tercer lugar, el modelo nos brinda una estructura. Con el modelo no sólo nos llega una dinámica y un ideal, sino también un orden. Reconocemos que aquí entramos en un terreno de controversia. San Pablo anota que el marido es «cabeza» de la mujer, la cual ha de ser su «cuerpo» y quien debe sujetarse a su marido (Ef. 5.23). Aquí se describen tres elementos de útil consideración: «cabeza» = autoridad-liderazgo; «cuerpo» = interdependencia; «sujeción» = papel. Es más que evidente que el texto no está hablando de condición sino de posición, y esto significa «función» y no clasificación, es decir, no significa superioridad o inferioridad. Si la pareja se une con un «propósito», entonces va a requerir que exista una estructura que facilite su consecución. Los estudiosos de la familia como sistema ven a la pareja como un «sub-sistema» y admiten el hecho de que autoridad o liderazgo, interdependencia y distribución de papeles son esenciales para que un sistema funcione. Si bien es cierto que el funcionamiento de un sistema depende de más elementos que los mencionados, estos son muy importantes. El ordenamiento, es decir, la estructuración de la pareja, obedece a las exigencias de su funcionamiento, su crecimiento, sus objetivos y no a la Caída. En Efesios, la estructura a la cual san Pablo nos introduce no está ordenada sobre la base de las «diferencias» entre hombre y mujer ni en términos de calificar al hombre como más fuerte y racional, y a la mujer como más débil y emocional. Se establece más bien por dos razones: por «orden del Creador» (así lo dispuso Dios) y por «propósito» (se requiere una estructura para lograr el desarrollo de la relación).

Las expresiones específicas que tome ese funcionamiento dependerán de cada caso en particular, pero, en términos generales, podríamos decir que la relación cabeza-cuerpo, autoridad-sometimiento coloca a ambos —hombre y mujer— en una situación de «interdependencia». Esto hace que el liderazgo del sistema familiar tome la forma de «co-liderazgo» y jamás de «dictadura». Por ejemplo, en la toma de decisiones: ¿cómo podrá «decidir» la cabeza sin contar con la colaboración del cuerpo? También podríamos decir que, en términos generales, el liderazgo del hombre debe seguir una agenda establecida por la Palabra de Dios: debe estar motivado por el amor, darse en el servicio y en el interés por la «promoción» de ella. La mujer, por su parte, estimula esto en el hombre por el respeto y la «sujeción», es decir la «realización» de la vida y las acciones de ambos, pero por sobre todo, al igual que la Iglesia, por aprovechar de la gran disposición y generosidad de su entrega. Al no sujetarse, la Iglesia no aprovecha la entrega de Jesucristo para su bien.

Contextualizando nuestra reflexión, descubrimos que en nuestro medio se presentan dos fenómenos: el deterioro del concepto de autoridad y la ausencia de autoridad. En muchos hogares, cuando el hombre asume su posición de autoridad, la entiende como su derecho a ejercer una dictadura. Pero también en muchos hogares el problema radica en que no existe ninguna autoridad. Surge entonces la angustia de la mujer, no por estar eximida de autoridad, sino por tener que ejercerla en demasía, ya que el hombre no está presente. Creemos que sólo el desarrollo de un modelo como el presentado en Efesios corregirá tanto el abuso como la ausencia de autoridad en nuestro medio. La literatura sobre la familia nos nuestra que uno de los grandes problemas del matrimonio no es el exceso de liderazgo sino su falta.

Otro aspecto importante en la enseñanza bíblica sobre el matrimonio y la familia, y que se destaca más en el Nuevo Testamento que en el Antiguo Testamento, es la disponibilidad de ciertos *recursos*. Esto implica que la Biblia ve la vida familiar como una experiencia dinámica, llena de posibilidades y riesgos. Además no la ve como una estructura autosuficiente, sino necesitada de recursos externos para su nutrición. Esto implica que para mantener viva y dinámica la estructura familiar, sus miembros han de estar creciendo continuamente. Sobre todo, si la pareja ha de aspirar a los altos ideales establecidos por Dios, necesita recursos que le encaminen hacia allá. Sin pretender ser exhaustivos creemos que los recursos más decisivos son: la gracia, la revelación, el Espíritu Santo y la Iglesia.

La gracia. A través de ella Dios ha decidido tratar al Hombre: «por gracia sois salvos» (Ef. 2.8). Gracia es la expresión del favor inmerecido de Dios para con el ser humano caído. Mediante la gracia el hombre y la mujer han sido aceptados y redimidos. Hombre y mujer están llamados a vivir por «gracia» y no por «obras», y por lo tanto no tenemos que comprar afecto o aceptación de Dios. Mediante la gracia, hombre y mujer se encuentran libres para poder darse incondicionalmente en mutua aceptación y valoración. Por la gracia evitamos desarrollar relaciones posesivas o dominantes. Por la gracia somos libres para relacionarnos sin fusionarnos.

La revelación. San Pablo en una de sus cartas expresa: «Toda la Escritura es inspirada por Dios, y útil para enseñar, para redargüir, para corregir, para instruir en justicia» (2 Ti. 3.16). La pareja es el primer grupo humano que habló con Dios. Ella, pues, tiene una larga historia de sensibilidad espiritual. Más que cualquier otro grupo humano está llamada a apreciar el valor de la revelación. La Palabra en manos de la pareja cumple un papel instructivo y de reclamo responsable. En la Palabra vemos un recurso de carácter preventivo para intervenir en la relación y regularla. Con este recurso la pareja y la familia cobran perspectiva, enfrentan las crisis, regulan su interrelación y se proyectan al futuro.

Los recursos de la gracia y la Palabra son indispensables para la familia cristiana. Gracia y Palabra de Dios afectan también a la persona dándole su valor y capacitándola para realizarse independientemente de la estructura y de la programación familiar. En el mensaje de la Biblia somos primordialmente personas, personas-en-relación sí, que luego optamos por la vocación del matrimonio o de la soltería.

El Espíritu Santo. Descrito en Gálatas 5.22-25 y presente en la estructura relacional de la pareja y la familia, el fruto garantiza

—entre otras cosas— la fidelidad, la compasión, la generosidad, la aceptación, la comunicación y la restauración con dignidad (Ef. 4.31-32). Facilita, además, el crecimiento y el goce de la sexualidad en el matrimonio.

La Iglesia. Vemos en este recurso la provisión de la «familia de Dios» (Ef. 2.19) para la familia moderna que está perdiendo vínculos con su familia extendida, pérdida a la cual autores contemporáneos atribuyen, en parte, la crisis de la familia hoy en día.[8] Ubicada dentro del Cuerpo de Cristo, la pareja tiene acceso al apoyo de personas con dones especiales (discernimiento, consolación, consejo, experiencias compartidas, programas de enriquecimiento matrimonial) y, sobre todo, a una gran oportunidad de servir a otros y desarrollar aprecio por sus propios logros y méritos. La Iglesia se presenta también como un recurso muy valioso para los solteros, los separados, los divorciados y las llamadas familias «incompletas» o «reconstruidas». La Iglesia es el lugar donde encontrar aceptación, sanidad, apoyo y recursos para encarar la realidad muchas veces difícil. La Iglesia como comunidad terapéutica debe ofrecerles la oportunidad de interactuar saludablemente y evitar la marginación del resto de la sociedad.

La vida familiar saludable

A través de los tiempos y en las distintas culturas, la familia ha tomado diversas formas y ha experimentado muchos cambios, pero jamás ha desaparecido. Engels vio a la familia occidental como el resultado de la ideología burguesa[9] y pronosticó su desaparición. Skinner y Toffler,[10] desde otras perspectivas, describen a la familia como una estructura caduca y antifuncional. En consecuencia, hay que buscarle alternativas, como el movimiento comunal y otros.[11] Lo cierto es que a pesar de estas y otras

---

8. Ver, por ejemplo, Nicolás Caparros, *Crisis de la familia*, Fundamentos, Madrid, 1973, pp. 17ss.
9. Federico Engels, *El origen de la familia, la propiedad privada y el Estado*, Progreso, Moscú, 1968, pp. 19-25.
10. B. F. Skinner, *Walden Dos*, Fontanella, Barcelona, 1968. Alvin Toffler, *El «shock» del futuro*, Plaza y Jánes, Barcelona, 1971.
11. Eugene Tisserand, *¿Familia o Comunidad?*, Paulinas, Madrid, 1980.

opciones, la gente continúa casándose y teniendo hijos. Al afirmar que la familia pertenece al orden de la «creación», estamos de hecho asegurando su permanencia. Esto nos dice que el ser humano fue creado de tal manera que no podrá satisfacer sus necesidades básicas sin la familia. La forma en que se entiendan su estructura y sus fines será decisiva en el desarrollo de sus miembros.

La familia está diseñada para (y llamada a) ser un núcleo en donde se permite y se estimula el crecimiento integral de todos sus miembros y no meramente el de los hijos. Este crecimiento integral implica la satisfacción de las necesidades de procreación y sexuales (Gn. 1.27-28), afectivas (Ef. 6.1-4), intelectuales (Lc. 2.52), materiales (Lc. 2.6-7), espirituales (Lc. 2.52), relacionales (Lc. 2.21-38; 2.52), etc. Es decir, vemos a la familia cumpliendo las funciones básicas de reproducción, nutrición, educación y socialización, algunas de las cuales han sido descritas por la sociología y la psicología.[12]

Con el ánimo de proveer este crecimiento integral, la familia, a la luz de la Biblia y reconociendo sus múltiples expresiones históricas y culturales, está capacitada para desarrollarse sobre la base de los siguientes principios:

Relación de amor. Marido y mujer, padres e hijos —incluso amos y sirvientes— han de relacionarse mutuamente sobre la base del amor (Ef. 5.21ss.). El amor establece el marco de referencia que no solamente modela el patrón de relación entre los diferentes miembros del sistema familiar, sino que, a su vez, permite el crecimiento de ellos. Esta relación de amor de los padres, por ejemplo, equilibra su sentido conjunto de responsabilidad, dando paso a un coliderazgo frente al resto de la familia (Ef. 6.4: «vosotros padres»). Ambos deben timonear el sistema —si los dos existen en la familia— permitiendo así la congruencia y evitando desequilibrios. Para mantener esta relación de amor se precisa de un «recurso» de afuera del sistema: «el Señor» (Mt. 1.19; Lc. 1.26-38; Ef. 6.4). Bajo el señorío de Cristo, la familia obtiene dirección, sabiduría y amor como complemento a la iniciativa humana.

---

12. Elizabeth A. Carter y M. McGoldrick, eds., *The Changing Family Life Cycle: A Framework for Family Therapy*, segunda edición, Allyn and Bacon, Needham Heights, 1989, cap. 1; Goode J. Williams, *The Family*, Prentice Hall, Nueva Jersey, 1964, cap. 1.

Provisión afectiva. La provisión afectiva no viene expresada en la abundancia de regalos, sino en la calidad de las relaciones. Esto significa hacerse presentes unos a otros, disponibles, solidarios y dispuestos a satisfacer necesidades. Esto, que en términos psicológicos y bíblicos es llamado «aceptación», permite el crecimiento de la confianza y, a su vez, reconoce la singularidad de la persona humana. Tanto la aceptación como el reconocimiento representan los elementos fundamentales de la identidad humana, que se traducen en un sentido de pertenencia y autonomía. La familia se convierte así en la provisión para el desarrollo de la identidad del ser. En la Biblia no encontramos sistematizados estos aspectos; nos apoyamos en el caso de Jesús como un ejemplo para señalar la pertenencia y la autonomía. Padre y madre están presentes en el momento de su nacimiento (Lc. 2.6); sus necesidades físicas le son satisfechas (Lc. 2.7); ambos lo rodean en el momento de crisis (Mt. 2.13, Lc. 2.41-52); hay reconocimiento y respeto por su individualidad (Lc. 2.21-38, 52); se establece una relación de comunicación que da lugar a la expresión de los sentimientos (Lc. 2.48-49); se reconoce y se maneja con discreción sus singularidades, las cuales no son motivo de distanciamiento (Lc. 2.49-50).

Ubicación y límites. La Biblia insinúa que cada miembro dentro de la familia tiene una función que desempeñar y que existen reglas que regulan sus relaciones. A su vez, provee los recursos que corrigen el quebrantamiento de dichas normas. De los hijos se espera obediencia mediada por los mandamientos (Ef. 6.1-12). De ambos padres se espera una participación activa que tenga en cuenta la «disciplina» y la «amonestación del Señor» (Ef. 6.4). Es decir, la familia funciona cuando cada miembro asume su posición y reconoce los límites que regulan las relaciones. Esto le da permanencia y estabilidad. Pero, a su vez, vivir bajo el señorío de Cristo y aceptar el proceso normal y necesario de desarrollo de la familia, representa aceptar y promover el cambio dentro del sistema. Los padres están llamados a «no provocar a ira», ni «exasperar» a los hijos (Ef. 6.4; Col. 3.21); la ira y la exasperación con frecuencia surgen por una posición inflexible que se apega a la regla y no se abre al diálogo. A diversas edades, la ubicación y los límites de los hijos en la familia se han de organizar de diferentes maneras. Sin embargo, creemos que una clave para el liderazgo de los padres es mirar el modelo de la paternidad del

Dios de amor, entendido como consideración, comunicación, disciplina, respeto, conocimiento y perdón.[13]

Dado el contexto donde nos movemos, creemos pertinente decir una palabra sobre el elemento disciplina. Creemos con el Dr. Narramore que la clave para el ejercicio de la disciplina es el concepto bíblico de persona.[14] En nuestro esquema tomamos en cuenta a la persona creada, caída y redimida. Esto pone en perspectiva la disciplina y el ejercicio de la autoridad. La disciplina tiene, entonces, un elemento de propósito, corrección y promoción. Va más allá del mero cumplir las reglas o corregir su quebrantamiento; busca la formación de un ser responsable[15] y la promoción de sus potencialidades. El ser caído no es el único que «merece» la disciplina, sino el creado y el redimido también. Quien ejecuta la disciplina está, entonces, en una posición de mayordomía y benevolencia.[16] Disciplina no es dictadura ni permisividad; es mayordomía amorosa y obediente.

Se ha criticado a la familia actual por convertirse en una fábrica «domesticadora» de individuos en serie que mantendrán a toda costa el sistema social imperante. La familia, de acuerdo con los principios de la Biblia, no está para domesticar a los individuos, sino más bien para hacerlos responsables y capacitarlos para la vida en comunidad y en el servicio al prójimo y al mundo, a fin de cumplir con el mandato del Señor de «señorear» sobre lo creado.

Implicaciones para la pastoral a la familia

La reflexión teológica anteriormente enunciada tiene implicaciones específicas en el ministerio cristiano. Percibimos tres áreas concretas de trabajo: la prevención, la intervención y la reflexión.

---

13. Myron R. Chartier, «Parenting: a Theological Model», *Journal of Psychology and Theology*, 1978, pp. 56-61.
14. Bruce Narramore, *Parent Leadership Styles and Biblical Anthropology*, Bibliotheca Sacra, 1978, pp. 351-355.
15. Elizabeth Achtemeier, *The Committed Marriage*, Westminster Press, Filadelfia, 1976.
16. Bruno Manno, *Parenting as a Religious Experience*, MFL, pp. 8-20.

La prevención. Implica una pastoral que investiga y profundiza. Nos parece de suprema importancia conocer los contextos socioculturales y los marcos de referencia familiares en los cuales se han levantado las personas. De alguna manera, esto nos permitirá entrar en contacto con las raíces de sus problemas, sus aspiraciones, su identidad, etc. Nuestra pastoral de prevención no ha de escatimar esfuerzos para lograr una instrucción intensiva sobre lo que es ser «persona». Creemos que es urgente la tarea de elaborar materiales al respecto, a fin de ubicarlo como un primer peldaño de la enseñanza sobre el matrimonio y la familia. El asesoramiento prematrimonial debe orientarse a estimular a la pareja a que explore su respectivo concepto de persona y que lo moldee a la luz de las Sagradas Escrituras.[17] Los programas de enriquecimiento matrimonial[18] también deben revisar el concepto de persona y las bases del matrimonio: deben ofrecer instrucción sobre la estructuración de la pareja y de la vida familiar, con énfasis en el adecuado manejo de la autoridad y la distribución de papeles. No pueden pasarse por alto los temas de la sexualidad y del adiestramiento en la comunicación.

La intervención. Significa acompañar a las parejas y familias en su desarrollo, sus crisis y sus conflictos. Significa acompañar a las parejas en la difícil pero compensadora transición del «amor romántico» al «amor de decisión» (Ef. 5.33). La idea de que el amor es un acto de la voluntad que hay que cultivar y nutrir es bastante foránea en nuestro medio. El amor ha sido identificado casi totalmente con el romance y la espontaneidad; de ahí que la primera crisis experimentada por la mayoría de las parejas surge cuando el romance parece haber llegado a su fin.

La reflexión. Consideramos de capital importancia la reflexión teológica y pastoral en dos áreas: la sexualidad y la familia. Hasta ahora la pastoral se ha enfocado en las personas como «islas», desconectadas de su sexualidad y de su contexto familiar. Por haber crecido en contextos reprimidos en cuanto al sexo y en medio de relaciones familiares muy conflictivas, muchos ignoran

---

17 Véanse, por ejemplo, Dorothy de Quijada, *¿Qué es el Matrimonio?* (EIRENE, Quito, 1986) y el manual *Educación para la vida* (EIRENE, Quito, 1993).

18 Véase, por ejemplo, Jorge Atiencia, «Proyecto de enriquecimiento matrimonial» (UCU, Bogotá) o el «Programa de Enriquecimiento Matrimonial» (EIRENE, Quito, 1992).

la riqueza, la complejidad y dinámica de las relaciones familiares, las «subestiman» o las rechazan. A muchos les cuesta creer que la familia es una entidad creada por Dios. La adecuada reflexión al respecto tendría como finalidad sanar conceptos y actitudes y, sobre todo, ayudar a los creyentes a sanar sus relaciones con sus familias de origen y convertirse en agentes de cambio dentro de su sistema familiar y social. Todo esto para la gloria de Dios y la extensión de su Reino sobre la tierra.

3

La relación hombre-mujer en la Biblia

C. René Padilla*

Es posible que ningún tema que se pueda actualmente plantearle a la teología exija tanto de la hermenéutica bíblica como el que tenemos entre manos. La razón es obvia: no hay manera de evitar que su consideración sea afectada por un doble condicionamiento. Por un lado, el de la larga historia de interpretación bíblica coloreada por el machismo; por otro lado, el de la lucha por los derechos de la mujer, promovida por el feminismo dentro y fuera de la Iglesia.

La sexualidad, en su variante masculina y su variante femenina, forma parte de la esencia misma del ser humano e inevitablemente influye en todas las relaciones interpersonales. Dios no creó seres asexuales o andróginos: creó al varón y a la mujer. Y a uno y otro los diseñó de tal manera que en su relación mutua descubrieran

---

* C. René Padilla, doctorado en Estudios Bíblicos por la Universidad de Manchester (Inglaterra), es Secretario de Publicaciones de la Fraternidad Teológica Latinoamericana y Presidente de la Fundación Kairós. Oriundo del Ecuador, vive en Buenos Aires, en donde ha sido pastor bautista. Es el editor de las revistas *Misión* y *Boletín Teológico*. Ha publicado varios libros y un sinnúmero de artículos en revistas especializadas.

el sentido de su propia sexualidad: el varón, el de su masculinidad; la mujer, el de su femineidad.

Sin embargo, abundan las pruebas para demostrar que, desde tiempos inmemoriales, la diferenciación sexual, lejos de ser un factor unitivo en la sociedad, con demasiada frecuencia ha sido un factor de división entre hombres y mujeres. Para ser más precisos, a lo largo de la historia la relación hombre-mujer ha estado constantemente marcada por el machismo y la misoginia. Y, tristemente, éstos se han reflejado en la interpretación bíblica hasta tal punto que hoy se hace difícil creer que la Biblia provee una base firme para la reivindicación de los derechos de la mujer en la sociedad o para el ministerio de la mujer en la Iglesia. Basta citar, a manera de ejemplo, las palabras de Tertuliano dirigidas a la mujer:

> Eres el portal del diablo, quien deselló aquel árbol (prohibido); fuiste la primera en desertar de la ley divina; eres aquélla que persuadió a aquél a quien el diablo no se atrevió a atacar. Con cuánta facilidad destruiste la imagen de Dios, el hombre. A causa del castigo que te merecías —la muerte— hasta el Hijo de Dios tuvo que morir.[1]

Frente a la discriminación de que la mujer ha sido objeto, muchas veces supuestamente apoyada por la enseñanza bíblica, no es de sorprenderse que el ala radical del movimiento feminista descarte la Biblia por considerarla «machista», fuente y origen del sexismo que aflige a la Iglesia y a la sociedad. Si la Biblia presenta a un Dios masculino que ha dispuesto que el hombre ejerza dominio sobre la mujer, ¿qué puede ofrecerle a la mujer que anhela liberarse de las imposiciones de una sociedad machista y realizarse como persona? No se puede considerar el tema de la relación hombre-mujer sin tomar en cuenta este desafío que plantea el feminismo contemporáneo.

En resumidas cuentas, estamos frente a un problema hermenéutico fundamental: se nos convoca a interpretar la enseñanza bíblica sin permitir que las lecturas machistas tradicionales ni los presupuestos feministas actuales respecto a la Biblia nos impidan escuchar la Palabra de Dios. Con este fin consideraremos la rela-

---

1. Citado por John Stott, *La fe cristiana frente a los desafíos contemporáneos*, Nueva Creación, Buenos Aires/Grand Rapids, 1990, p. 274.

ción hombre-mujer a la luz de Biblia, primero en el contexto de Génesis 1-3 y, luego, en las cartas de Pablo, específicamente en Gálatas 3.26-29 y Efesios 5 y 6.

La Imagen de Dios

Toda la narración de la creación en el capítulo 1 de Génesis está caracterizada por una admirable sobriedad. Sin elaboración ni adorno enumera los actos de la creación por medio de los cuales, paso a paso, Dios prepara el escenario para la vida humana. Todo lo que Dios hace es «bueno», puesto que se adapta cabalmente al propósito divino. Y todo apunta a un clímax que da sentido a cada acto que lo precede: la creación del Hombre (*'adam* = humanidad)[2] en el sexto día.

También los animales (a excepción de los peces y las aves) corresponden al sexto día y eso pone en relieve la solidaridad del Hombre con el reino animal. No por eso la creación del Hombre deja de ser un acto especial de Dios, lo cual se echa de ver en el contraste entre la forma verbal en el versículo 24 («Produzca la tierra seres vivientes») y la que aparece en el versículo 26 («Hagamos al Hombre a nuestra imagen, conforme a nuestra semejanza»). Dios dialoga consigo mismo y proyecta crear al Hombre como la imagen de sí mismo. Esto coloca a la humanidad en una categoría aparte entre todos los seres creados: le da su carácter distintivamente humano. El Hombre es por definición *Imago Dei*.

En la historia de la interpretación bíblica se ha discutido mucho sobre el significado de la expresión «a nuestra imagen, conforme a nuestra semejanza». La exégesis tradicional, especialmente en círculos católico-romanos, en el pasado pretendió construir toda una antropología basada en la distinción entre «imagen» (*tselem*) y «semejanza» (*demuth*). De acuerdo con ella, el Hombre fue

---

2. El término *'adam*, que aparece veintiséis veces en los tres primeros capítulos de Génesis, tiene un sentido ambiguo: se refiere a la humanidad en sentido genérico (y éste es el uso más común en el Antiguo Testamento) o se usa como nombre propio del primer hombre. En ocho casos de los veintiséis, Reina-Valera traduce el término como nombre propio, y en dieciocho casos le da un sentido genérico. En el presente trabajo uso Hombre (con mayúscula) para referirme al ser humano en sentido genérico.

creado, por un lado, con una conformidad innata con Dios, la cual era un don natural y, por otro, con una capacidad de desarrollarse y llegar a ser como Dios, la cual era un don sobrenatural.[3] Sin embargo, el uso que se hace de los dos términos en Génesis[4] no apoya esta interpretación. Hoy se admite ampliamente que las dos palabras apuntan a una misma realidad que la versión popular *Dios llega al hombre* expresa en lenguaje sencillo: «Ahora hagamos al Hombre. Se parecerá a nosotros.» El texto sugiere que entre todos los seres creados por Dios, este solo —hombre— se parece a Dios, pero no dice explícitamente en qué consiste la semejanza del hombre con Dios.[5] Esto es algo que se tiene que deducir del contexto literario e histórico del texto.

Karl Barth[6] mantiene que a la definición del contenido de la imagen se puede llegar por vía de la exégesis. Para él la semejanza está dada en la diferenciación sexual que implica tanto la relación como la diferencia entre el hombre y la mujer. El ser humano, entonces, se parecería a Dios en que, gracias a su diferenciación sexual, en él se reproduce la relación entre el «yo» y el «tú» que está presente en el trino Dios (como sugiere claramente el plural «hagamos» en Gn. 1.26). La imagen, por lo tanto, sería una *analogía relationis* (una analogía de relación), no una *analogía entis* (una analogía del ser). G. C. Berkouwer[7] ha objetado la ambigüedad en que cae Barth al usar a la pareja humana como el modelo de la

---

3 Para un breve recuento de la historia de la interpretación de la imagen de Dios a partir de los primeros siglos de nuestra era, ver la obra de M. Flick y Z. Alszeghy, *Antropología teológica*, Sígueme, Salamanca, 1970, pp. 100ss.

4 En 1.26 se usan *tselem* y *demuth* juntas, mientras que en 1.27 y 9.6 se usa sólo tselem, y en 5.1 sólo *demuth*. En 5.3 aparecen de nuevo los dos términos aplicados a Set, de quien se dice que fue engendrado «a la semejanza y según la imagen» de Adán.

5 La Biblia de Jerusalén recoge en una nota la tesis de algunos estudiosos según la cual el propósito de «semejanza» es atenuar el sentido de «imagen» a fin de mostrar que el parecido entre el Hombre y su Creador no es igualdad. Para una refutación de esta posición, ver Severino Croatto, *El hombre en el mundo: creación y designio*, La Aurora, Buenos Aires, 1974, pp. 172-173 y 185 n. 14. Croatto concluye que «los dos términos se complementan en cuanto establecen una relación de unidad y 'aproximación' entre dos seres u objetos» (p. 173).

6 *Kirchliche Dogmatik* III, 1, pp. 182-220.

7 *Man: the Image of God*, Eerdmans, Grand Rapids, 1972, p. 73.

relación interpersonal (la relación entre el «yo» y el «tú») y a la vez poner énfasis en la diferencia sexual entre el hombre y la mujer (la diferenciación sexual) como el contenido mismo de la imagen. Aunque no se puede negar que hay una conexión entre la imagen de Dios y la capacidad que tiene el ser humano de relacionarse con el prójimo, el texto no da pie a la interpretación según la cual la «analogía de la relación» agota el sentido de la *Imago Dei*.

La investigación del significado que tenían las imágenes antiguamente en el Medio Oriente ha arrojado resultados positivos para la interpretación de Génesis 1.26-28. La conclusión es que según la «ideología real» difundida en el mundo antiguo, especialmente en Egipto, el rey es la imagen de Dios y como tal lo representa ante sus súbditos.[8] La imagen del rey, por otro lado, representa a éste en la tierra conquistada.[9] Estas ideas no están lejos del texto bíblico: el Hombre es la imagen de Dios porque lo representa y está investido de su autoridad.

La figura de la imagen cobra aún más fuerza cuando se toma en cuenta que la expresión aparece en un contexto en el cual se destaca la trascendencia de Dios. El Dios a quien se parece el Hombre es el Dios que crea el universo y los seres vivientes por medio de su palabra, pero luego hace una imagen de sí mismo y la coloca en el mundo como su representante; es el Creador que implanta en el Hombre su propia creatividad y lo hace su propio lugarteniente, le encomienda la mayordomía de su creación. Para la ideología real oriental sólo el rey representa a Dios; para la revelación bíblica el Hombre (y consecuentemente todos los hombres y todas las mujeres) es la imagen del Creador en el mundo.

Así, pues, el significado esencial de la descripción del Hombre como la *Imago Dei* es el carácter representativo que el Hombre tiene respecto a Dios. Esta interpretación que se desprende del contexto histórico del pasaje bíblico es ratificada por la conexión que el texto establece entre la intención divina respecto a la creación del ser humano en Génesis 1.26 («Hagamos al Hombre a nuestra imagen, conforme a nuestra semejanza; y *señoree...*») y la narración misma de la creación en Génesis 1.27-28 («Y creó Dios al hombre a su imagen ... y ... dijo: Fructificad y multiplicaos;

---

8 Cf. Severino Croatto, *op. cit.*, pp. 173-175.
9 Cf. D. J. A. Clines, «The Image of God in Man», *Tyndale Bulletin* 19, 1968, pp. 80ss.

llenad la tierra, y sojuzgadla, y señoread...»). Al Hombre como su imagen —su representante— le da la facultad de reproducirse y le encomienda la mayordomía del mundo.[10] La tarea humana fundamental es el gobierno de la realidad creada, en representación de Dios y bajo su autoridad. Este es el «mandato cultural», en cuyo cumplimiento el ser humano manifiesta que en efecto es *Imago Dei*. El Hombre *completo* —el Hombre como ser somático y espiritual— se asemeja a Dios porque a él le ha sido encomendada la mayordomía de la creación. Y allí radica la base de la responsabilidad humana en el uso y cuidado de los recursos naturales, y en el desarrollo científico y tecnológico.

En relación con nuestro tema cabe destacar, sin embargo, que Génesis 1.26-28 no deja lugar a dudas acerca de la diferenciación sexual entre el hombre y la mujer, la identidad de los dos miembros del binomio como *Imago Dei*, y su común vocación en el mundo. Las tres verdades fundamentales para la relación hombre-mujer quedan comprimidas en pocas palabras.

En primer lugar, el Hombre a quien Dios crea no es asexual ni andrógino sino el ser humano varón y el ser humano hembra. La diferenciación entre la sexualidad masculina y la sexualidad femenina no es, pues, resultado de la caída, sino un elemento constitutivo de la creación arquetípica. Cuando Dios creó al Hombre a su imagen, «varón y hembra los creó» (v. 27b).

En segundo lugar, tanto el hombre como la mujer son creados a imagen y semejanza de Dios. De su semejanza con Dios derivan los dos su dignidad humana. La *Imago Dei* está en la esencia misma de su ser de tal modo que ni aún el pecado puede destruirla (cf. Gn. 9.6; Stg. 3.9). Cuando Dios creó al Hombre como varón y hembra, «a imagen de Dios los creó» (v. 27a). El mismo pensamiento es confirmado de nuevo más adelante, en Génesis 5.1-2: «El día en que creó Dios al Hombre, a semejanza de Dios lo hizo. Varón y hembra los creó; y los bendijo, y llamó el nombre de ellos Adán [Hombre], el día en que fueron creados.»

Si el varón y la hembra —según la Biblia— se asemejan a Dios, nos parece demasiado aventurado afirmar que el Dios de la Biblia fuera concebido como un Dios masculino. Como ha demostrado Mary Hayter en su excelente estudio exegético intitulado *The New*

---

10. Sobre este tema ver Paul Schrotenboer, *Homo Creator: el hombre en el mundo de Dios*, Certeza, Buenos Aires, 1972.

Eve in Christ, el género masculino del vocabulario bíblico relativo a Dios no significa que éste fuera pensado como una deidad masculina. Por lo menos en el caso del Antiguo Testamento —dice Hayter— tal vocabulario refleja una sociedad dominada por el hombre pero a la vez muestra que, en un mundo cuyo pensamiento religioso ponía énfasis en la actividad sexual entre dioses y diosas, Israel se esforzó por separar a la Persona de Dios de toda esa trama de mitos y ritos vinculados a la sexualidad. Para esta estudiosa,

> la frase clave para entender el concepto hebreo de la sexualidad en Dios es su «trascendencia de toda sexualidad». Según el Antiguo Testamento, Dios trasciende la distinción varón/hembra. La sexualidad es creación de Dios; por lo tanto, es buena intrínsecamente. Sin embargo, sigue siendo parte de la creación y no debe ser confundida con el Creador, que está muy por encima de lo creado.[11]

En todo caso, si se quisiera insistir en afirmar la presencia de sexualidad en Dios, el solo hecho de que el Hombre haya sido creado como varón y mujer sugiere que sería más bíblico decir que en Dios se integran la masculinidad y la femineidad en perfecta armonía; que él incorpora y a la vez trasciende la diferenciación sexual humana creada por él.

En tercer lugar, tanto al hombre como a la mujer les son dadas la tarea de reproducirse y la mayordomía de la creación. Desde el comienzo mismo de la creación el Hombre es varón y hembra llamados a compartir una común vocación de representar a Dios en el mundo. A ambos los bendijo y les dijo: «Fructificad y multiplicaos; llenad la tierra, y sojuzgadla, y señoread...» (v. 28). No hay la menor sugerencia aquí de que el varón tenga mayor responsabilidad por la mayordomía de la creación y la hembra mayor responsabilidad por la reproducción. Como imagen de Dios, ambos comparten una común humanidad y una común vocación en el mundo. Apenas se puede exagerar la importancia que el reconocimiento de la *mujer* (y no sólo el hombre) como la imagen de Dios tiene para la relación hombre-mujer. Aun hoy la sociedad en general está organizada de acuerdo con pautas dictadas por un machismo que resulta en una triste negación de la

---

11. Mary Hayter, *The New Eve in Christ: The Use and Abuse of the Bible in the Debate about Women in the Church*, Eerdmans, Grand Rapids, 1987, p. 38.

vocación humana de la mujer. Hay la idea de que a ésta le corresponde cumplir el mandato de fructificar y multiplicarse, puesto que está hecha para ser madre y esposa, mientras que el mandato cultural está reservado para el hombre. Esta es una tergiversación de la enseñanza bíblica, tergiversación de la cual se desprende la reducción de la mujer a un estado de inferioridad respecto al hombre, inclusive en la Iglesia. En América Latina el problema cobra dimensiones de tragedia. No se toma en cuenta que tanto en el caso de la hembra como en el del varón, por encima del sexo está su común humanidad y que su realización como ser humano depende del cumplimiento de su vocación como imagen de Dios.

Desde una perspectiva bíblica, no se puede definir el rol de la mujer exclusivamente en términos de matrimonio y maternidad física. Tiene que definirse sobre la base del mandato de Dios: el mandato a ejercer el dominio sobre la creación, bajo la soberanía de Dios y en estrecha colaboración con el hombre. Más importante que la femineidad de la mujer es su humanidad. Por eso, la primera preocupación de la mujer no puede ser casarse y tener hijos. Si a veces lo es, eso se debe a que la mujer a través de los siglos ha internalizado una imagen de sí misma que le ha sido impuesta por el sexo masculino. La tarea prioritaria de la mujer se deriva directamente del hecho de haber sido creada a imagen y semejanza de Dios. Su lugar en el mundo no depende únicamente del género sino de su vocación; no de la biología sino del mandato de Dios.[12]

Sin embargo, esto no niega la diferenciación sexual hombremujer. El Hombre que Dios creó a su imagen se da en la historia necesariamente como varón o hembra. El sexo masculino y el sexo femenino fueron creados por Dios, y la diferenciación sexual y la complementariedad de los sexos forman parte de la estructura misma de la historia humana. Ni el varón ni la mujer puede

---

12 Una de las consecuencias prácticas de esta manera de ver a la mujer es que entre las condiciones indispensables para que ésta forme un hogar feliz sobresale que *como ser humano* haya alcanzado un grado de madurez psicológica que le permita vivir plenamente aunque nunca llegue a casarse. Lo mismo, por supuesto, se aplica al hombre. Jacques Leclercq está en lo correcto cuando afirma que «será un matrimonio feliz aquel que una a dos jóvenes capaces de desenvolverse cada uno por sí mismo» (*La mujer, hoy y mañana*, Sígueme, Salamanca, 1968, p. 115).

cumplir la vocación del Hombre sin el aporte el otro. Yerra, por lo tanto, quien piensa que para luchar por la reivindicación de los derechos de la mujer es necesario rechazar la maternidad o negar las diferencias que existen entre ella y el hombre. El esfuerzo por eliminar las diferencias sólo puede conducir a una situación artificial, con el peligro de que la mujer termine por concebir su liberación en términos de una imagen de la «mujer liberada» que le impone (¡otra vez!) el hombre.[13] El camino de la liberación de la mujer no está en la negación de los atributos de su femineidad, incluyendo su capacidad maternal, sino en la integración plena de la mujer *como mujer* en un proyecto de vida que dé expresión a su vocación humana. Al Hombre como *Imago Dei* Dios le ha encomendado la mayordomía del mundo. El hombre y la mujer por igual se realizan como seres humanos en la medida en que ejercen esa su vocación en obediencia a Dios y en estrecha colaboración mutua.

La mujer, «ayuda idónea» del hombre

En el capítulo 1 de Génesis el énfasis está en los orígenes del cosmos y el lugar que el Hombre ocupa en él en su calidad de imagen de Dios. En el capítulo 2, en cambio, el énfasis se desplaza del cosmos a la humanidad. El rico simbolismo de la narración comunica con fuerza la vinculación del ser humano con la naturaleza (el hombre es hecho del polvo de la tierra) y con Dios, de quien recibe el aliento de vida (v. 7). El capítulo 2 reitera así las afirmaciones básicas que aparecen en el capítulo 1 en cuanto al Hombre: que éste guarda continuidad con la creación (fue hecho el sexto día) y que mantiene una relación especial con Dios (es su

---

13. Aquí radica el problema de mucho de lo que quisiera pasar por defensa de los derechos de la mujer en el movimiento feminista. Según señala Enrique E. Fabbri, «es toda la infraestructura de la sociedad de consumo y bienestar puramente material la que está implícitamente interesada en negar que el desarrollo y plenitud de la mujer pasa por su realización maternal, física o puramente espiritual, pero siempre humana ... Esta sociedad teme a la mujer verdadera, plenamente realizada por su espíritu maternal, y por eso la rebaja, la ironiza, la desprecia como ya sin cabida en este mundo de la 'nueva moral'» («La mujer joven: presente y futuro», *Criterio* 1569, 10 de abril de 1969, p. 209).

imagen). Si en el capítulo 1 se presenta al Hombre como la culminación de toda la obra creadora de Dios, en el capítulo 2 se ausculta la naturaleza de la relación entre los dos integrantes de la pareja humana. Aquí apenas podemos anotar los énfasis principales que surgen del análisis del texto.

Lo primero que se debe notar es que la creación de la mujer en este contexto responde a la necesidad que el hombre tiene de compañerismo (Gn. 2.18-25).[14] Al final del capítulo 1 se dice que «vio Dios todo lo que había hecho, y he aquí que era bueno en gran manera» (v. 31). En contraste, en el capítulo 2 se asevera que, después de hacer al hombre y colocarlo en el huerto del Edén, Dios dijo: «no es bueno que el hombre esté solo» (v. 18). La inferencia es clara: el hombre no fue creado para la soledad sino para la comunión, para la comunicación con el otro. Todo individualismo (el énfasis unilateral en la realización o la libertad individual) queda descartado en el origen mismo de la historia. Pero el compañerismo que requiere el hombre no pueden proveerlo los animales a quienes él nombra (v. 19) y con los cuales mantiene una diferencia esencial como ser humano que él es. Por eso Dios crea a la mujer como «ayuda idónea» (*'ezer kenegdo*) del hombre (vv. 18, 20).

Muchos intérpretes han querido encontrar en la narración de la creación de la mujer base para afirmar que la Biblia enseña la inferioridad del sexo femenino y la superioridad del masculino. Tomás de Aquino, por ejemplo, dejó de lado las perspectivas que da Génesis 1 respecto a la relación hombre-mujer y dedujo de Génesis 2 que «la mujer ha sido hecha para ayudar al hombre, pero solamente en la reproducción.»[15] La misma lectura machista del texto aparece en tiempos modernos en autores como S. B. Clark, quien dice que Génesis describe el lugar de la mujer en el matrimonio como «una ayudante del hombre en la tarea de establecer un hogar y una familia.»[16] Caben aquí dos observaciones.

En primer lugar, nada en el texto sugiere que la mujer sería «ayuda idónea» del hombre exclusivamente en la reproducción.

---

14. Según Severino Croatto, éste es «el único relato independiente de la creación de la mujer en todo el Antiguo Oriente» (*Crear y amar en libertad*, La Aurora, Buenos Aires, 1986, p. 94).
15. *Suma teológica* Ia.92.1.
16. Citado por Mary Hayter, *op. cit.*, p. 101.

Si ese fuera el caso, Génesis 2 entraría en contradicción con Génesis 1, donde, como hemos visto, el hombre y la mujer, como *Imago Dei*, reciben de Dios una común vocación que incluye la procreación y la mayordomía de la creación.

En segundo lugar, de la descripción de la mujer como «ayuda idónea» del hombre no puede deducirse que el hombre sea jerárquicamente superior a ella y la mujer jerárquicamente inferior a él. El sentido de *'ezer kenegdo* aquí no es de «ayudante subordinada», como si la mujer hubiese sido hecha para ser una esclava doméstica puesta al servicio del hombre. De las veintiún veces que aparece el término *'ezer* en el Antiguo Testamento, quince sirven para describir a Dios como «ayuda» de personas en situaciones de necesidad. La connotación del término se refleja, por ejemplo, en el Salmo 115, donde dice: «Oh Israel, confía en Jehová; él es tu ayuda y tu escudo. Casa de Aarón, confiad en Jehová; él es vuestra ayuda y vuestro escudo. Los que teméis a Jehová, confiad en Jehová; él es vuestra ayuda y vuestro escudo» (vv. 9, 10, 11). En Génesis 2.18 y 20 se describe a la mujer como «ayuda idónea» o «ayuda que le corresponda» (Croatto) al hombre porque ella está en condiciones de liberarlo a éste de su soledad, y esto por dos razones: (1) Porque, en contraste con los animales, entre los cuales «para Adán no se halló ayuda idónea para él» (v. 20), ella, y ella sola, es *igual a él*: como el varón, ella se parece a Dios, y comparte con el varón su humanidad.[17] (2) Porque es mujer —una persona de sexo femenino— y, por lo tanto, *distinta de él*. La descripción de la mujer como *'ezer kenegdo* no apunta a la inferioridad de la mujer respecto al hombre sino a la relación mutua de dos personas que se complementan entre sí. Por eso, a la mujer que Dios le hace y le presenta como compañera, el hombre la reconoce como hueso de sus huesos y carne de su carne y le da, no un nombre cualquiera (como en el caso de los animales, sobre los cuales ejerce dominio), sino el suyo propio: «Esta será llamada *Ishah* (varona) porque del *Ish* (varón) fue tomada» (v. 23).

La igualdad y la distinción de la mujer con referencia al varón están en la base misma del matrimonio. Son los factores que hacen

---

17. «Lo primero que llama la atención al observador superficial es que las mujeres no son como los hombres ... Pero lo fundamental es que las mujeres se parecen a los hombres más que a cualquier otra cosa en el mundo. Son seres humanos» (Dorothy Sayers, *Are Women Human?*, Inter-Varsity Press, Downers Grove, Illinois, 1971, p. 37).

posible la complementación mutua de la cual la pareja humana deriva su sentido. La diferenciación sexual no encuentra su justificativo en la reproducción, sino en la unión de dos seres que se complementan entre sí. Esto explica cómo es posible que Génesis 2 se refiera a la pareja humana y aluda al acto sexual sin mencionar la procreación: en el contexto del matrimonio la mujer vale porque como ser humano de sexo femenino ella sola está en condiciones de completar al hombre. Esta complementación mutua entre el hombre y la mujer es suficiente de por sí para explicar la existencia de la diferenciación sexual. Como escribe Otto Piper:

> Al darle al hombre una mujer, y no otro hombre, para que lo acompañe, Dios indica que la diferenciación sexual tiene significado aparte de la procreación, y que el compañerismo entre el esposo y la esposa debe ser considerado como la más grande bendición de la vida.[18]

Así, pues, la relación hombre-mujer no puede definirse en términos de una diferenciación jerárquica entre un ser superior y un ser inferior, sino en términos de una diferenciación funcional entre dos seres humanos en pie de igualdad. Según la enseñanza bíblica, la intención central de Dios en la creación de la pareja fue que entre el hombre y la mujer se estableciera un compañerismo íntimo, una dependencia mutua basada en la naturaleza complementaria de los cónyuges. La complementariedad de los sexos no puede reducirse a lo biológico: abarca la totalidad de la persona, tanto del varón como de la mujer, y comunica a todas sus relaciones mutuas una dimensión sexual. Porque el hombre y la mujer son *iguales*, ya que ambos fueron creados a imagen y semejanza de Dios y comparten una común vocación en el mundo, deben respetarse y amarse mutuamente. Porque son *diferentes*, pueden ejercer funciones distintivas, sin negar o usurpar el rol del otro, o pretender realizarse en total independencia del otro, ya que el hombre descubre su identidad masculina frente a la mujer, y la mujer descubre su identidad femenina frente al hombre.

Aún más fundamental que la función de la mujer en la relación matrimonial es la vocación que ella tiene como imagen de Dios. Sin embargo, función y vocación no son ideas antitéticas. Es obvio

---

18 *The Biblical View of Sex and Marriage*, Charles Scribner's Sons, Nueva York, 1960, p. 30.

que para la mujer casada el proyecto de vida en el cual cumple su vocación de imagen de Dios tiene que incluir, por lo menos en parte, el rol de esposa y de madre. El casarse no es condición ineludible para que la mujer se realice como ser humano; pero si la mujer se casa con sentido de vocación, en el matrimonio y la maternidad encuentra un medio de servicio a Dios y de realización personal.

Entiéndase bien: no estamos aquí abogando por la reclusión de la mujer al hogar o negando que haya otras maneras, aparte del matrimonio y la maternidad, por medio de las cuales la mujer puede realizarse como persona. Lo que negamos es que la reivindicación de los derechos de la mujer pase por el menosprecio del rol de la mujer como esposa y como madre o por el desconocimiento de las diferencias funcionales entre el hombre y la mujer. La igualdad entre el hombre y la mujer no significa que los dos son idénticos: es más bien una igualdad en el contexto de la complementariedad mutua, una complementariedad que se extiende más allá de lo meramente fisiológico, a lo psicológico.

En el marco de la interpretación bíblica de la sexualidad humana se puede entender el verdadero significado del acto sexual. Si la sexualidad está enraizada en la creación misma como algo que orienta ante todo a la complementación mutua del hombre y la mujer, la unión carnal tiene que entenderse como un acto en el cual los cónyuges dan expresión al hecho de haber sido creados el uno para el otro y experimentan esa íntima comunión que define el propósito de su sexualidad. En otras palabras, el acto sexual tiene una función esencialmente *unitiva*. Por medio de él el hombre y la mujer alcanzan la unidad física y psicológica a la cual se refiere la más básica de todas las afirmaciones bíblicas relativas al sexo: «los dos serán una sola carne» (Gn. 2.24; cf. Mt. 19.5; Mr. 10.8; 1 Co. 6.16; Ef. 5.31).

> En la providencia de Dios, el acto físico viene a ser la expresión de sentimientos tan profundos que no pueden ser expresados con palabras: el signo exterior y visible de una gracia espiritual. La unión es más que una experiencia física; es también una experiencia emocional profunda y conmovedora, tal que ambos participantes quedan comprometidos en la totalidad de su ser.[19]

---

19. Stuart Barton Babbage, *Dios creó el sexo*, Certeza, Buenos Aires, p. 23.

Esto no niega la relación entre el acto sexual y la procreación. Simplemente afirma que según la Biblia el deseo sexual no se orienta hacia el fruto de la unión conyugal, sino hacia la unión misma, a ese «conocerse» mutuo que hace del hombre y la mujer «una sola carne». El significado de la sexualidad no debe definirse a partir de sus consecuencias (los hijos) sino a partir de su causa (el hombre y la mujer fueron creados con la capacidad de complementarse mutuamente). Antes del «fructificad y multiplicaos» de Génesis 1.28 está el «varón y hembra los creó» de Génesis 1.27. La primera responsabilidad de los esposos no es la transmisión de la vida sino la entrega mutua en amor, la aceptación gozosa de la sexualidad propia y de la sexualidad del cónyuge.

Limitar la sexualidad a la función biológica de la reproducción, o poner a ésta por encima de la relación entre los cónyuges, es vaciarla de su sentido personal y colocar a la pareja humana en el mismo nivel que los animales. Precisamente la pérdida de la perspectiva bíblica del sexo como algo que está en la esencia misma del Hombre hecho a la imagen de Dios fue lo que condujo a algunos pensadores cristianos antiguos a definir la sexualidad humana exclusivamente en términos de la reproducción.[20] Según San Agustín, por ejemplo, el acto conyugal es un acto «bestial» y vergonzoso; lo único que lo justifica como «mal necesario» es la exigencia de la preservación de la raza. Según Tomás de Aquino las relaciones sexuales pertenecen al orden genérico —a aquello que el hombre tiene en común con los animales— y se ajusta, por lo tanto, a las leyes propias de su naturaleza biológica. La raíz de tales ideas no está en la revelación bíblica, sino en conceptos importados del paganismo, particularmente de la filosofía estoica y la neopitagórica. Lamentablemente este enfoque, auspiciado por siglos por la Iglesia Católica Romana,[21] ha ejercido tanta influencia en nuestra cultura que para mucha gente en nuestro medio el acto sexual en el contexto del matrimonio requiere

---

20. Ver D. Sullivan, «La historia del pensamiento católico sobre la anticonceptividad», William Birmingham, ed., *What Modern Catholics Think about Birth Control*, The New American Library, Nueva York, 1964, pp. 28-73.

21. Este enfoque es el presupuesto de mucha de la enseñanza católico-romana que guarda conexión con el Señor. Por ejemplo, la relativa al dogma de la inmaculada concepción, la virginidad de María después del nacimiento de Jesús, el celibato y el control de la natalidad.

siempre como justificativo la necesidad de transmitir la vida. Urge el redescubrimiento del propósito unitivo de la sexualidad humana. El acto sexual entre el hombre y la mujer es la consumación de una unión *personal* y deja en los cónyuges una huella imborrable. Para el ser humano, en contraste de lo que es para los animales, el acto sexual establece entre los cónyuges un vínculo caracterizado por una dependencia mutua que marca a los dos permanentemente. En palabras de Piper, «una experiencia sexual no es sólo existencial, relacionada al ego del individuo, sino que también da como resultado una conexión crítica con el cónyuge».[22] No puede ser una experiencia pasajera, de cuyos efectos los participantes puedan desembarazarse a gusto. En el propósito de Dios cumple la función de unirlos en *una sola carne*.

De ese propósito unitivo de la sexualidad humana se deriva la afirmación de la fidelidad como un elemento fundamental del matrimonio. Desde la perspectiva cristiana, dado el carácter de la unión sexual, ésta sólo puede consumarse dentro del marco de la promesa de fidelidad por parte del hombre y la mujer. Fuera de ese marco el coito pierde su dimensión humana —se «animaliza»— puesto que no reconoce el verdadero propósito de la sexualidad humana. En el análisis final, frente a la cuestión de la «exclusividad» y la durabilidad del matrimonio sólo hay dos alternativas: o se concibe el acto sexual como una experiencia que envuelve toda la persona y por lo tanto une a los cónyuges permanentemente en un matrimonio «homogéneo», o se lo concibe como una experiencia genital incidental que no implica ninguna obligación duradera para los que participan en ella. Jesús ratificó la primera alternativa cuando condenó el divorcio apelando a la naturaleza exclusiva de la unión que se establece en el acto sexual (Mt. 19.3-9).

Cuando el matrimonio se rige de acuerdo con el propósito unitivo de la sexualidad, el valor de la mujer no depende de su capacidad para ser madre, para «dar hijos al esposo». Depende más bien del hecho de ser mujer y, como tal, no una posesión del esposo, sino su «ayuda idónea», la única persona con la cual puede actualizar la relación de la primera pareja: «Y estaban ambos desnudos, Adán y su mujer, y no se avergonzaban» (Gn. 2.25).

---

22. Otto Piper, *op. cit.*, p. 29.

El hombre y la mujer en Génesis 3

La intención original de Dios para la relación hombre-mujer fue la mutua complementariedad. Dos seres ontológicamente iguales y funcionalmente distintos fueron colocados frente a frente con una vocación común como *Imago Dei* en el mundo.

¿Por qué, entonces, la mujer experimenta con tanta frecuencia una absoluta disociación entre la vocación humana y la función que está llamada a cumplir en relación con el hombre? Se han ensayado muchas respuestas. La mayoría de las veces la discusión se ha polarizado entre los defensores de un feminismo que quisiera echar por la borda todo rasgo de femineidad que distingue a la mujer, a fin de comprobar la igualdad con el hombre, y los defensores de un machismo que proclama la superioridad indiscutible del hombre. La raíz del problema desde la perspectiva bíblica está en la división que se introdujo entre el hombre y la mujer como consecuencia de la caída (Génesis 3).

Los capítulos 1 y 2 de Génesis muestran que la relación hombre-mujer, de acuerdo con el propósito de Dios, sería complementaria pero no intercambiable, unitiva pero no uniforme, recíproca pero no idéntica para los dos sexos. La vocación de la mujer no dependería de la biología pero tampoco la desconocería. «Mientras sean sólo las mujeres y no los hombres los que dan a luz y amamantan a los hijos, el ámbito de las mujeres seguirá siendo esencialmente diferente del de los hombres.»[23] El problema es que, como muestra la narración de la caída en Génesis 3, el pecado ha transformado la diferenciación sexual (sin la cual no sería posible la complementación mutua entre el hombre y la mujer) en una trágica polarización entre los sexos. Señala Croatto, «desde el punto de vista narrativo, el programa de Yavé tejido paso a paso en el capítulo 2 se desvía por la fuerza de un antiprograma sugerido por un personaje nuevo, la serpiente».[24]

---

23 Emil Brunner, *Love and Marriage*, Collins, Londres, 1970, p. 223.
24 *Crear y amar en libertad*, p. 99. La serpiente es, «entre otras cosas, el símbolo del 'fuera del hombre' en la cuestión del origen del mal» (*ibíd.*, p. 103). Lo que la caracteriza es que es astuta (v. 1) y engañadora (v. 13b). Con el tiempo, el machismo de muchos teólogos usará los mismos calificativos para referirse a la mujer.

Una primera señal de la separación entre el hombre y la mujer, consecuencia del pecado, es la vergüenza que los dos sienten uno frente al otro al darse cuenta de que están desnudos (v. 7). La desnudez inocente de Génesis 2.25 («Y estaban ambos desnudos, Adán y su mujer, y no se avergonzaban») se torna en una desnudez sospechosa indicativa de una ruptura de la intimidad mutua y de la comunión con Dios. Queda comprobado que la promesa de la serpiente, «seréis como Dios» (Gn. 3.5), ha sido espuria: en vez de conocer «el bien y el mal», el hombre y la mujer conocen su propia alienación, de Dios y del prójimo.

La alienación entre el hombre y la mujer vuelve a manifestarse elocuentemente en la disculpa que el hombre ofrece a Dios por su pecado: «La mujer que me diste por compañera me dio del árbol, y comí» (Gn. 3.12). Indirectamente, Dios queda implicado en la desobediencia de Adán por haber hecho a la mujer y habérsela traído (Gn. 2.22). Para el hombre, sin embargo, la culpable directa de todo es la mujer. Por siglos, a lo largo de la historia, muchos teólogos estarán de acuerdo con Adán. Así, por ejemplo, Crisóstomo afirmará que «toda la raza femenina transgredió», Tertuliano acusará a la mujer de haber destruido la imagen de Dios que es el hombre, y Agustín especulará que la serpiente tentó a Eva porque Adán era inexpugnable.[25] Sin embargo, la narración en Génesis muestra que tanto el hombre como la mujer son infieles al mandato de Dios. Es más: se puede argumentar con Croatto que la estructura rítmica de los versículos 6-7 del capítulo 3 sugiere que el «comer» del hombre, no el de la mujer, es el epicentro de Génesis 2 y 3, lo cual «responsabiliza al hombre como principal, aunque no primer, transgresor del mandamiento.»[26] Si es así, este autor tiene razón en juzgar que «la imagen tradicional de la mujer 'tentadora' es una lectura subrepticia infiltrada en el texto».[27] Con esto parece concordar el apóstol Pablo, para quien la desobedien-

---

25. Cf. Hayter, *op. cit.*, pp. 103-104; Croatto, *Crear y amar en libertad*, p. 203.
26. Croatto, *Crear y amar en libertad*, p. 168.
27. *Ibíd.*, p. 205. Mary Hayter, por su parte, sostiene que la razón por la cual Génesis 3 establece una relación entre la serpiente y la mujer es la estrecha conexión entre la serpiente y el culto a la fertilidad, caracterizado por la práctica de la prostitución y de ritos licenciosos. «Bien puede ser que el papel que se le da a la serpiente haya querido destacar que la fascinación del culto a la fertilidad, lejos de generar vida, conducía a la muerte. Prestar atención a la voz de la serpiente, seguir las atracciones

cia arquetípica, por la cual el pecado y la muerte entraron al mundo, la cometió el hombre (Ro. 5.12).

La fractura de la relación hombre-mujer causada por el pecado se refleja, además, en el doble sufrimiento a que la mujer se ve sujeta después de la caída: el sufrimiento del parto («con dolor darás a luz tus hijos», v. 16b) y el sufrimiento de la dominación sexual que sobre ella ejerce su marido («tu deseo será para tu marido, y él se enseñoreará de ti», v. 16c). Cabe anotar que lo que aquí tenemos no es prescriptivo sino descriptivo: se trata del reconocimiento de una triste realidad que se desprende de la desobediencia a Dios, a saber, que como madre y como esposa, la mujer sufre. ¿Dónde queda la complementariedad con el hombre, para la cual fue creada?

El cuadro de la relación hombre-mujer en esta situación se completa con el nombre que el hombre da a la mujer después de la caída: «Y llamó Adán el nombre de su mujer, Eva (de *jawwá*, «viviente» o «dadora de vida» = madre), por cuanto ella era madre de todos los vivientes» (v. 20). Vale observar que el nombre que ahora la mujer recibe del hombre la define como un medio para alcanzar un fin (los hijos); alude a la maternidad sin hacer referencia a la complementariedad con el hombre para la cual la mujer fuera creada. Ella deja de ser la compañera con quien él comparte toda su vida, su «ayuda idónea», *Ishah*, hueso de sus huesos y carne de su carne, y pasa a ser valorada por su capacidad de engendrar hijos. En adelante, esa cosificación de la mujer por parte del hombre será característica de la actitud de éste hacia ella. La mujer, por su parte, estará escindida entre su deseo de darse a su esposo y el temor de perder su libertad. Los efectos de la caída aparecen así en el matrimonio con toda la carga de tragedia resultante del pecado. «La primera división en la humanidad no fue entre señor y esclavo, oligarca y proletario, sino entre el varón y la mujer».[28]

---

engañosas de la religión de la naturaleza, era desobedecer a Yahweh, el Creador y vivificador» (*op. cit.*, p. 104). Para esta autora, el rechazo del culto a la Diosa en el Antiguo Testamento obedece igualmente a la sospecha hacia el culto a la fertilidad, común en el Medio Oriente, y no fue una mera expresión del machismo característico del pensamiento hebreo (*op. cit.*, pp. 17-18).

28 Beatriz Melano de Couch, *La mujer y la Iglesia*, El Escudo, Buenos Aires, 1972, p. 22.

En forma curiosa, el único otro pasaje de Génesis en que se menciona a Eva por nombre es 4.1. En efecto, aunque es obvio que la expulsión del huerto de Edén descrita en 3.22-24 afecta al hombre y a la mujer juntos, en este pasaje se usa '*Adam* en sentido genérico para referirse a los dos, lo cual mantiene visible al varón a riesgo de sumir a la mujer en el olvido. La humanidad queda instalada en un mundo caído, androcéntrico. No es de sorprenderse que toda la historia que se narra en el Antiguo Testamento a partir del capítulo 4 de Génesis sea un drama en que predominan los hombres. Esto no niega, por supuesto, la importancia de mujeres excepcionales como Débora, Ana, Abigail, Noemí y Ruth, cuya presencia en el Antiguo Testamento nos recuerda que cuando Dios creó al Hombre, «a imagen de Dios lo creo; varón y hembra los creó» (Gn. 1.27).

En el Reino de Dios, «no hay varón ni mujer»

La encarnación señala el advenimiento de una nueva era. Es la era del Reino de Dios, hecho presente en la persona de Jesucristo. Es la era del Nuevo Hombre, el segundo Adán por medio del cual Dios quiere restaurar el propósito inicial de la creación.

La obra de Jesucristo, cumplida en su muerte y resurrección, se dirige a la totalidad de la existencia humana. No tiene que ver exclusivamente con la salvación del alma, ni se limita al aspecto religioso de la vida. Toca al ser humano, hombre o mujer, aquí y ahora, en el centro mismo de su personalidad y transforma todas sus relaciones. Se orienta a la restauración de la imagen de Dios en el Hombre.[29] Esta es la convicción que hace posible que el apóstol Pablo proclame la desaparición de las divisiones entre los seres humanos en el contexto de la nueva era: «Ya no hay judío ni griego; no hay esclavo ni libre; no hay varón ni mujer; porque todos vosotros sois uno en Cristo Jesús» (Gá. 3.28). La idea central es clara: la unidad de la humanidad, basada en la creación pero afectada por el pecado, ha sido restaurada por Jesucristo; por lo tanto, ya no tienen vigencia las divisiones raciales, sociales o

---

29. Cf. Jorge A. León, *La comunicación del Evangelio en el mundo actual*, Pleroma, Buenos Aires, 1974, cap. II, pp. 31ss.

sexuales que colocan a unos en rango de superioridad y a otros en rango de inferioridad.

El antecedente más importante para esta «Carta Magna de la humanidad», como denomina Jewett[30] a Gálatas 3.28, es la actitud de Jesús hacia todas las personas que en su propia sociedad judía eran víctimas de discriminación y menosprecio, entre ellas las mujeres. Aquí no hay espacio para elaborar el tema. Baste decir que en su trato con las mujeres Jesús se atrevió a romper los cánones de su propia cultura y a reconocer la dignidad humana del sexo femenino de manera sorprendente. No exagera Stott cuando afirma que «sin alharacas ni publicidad, Jesús acabó con la maldición de la caída, devolvió a la mujer la nobleza que había perdido parcialmente, y restituyó en la nueva comunidad de su Reino la bendición original de la igualdad sexual.»[31]

Indudablemente, Pablo capta el espíritu revolucionario de Jesús en cuanto a la relación hombre-mujer cuando en Gálatas 3.28 propone una igualdad de los sexos que contrasta notablemente con las actitudes de menosprecio hacia la mujer tan en boga en su tiempo. Leído a la luz de la narración de Génesis 1, este pasaje muestra que en Jesucristo ha irrumpido en la historia una nueva humanidad en la cual es restaurada la *Imago Dei*. En el Hombre que Dios creó a su imagen, según Génesis 1.27, no había separación entre hombre y mujer: «Y creó Dios al Hombre a su imagen ... varón y hembra los creó.» En el Nuevo Hombre, según Gálatas 3.28, Dios ha reconstituido esa unidad esencial de los sexos: «No hay varón ni mujer». La base de la unidad es Cristo: *en él* —en virtud de su incorporación en el segundo Adán— los creyentes, judíos o gentiles, esclavos o libres, varones o mujeres, forman una «personalidad corporativa» en la cual desaparecen las divisiones.

Hoy, veinte siglos después de que Pablo escribiera esas palabras, la unificación de los sexos (como la unificación de las razas y las clases sociales) realizada en Jesucristo está todavía por plasmarse en la historia. A pesar de la «revolución de la mujer», calificada por Jacques Leclercq como «el acontecimiento más importante de nuestro siglo»,[32] en muchos lugares del mundo (inclu-

---

30 Paul K. Jewett, *El hombre como varón y hembra*, Caribe, Miami, 1975, p. 150.
31 John Stott, *op. cit.*, p. 248.
32 *Op. cit.*, p. 14.

yendo a la América Latina) la mujer sigue siendo considerada como un ser inferior al hombre. Frecuentemente, la Iglesia misma sirve como rémora en lo que atañe a la conquista de la igualdad de derechos para la mujer. A partir de la obra unificadora de Jesucristo, los cristianos deberíamos ser los primeros en comprender que la construcción humana del futuro no puede ser tarea exclusiva de los hombres: requiere el aporte de hombres y mujeres por igual. Ni siquiera podemos conformarnos con una mera igualdad de derechos en el campo social, económico y político. Tenemos que ir más allá, hacia la meta de una sociedad en la cual hombres y mujeres luchemos juntos por la justicia, la paz y la integridad de la creación.

Marido y mujer «en el Señor»

Si Gálatas 3.28 apunta al capítulo 1 de Génesis, Efesios 5.21-33 apunta al capítulo 2. La misma obra salvífica que ha hecho posible la unificación del hombre y la mujer como imagen de Dios también hace posible la restauración del propósito inicial de Dios para el matrimonio.[33] Pablo exhorta a las esposas a «someterse» (o «sujetarse») a sus maridos «como al Señor» (Ef. 5.22, 24). Por otro lado, a los esposos llama a amar a sus esposas «así como Cristo amó a su iglesia» (Ef. 5.25, 28, 33). En la conclusión no deja lugar a dudas en cuanto al significado concreto de la unidad conyugal establecida en la creación misma de la pareja humana: «cada uno de vosotros ame también a su mujer como a sí mismo; y la mujer respete a su marido» (v. 33).

---

33. Por razones de espacio me limito aquí a una breve discusión de este pasaje, el más rico de todo el Nuevo Testamento en lo que concierne a la visión cristiana del matrimonio. En una discusión más completa habría que incluir también Mt. 19.3-12 y 1 P. 3.1-7. La problemática de la relación hombre-mujer en la iglesia requeriría otro estudio que tome muy en cuenta 1 Co. 11.2-16 y 14.35-36, y 1 Ti. 2.11-15. Por lo menos algunas de las dificultades de estos pasajes se resolverían si conociéramos mejor el contexto histórico en los cuales fueron escritos. De todos modos, no nos parece correcto tratar de definir el ministerio de la mujer sobre la estrecha base de estos pasajes altamente controvertibles, dejando de lado los amplios horizontes de la enseñanza bíblica sobre la mujer y sobre el ministerio en la Iglesia.

Sin intentar una discusión exhaustiva de este importante pasaje, me permito hacer las siguientes reflexiones:

1. La exhortación inicial al sometimiento mutuo (5.21) forma parte en el original griego de una compleja cláusula que se inicia con otra exhortación relativa a la *plenitud del Espíritu de Dios* en la vida cristiana: «No os embriaguéis con vino ... antes bien, sed llenos del Espíritu» (5.18). Lo que sigue son los resultados de la presencia del Espíritu: a) la alabanza comunitaria (v.19); b) el agradecimiento a Dios (v. 20), y c) el sometimiento mutuo (v. 21). Este último resultado a su vez introduce una serie de aplicaciones prácticas del principio de sometimiento en las relaciones interpersonales en el seno de la familia cristiana: entre esposo y esposa (vv. 22-33), padres e hijos (6.1-4), amos y siervos (vv. 5-9). Se da por sentado que la conducta práctica que se ajusta a la intención de Dios para la familia (comenzando con la que atañe a la pareja) es expresión de la plenitud del Espíritu. El estilo de vida que se demanda de los cristianos es inseparable de la acción de Dios y eso lo distingue de todo legalismo.

2. La definición de la *relación esposo/esposa* precede a la referencia a los hijos porque en efecto los cónyuges se casan entre sí, no con sus hijos. El matrimonio que permite que la función de esposos sea absorbida por la función de padres, labra su propia destrucción. La pareja es el elemento constante de la familia y la unidad de ésta depende de la unidad de aquélla.

3. El énfasis está en las *responsabilidades*, no en los derechos, de cada uno de los cónyuges. El esposo que hace del llamado a la sumisión de la mujer (vv.22-24) una consigna, pero pasa por alto el llamado al amor, dirigido a él (al cual el texto dedica mayor atención que al anterior, vv.25-32), no ha entendido el propósito del pasaje. La exhortación a la mujer es inseparable de la exhortación al hombre. Y ambas exhortaciones se dan, no a un hombre y a una mujer cualesquiera, extraños entre sí, sino a la *mujer casada* y al *marido*. En otras palabras, se dan en el contexto de la unidad conyugal, de esa unidad en que *un* hombre y *una* mujer asumen la responsabilidad de vivir su mutua complementariedad en el matrimonio. La dignidad de ambos sexos subyace todo el pasaje. Se da por sentado que el hombre y la mujer participan de la misma humanidad y pueden, por lo tanto, relacionarse entre sí como personas de igual valor y como agentes morales igualmente responsables. Se equivoca Jewett cuando mantiene que las exhorta-

ciones dirigidas a las esposas (5.22), a los hijos (6.1) y a los esclavos (6.5) reflejan las limitaciones históricas de Pablo, explicables a la luz de su formación rabínica judía.[34] En contraste con las *Haustafeln* de los estoicos, en las cuales se exhortaba a personas investidas de autoridad a llevar una vida ética, aquí se exhorta primero a las personas subordinadas socialmente, sin estatus legal o moral en su propia cultura, y luego a las personas que las subordinan, porque se da por sentado que unas y otras tienen la responsabilidad moral de decidir.[35]

4. Como ya se ha señalado, la definición de responsabilidades específicas en la relación esposa/esposo está precedida por una *exhortación general*: «Someteos unos a otros en el temor de Dios» (v. 21). O sea que la responsabilidad de «sujeción» por parte de la esposa y la de «amor» por parte del esposo son las formas particulares en que cada uno por su cuenta ha de dar cumplimiento a esa *sumisión recíproca* que está en la base misma de toda relación interpersonal desde el punto de vista cristiano.[36] Si es obvio que, aunque el llamado al amor se dirige al esposo y no a la esposa, no por eso ésta queda eximida de amar, también es obvio que, aunque el llamado a la sujeción se dirige a la esposa y no al esposo, éste no queda eximido de someterse. Las exhortaciones particula-

---

34. Paul K. Jewett, *op. cit.*, pp. 145-150.
35. Cf. John H. Yoder, *Jesús y la realidad política*, Certeza, Buenos Aires /Downers Grove, 1985, p. 127.
36. «El término 'sumisión' no significa, ciertamente, resignación. 'Sumisión' es mucho más activo, mucho más voluntario y de ningún modo fatalista. En el acto de sumisión hay en juego una voluntad libre. El sentido etimológico de la palabra denota la acción de ponerse a disposición de los demás, de lograr que lo que los demás necesitan predomine sobre aquello que nosotros deseamos o necesitamos. A mi modo de ver, la sumisión no constituye ni mucho menos lo opuesto de la liberación, sino la manera en que la liberación puede ser vivida sin corromperse» (André Dumas, *Liberación y sumisión en la ética cristiana*, La Aurora, Buenos Aires, 1975, p. 25). Para la consideración de la sumisión como una disciplina cristiana, ver Richard J. Foster, *Alabanza de la disciplina*, Betania, Miami, 1986, cap. 8, pp. 123-139. Jewett (*op. cit.*, p. 145) niega que la sujeción a la cual es exhortada la mujer en Ef. 5.22 sea la sujeción a que todos los creyentes son exhortados en 5.21. Lo curioso es que en los mejores manuscritos griegos ni siquiera aparece la expresión «estén sujetas» en 5.22, de modo que el sentido de la exhortación a las mujeres sólo puede entenderse en conexión con la exhortación general en 5.21.

res tienen el objeto de definir con mayor precisión la responsabilidad de cada cónyuge, subrayando aquello que cada uno tiene que aportar a la relación matrimonial: ella, el respeto que salvaguarda la integridad del amor; él, el amor que se hace acreedor al respeto. Así, pues, Efesios 5.22-33 exhorta a la esposa y al esposo a vivir en su matrimonio la sumisión de Jesucristo, cuya actitud es el modelo de aquello que se requiere éticamente de todos los creyentes: «No hagan nada por rivalidad o por orgullo, sino con humildad, y que cada uno considere a los demás como mejores que él mismo. Ninguno busque únicamente su propio bien, sino también el bien de los otros» (Fil.2.3-4, VP).

Desde esta perspectiva, nuestro pasaje de Efesios, lejos de ser un clásico alegato «machista» explicable a la luz del condicionamiento del autor por parte de una sociedad acostumbrada a la opresión de la mujer, presenta el matrimonio en un nuevo marco de referencia —la unidad entre Cristo y su Iglesia— en el cual los dos cónyuges, hombre y mujer, se dan y se reciben mutuamente como personas en un plano de igualdad. La retórica feminista que está en boga hoy en día podrá usar la exhortación de Pablo a la esposa a sujetarse a su esposo como un ejemplo de la exaltación del sexo masculino en el mundo antiguo. Pero para hacerlo tendrá que extraerla de su contexto, en el cual es obvio que la sumisión de la esposa no es más que una renuncia voluntaria a su autonomía, en respuesta al amor que su esposo le brinda y cuya medida es nada menos que el amor de Cristo por su Iglesia. La radicalidad de la ética cristiana no se detiene con una abstracta «igualdad de sexos»: exige que el marido, como «cabeza de la mujer» (v. 23),[37] sea el primero en abandonar su egoísmo y se dé a su esposa en amor, «así como Cristo amó a su iglesia, y se entregó a sí mismo por ella» (v. 26); exige que la esposa se ponga a disposición de

---

37. La tesis según la cual Pablo enseña que la relación hombre-mujer es jerárquica, con el hombre como «autoridad» («jefe», «director» o «líder») sobre la mujer, da por sentado que ése es el sentido de «cabeza» (*kefale*) en 1 Co. 11.3 y Ef. 5.23. Sin embargo, no hay la menor evidencia de que *kefale* tuviera esa connotación en griego en el tiempo de Pablo. El término *kefale* en Ef. 5.23 es parte de la metáfora «cabeza/cuerpo» que sirve para subrayar la unidad del esposo con su esposa y de Cristo con su Iglesia. Cf. Berkeley & Alvera Mickelsen, «What Does Kephale Mean in the New Testament?», Alvera Mickelsen, ed., *Women, Authority and the Bible*, Inter-Varsity Press, Downers Grove, 1986, pp. 97-110.

aquél que está llamado a preocuparse por que ella llegue a ser lo que está destinada a ser delante de Dios. El énfasis principal del pasaje recae en el amor-*agape* —el amor modelado en la entrega de Jesucristo por su Iglesia— como la dinámica que establece la unidad de la pareja y en relación a la cual el esposo ha de tomar la iniciativa como «cabeza». ¿Y qué mujer en sus cabales querrá negar su sujeción y respeto al hombre que entienda que, como «cabeza de la mujer», su llamado no es al dominio sino al sacrificio, no a la explotación sino al cuidado amoroso?

Sin igualdad entre el hombre y la mujer no puede haber complementariedad en el matrimonio. Sin embargo, la complementariedad no elimina, sino presupone, las diferencias. Los dos seres que están llamados a complementarse mutuamente en el matrimonio no son meramente dos seres humanos (y como tales iguales entre sí), sino un hombre y una mujer (y como tales distintos entre sí). La restauración del propósito de Dios va más allá del simple reconocimiento de la igualdad de los sexos, a la afirmación que en Cristo el hombre y la mujer establecen una relación que recobra la unidad que estuvo en la intención de Dios desde el principio. La redención elimina la polarización sexual pero mantiene la diferenciación de los sexos; corrige la situación de opresión de la mujer descrita en Génesis 3.16, pero respeta la diferenciación sexual y las funciones que le corresponden a cada sexo o que la pareja acuerda dentro del matrimonio. En otras palabras, lleva a la mujer y al hombre al descubrimiento de su propia sexualidad y del sentido que ésta tiene como elemento unitivo de la pareja humana.

La diferenciación sexual entre el hombre y la mujer no se limita a la función que cada uno cumple en el acto sexual: se extiende a la función que le corresponde a cada uno en todo lo que hace a la vida matrimonial. No hay necesidad de caer en estereotipos[38] para admitir con Brunner[39] que las diferencias físicas entre el hombre y la mujer reflejan diferencias «en el alma y el espíritu», aunque éstas no sean tan uniformes y penetrantes como aquéllas. La exhortación a la mujer a someterse a su marido como aquél que,

---

38. La referencia es a la idea que al hombre lo caracteriza la razón y a la mujer la intuición; al hombre el coraje y a la mujer la ternura; al hombre la intrepidez y a la mujer la cautela.
39. *Op. cit.*, p. 222.

en cumplimiento de su rol de «cabeza», está para brindarle su cuidado amoroso, no obedece a un concepto de la mujer como un ser inferior, sino como un ser cuya naturaleza se adecua mejor a esa función en el seno del matrimonio. Que la opresión de la mujer por parte del hombre a menudo se apoye en «la naturaleza femenina» es consecuencia directa de la caída expresada en las palabras de Dios a la mujer: «Tu deseo será para tu marido, y él se enseñoreará de ti» (Gn. 3.16). Que la mujer vea en el sometimiento a su marido algo compatible con su femineidad es consecuencia de una aceptación voluntaria del designio de Dios en la creación, expresado en las palabras de Dios: «no es bueno que el hombre esté solo; le haré ayuda idónea para él» (Gn. 2.18). Por eso, Pablo añade que el sometimiento de la mujer ha de ser «como al Señor»: como un deber cristiano.

En vista de la larga historia de abusos cometidos contra el sexo femenino, con demasiada frecuencia en nombre de fidelidad a la Biblia, no es nada extraño que se ponga en juicio el modelo bíblico de la relación hombre-mujer en el matrimonio: «Cada uno de vosotros ame también a su mujer como a sí mismo; y la mujer respete a su marido» (Ef. 5.33). Sin embargo, aparte de la diferencia funcional entre el hombre y la mujer, no hay esperanza para la sobrevivencia del matrimonio como una comunidad caracterizada por la complementariedad de sus miembros. Porque cuando Dios los creó, «varón y hembra los creó» (Gn. 1.27).

4

La familia, educadora de la fe

Edesio Sánchez Cetina[*]

La crisis que hoy día sufre la mayoría de nuestras iglesias se debe, en mucho, al hecho de haber transferido la enseñanza de fe y vida cristiana de su lugar esencial, el hogar. Es el hogar, no el templo, el centro de enseñanza vital de la fe. La Biblia en su conjunto es bien clara al respecto. El templo sirvió como centro de adoración y alabanza comunal. La fe de la iglesia del primer siglo se desarrolló básicamente en el seno de los hogares.

Varias y complejas con las razones por las cuales los padres han perdido la oportunidad de colaborar y de ser sujetos clave en la educación de la fe familiar (tómese en cuenta que la fe abarca la totalidad de la vida humana). En la mayoría de los casos, los padres se muestran incapaces de guiar a sus hijos por los laberintos de la vida, a partir de la fe. Decisiones sobre fe, moral profesión (por citar algunas) se han dejado a cargo de las escuelas, colegios, medios de comunicación masiva, compañeros de escuela o vecindario y, en menor grado, centros religiosos.

---

[*] Edesio Sánchez Cetina es mexicano. Trabaja con la Sociedad Bíblica y enseña en el Seminario Bíblico Latinoamericano de San José, Costa Rica. Hizo su Doctorado en Antiguo Testamento. Este trabajo se publicó originalmente en el *Boletín Teológico* de la Fraternidad Teológica Latinoamericana, enero-junio de 1984, con el título «La familia: Iglesia doméstica».

Debemos insistir en una pastoral que dirija todas sus energías a ministrar los hogares, de tal manera que ellos sean *sujeto* y *objeto* de evangelización, humanización y liberación.[1] Los centros religiosos deben servir sobre todo de punto de enlace para que las familias se reúnan para convivir, compartir y ministrarse. La membresía de la iglesia debe verse primeramente no a partir de individuos, sino de familias que la forman. Antes de hablar de iglesias locales, de parroquias, debemos hablar de *iglesias domésticas*. En su discurso inaugural en Puebla, el líder máximo de la Iglesia Católica decía: «Haced todos los esfuerzos para que haya una pastoral familiar. Atended a campo tan prioritario con la certeza de que la evangelización en el futuro depende en gran parte de la *Iglesia doméstica*.»[2]

La intención del presente trabajo es mostrar que aquello que la Biblia tiene como prioritario para la fe del pueblo de Dios en el Antiguo Testamento se enfoca en la familia y es a ella a la que tiene como sujeto de acción.

La familia es imagen de Dios

> Y dijo Dios: —Hagamos a un hombre a nuestra imagen y semejanza; que ellos dominen los peces del mar, las aves del cielo, los animales domésticos y todos los reptiles. Y creó Dios al hombre a su imagen; a imagen de Dios lo creó; varón y hembra los creó. Y los bendijo Dios y les dijo Dios: —Creced, multiplicaos, llenad la tierra y sometedla; dominad los peces del mar, las aves del cielo y todos los vivientes que reptan sobre la tierra (Gn. 1.26-28).[3]

---

1. Afirmación que ya se hacía en la Segunda Conferencia General del Episcopado Latinoamericano (II CELAM) (*Documentos Finales de Medellín*, Paulinas, Quizquizacate, 1969, pp. 48-59), y que tanto el Segundo Congreso Latinoamericano de Evangelizacion (CLADE II) como III CELAM-Puebla reafirmaron y expandieron.
2. III Conferencia General del Episcopado Latinoamericano. La evangelización en el presente y el futuro de América Latina, Documento de Puebla, Conferencia Episcopal Argentina, Buenos Aires, 1979, p. 25. Ver también el trabajo de Enrique Guang Tapia, «La evangelización de la familia», *América Latina y la evangelización en los años 80 (CLADE II)*, Fraternidad Teológica Latinoamericana, 1979, pp. 67-73.
3. Citas bíblicas de la Nueva Biblia Española, Cristiandad, Madrid, 1975.

Cuando el Señor creó al hombre, lo hizo a su propia imagen, varón y hembra los creó, los bendijo y los llamó Hombre al crearlos. Cuando Adán cumplió ciento treinta años, engendró a su imagen y semejanza y llamó a su hijo Set (Gn. 5.1-3).

—El hombre exclamó: ¡Esta sí que es hueso de mis huesos y carne de mi carne! Su nombre será Hembra, porque la han sacado del Hombre. Por eso un hombre abandona padre y madre, se junta a su mujer y se hacen una sola carne (Gn. 2.23-24).

Los dos primeros pasajes destacan la creación del Hombre como una pluralidad, una comunidad. Lo creado desde un principio no es el individuo, sino la humanidad, humanidad que tiene su núcleo básico en la familia. El tercer pasaje termina subrayando lo mismo, pero demostrando la imposibilidad de que la humanidad exista en un solo individuo. En este pasaje es notorio el hecho de que la creación de la mujer viene como clímax del relato con la familia como cima. El hombre reconoce a la mujer como parte de sí mismo en el claro ambiente del hogar. Todos estos pasajes señalan que la imagen de Dios no se reduce al individuo como tal, sino a la comunidad creada (hombre-mujer; hombre-mujer-hijo).

Desde la obertura del gran drama de la humanidad, la Biblia deja bien claro que toda afirmación sobre el Hombre es una afirmación sobre la familia. Cuando la Biblia habla de la humanidad no parte del individuo, sino de la familia, de esa comunidad esencial que da razón de ser al individuo. Desde el principio del proyecto humano, la familia es la que aparece en la base, y a ella se le impone la tarea de hacer más humano al ser humano y hacer de este mundo el «kosmos» del Señor.

Israel y la base de su sociedad

Llama la atención en el Antiguo Testamento el cuidado con el que se regula, especialmente en el Pentateuco y en los libros Sapienciales, la vida familiar en Israel. Era necesario hacer todo tipo de principios y de leyes para resguardarla y mantenerla como la base de la vida del pueblo de Dios. La presencia del pueblo de Israel entre culturas paganas exigía una verdadera y seria legislación familiar en Israel. Dice O. J. Babb en su artículo

«Family»[4] : «La mayoría de los escritores bíblicos se opusieron vigorosamente a fuerzas que arriesgaran la integridad y seguridad de la familia, tales como los cambios económicos y la influencia de culturas y religiones extranjeras». Toda una larga serie de pasajes en el Pentateuco y los Sapienciales señala el establecimiento de regulaciones para todos los niveles de las relaciones familiares.[5] Tales pasajes señalan que la familia era, sobre todo, el centro de la instrucción religiosa.[6] Como comunidad religiosa ella preservó las tradiciones del pasado y las transmitió a través de la instrucción y la alabanza.[7] La fiesta central en el Antiguo Testamento, la Pascua, era un festival familiar, celebrado en el hogar. La Pascua era un rito que no necesitaba sacerdote ni templo. Todo el ritual tenía como contexto el hogar y el padre lo presidía. En medio de la celebración, en el momento del «segundo vaso», uno de los hijos hacía la pregunta: «¿Por qué esta noche es diferente de las otras?» Esta consulta abría la oportunidad a la narración de la redención histórica del pueblo de manos de los egipcios. Esta práctica fue cuidada y trasmitida de generación en generación; Jesús y sus contemporáneos la celebraron igualmente.[8]

En este contexto resalta en forma central Deuteronomio 6.4-9 (10-25). Notamos aquí cómo el autor sagrado señala el papel de la familia como la primera responsable de obedecer y mantener siempre actuales las ordenanzas del Señor. La afirmación que aquí se hace sobre la familia es de singular importancia, por cuanto aparece en el contexto directo de uno de los pasajes centrales de la teología bíblica y de la vida de Israel hasta nuestros días (el *shemá*). Jesús mismo no titubeó en citarlo como el pasaje que resume la Ley (Mr. 12.28-30).

---

4. O. J. Babb, *Interpreter's Dictionary of the Bible* 2 (citado más adelante como *IDB*-2), G. A. Buttrick, ed., Abingdon Press, Nueva York, 1963, p. 238.
5. Ex. 20.12 (cf. Dt. 5.16); 21.15, 17; Dt. 27.16; Lv. 20.9; Mal. 4.6; Pr. 10.1; 15.5, 20, 32-33; 30.17; Sal. 44.1; 78.3-4; Pr. 1.8-9; 6.20-22; 13.24; 23.13-14; 31.26; y muchos más. Ver también H. W. Wolff, *Antropología del Antiguo Testamento*, Sígueme, Salamanca, 1975, pp. 213-250; Roland de Vaux, *Instituciones del Antiguo Testamento*, Herder, Barcelona; William Barclay, *Train Up a Child, Educational Ideals in the Ancient World*, Westminster Press, Filadelfia, 1959, p. 288.
6. *IDB*-2, p. 240.
7. *Ibíd.*, p. 238.
8. *Ibíd.*, p. 665.

La familia en el Deuteronomio

Antes de observar más de cerca este pasaje, veamos el contexto histórico literario donde se encuentra; es decir, hablemos un poco de las características del Deuteronomio.

Vale la pena notar que el Deuteronomio ha desempeñado un papel vital en el desarrollo de la fe bíblica. Aparece como el libro de texto y base de la reflexión teológica en los grandes momentos de la historia de Israel (la reforma de Josías, el exilio). De hecho, este libro proveyó las bases teológicas para la creación de la monumental obra histórica del deuteronomista (de Josué a 2 Reyes).[9] Con este libro se evaluó la historia del pueblo, de los sacerdotes y de los reyes. Es uno de los libros más citados en el Nuevo Testamento (83 veces). Varios biblistas contemporáneos afirman que

> el libro del Deuteronomio se presenta como el centro de la teología bíblica ... Una teología del Antiguo Testamento deberá tener su centro en Deuteronomio porque es allí donde aparecen concentrados los elementos básicos de la teología del Antiguo Testamento.[10]

Los estudios que por años se han hecho manifiestan que la presente redacción del Deuteronomio «es un mosaico de innumerables y variadas piezas de tradiciones literarias».[11] El mismo libro nos ofrece varios títulos (1.1; 4.44; 6.1; 12.1),[12] lo cual demuestra su largo y complejo proceso de crecimiento. Partiendo con Moisés en los llanos de Moab (siglo XIII a.C.), pasando por el reino del Norte (hasta 722 a.C.),[13] por Judá con la reforma de

---

9. Cf. Martin Noth, *The Deuteronomistic History* Journal for the Study of the OT Supplement Series 15, Sheffield, 1981, p. 153.
10. Gerard Hasel, *Old Testament Theology: Basic Issues in the Current Debate*, Eerdmans, Grand Rapids, 1975, pp. 95-96.
11. Gerard von Rad, *Studies in Deuteronomy*, Henry Regnery Co., Chicago, 1953, p. 12.
12. Elizabeth Achtemeier, *Deuteronomy, Jeremiah. Proclamation Commentaries*, Fortress, Filadelfia, 1978, p. 19.
13. Muchos estudiosos han demostrado que el Deuteronomio procede originalmente del Norte, ya sea ligado a un partido profético (Nicholson) que lo llevó al Sur en 722 a.C. o ligado a los Levitas (von Rad). *Ibíd.*, p. 36.

Ezequías (ca. 705 a.C.),[14] la reforma de Josías (622 a.C.)[15] y el exilio.[16]

En cada uno de esos momentos históricos el Deuteronomio recogió y dejó huellas. La principal audiencia del Deuteronomio no es el pueblo que estuvo a los pies de Horeb ni en las planicies de Moab. Estas palabras se dirigen a un nuevo Israel que

> ya conoce Palestina con todas sus tentaciones religiosas, con un rey y un servicio civil; un Israel que ya no vive la economía patriarcal, sino que ha entrado a un estado de economía basada en el intercambio monetario, con todas sus consecuencias peligrosas; conoce a los profetas y de hecho ha tenido experiencias poco placenteras con estos hombres.[17]

Esta nueva comunidad deja atrás seis siglos de historia repleta de pecado, apostasía constante e infidelidades. Ahora a esta comunidad, al igual que al Israel del Horeb, se la convoca a oír la palabra de salvación y de desafío de parte del Señor. La renovación de la alianza y la re-ubicación de las antiguas tradiciones y leyes confirman a este pueblo que él es el pueblo de Dios; que, así como el Israel de Horeb, a él también se lo convoca a pararse ante el mismo Dios y su siempre actual palabra de gracia y juicio.[18]

He aquí el gran valor del Deuteronomio, que surge como un libro que toma la palabra de Dios, hablada a una antigua generación, con sus pasadas tradiciones, y la actualiza para beneficio de un nuevo pueblo, una nueva generación. El Deuteronomio es clara indicación de un hecho indiscutible del mensaje bíblico: que si bien momento, historia y audiencia varían, la palabra es la

---

14. Jacques Briend (*El Pentateuco*, Verbo Divino, Estrella, 1978, p. 35) señala que en tiempos de Ezequías hubo una gran actividad literaria, y varios libros y tradiciones literarias afines al Deuteronomio se escribieron, compilaron o fusionaron.
15. La erudición bíblica casi unánimemente ha señalado que nuestro actual libro del Deuteronomio, casi en su totalidad, estuvo presente en el siglo VIII a.C. en Judá. Allí está la audiencia a la que básicamente se dirige el contenido del libro.
16. Después de 587 a.C., el historiador deuteronomista incorporó al Deuteronomio como parte de la gran historia de Israel. A esta etapa pertenecen los capítulos 1-3 (4); 31.1-13; 34. Cf. Briend, *op. cit.*, p. 36.
17. Von Rad, *op. cit.*, p. 70.
18. *Idem*.

misma. Deuteronomio es ejemplo de una correcta hermenéutica, en la que la palabra y el contexto histórico se encuentran en un diálogo responsable, en el cual se reconoce que la palabra sólo habla su mensaje cuando se inserta en el contexto del oyente y desde allí le habla.

El propósito del libro es acercarse a una nueva generación, en una nueva situación histórica y explicarle la antigua ley. Por ello era necesario recapitular, recontar y explicar lo que había pasado y lo que estaba ocurriendo «aquí y ahora».[19]

El libro habla de la ley pero no desde un punto de vista jurídico. No se escribió para el uso de jueces o sacerdotes, sino, teniendo en mente a todo el pueblo de Israel, para el empleo en el hogar.[20] Por ello, junto a las órdenes de obediencia a la ley encontramos la insistencia en su enseñanza e instrucción (4.1, 5, 9, 10, 14, 39; 5.1, 31; 6.1, 7-9, 20s.; 11.18-20). De hecho, este uso didáctico del libro hace justicia al sentido básico del término *torah*: la ley no es un simple conjunto de reglas; es, especialmente, la fe enseñada; es instrucción.[21] Los sujetos de la enseñanza son los padres. Ellos deberán enseñar a los hijos el camino y la palabra del Señor. No hay otro libro en la Biblia que coloque la instrucción de niños y jóvenes en el centro de su mensaje como lo hace el Deuteronomio (4.9s.; 6.7, 20ss.; 11.19; 31.13; etc.).[22]

En relación con el propósito de este libro hay varios elementos importantes. Primero, aparece *el asunto generacional*. Es notorio el hecho de cómo el Deuteronomio va llevando la narración acompañada de una constante referencia a los de «ayer», los de «hoy» y los de «mañana»: «tus padres, tú, tus hijos» (1.35s., 38s.; 4.9, 25; 5.2-3, 29; 6.2s., 7, 20s.; 7.9; 8.1, 16; 9.5; 10.11, 15; 11.2, 19, 21; 29.10, 14-15, 22, 29). Hacia cada generación tiene una actitud diferente. En el libro, la generación de «ayer», tristemente, no hizo la voluntad del Señor (1.35; 4.3). La generación «presente» está a prueba (1.39; 4.1-9, 15ss.). Los de «mañana», dependiendo de la enseñanza de los de «hoy», bien podrían ser infieles (4.25-28) o fieles y

---

19. Brevard S. Childs, *Introduction to the Old Testament as Scripture*, Fortress, Filadelfia, 1979, p. 212.
20. G. Ernest Wright, «The Book of Deuteronomy», *The Interpreter's Bible* 2, G. A. Buttrick, ed., Abingdon Press, Nueva York, 1953, p. 312.
21. William L. Holladay, *A Concise Hebrew and Aramaic Lexicon of the Old Testament*, Eerdmans, Grand Rapids, 1971, p. 388.
22. Achtemeier, *op. cit.*, pp. 13s.

obedientes (4.29-31, 39-40, 5.32-33). La relación de Dios con su pueblo dependerá de la calidad de vida de éste: lo que el Señor espera es obediencia y fidelidad. La calidad de vida de la generación futura, según el Deuteronomio, dependerá en gran medida de la vida de la presente (6.1-3).

Segundo, junto con el tema de las generaciones aparece *el concepto temporal «hoy»*.[23] J. Briend escribe al respecto:

> El término expresa con una fuerza inigualable la percepción profunda de que la acción de Dios se sitúa en la existencia concreta del pueblo. El lugar que este término ocupa en el Deuteronomio manifiesta que la concepción de la temporalidad que aparece en el documento es la misma desde el principio hasta el final. Todas las generaciones de Israel deben ser testigos de la acción de Dios y de su Palabra: «Escucha, Israel los mandatos y decretos que hoy te predico» (5.1; cf. 5.3, 24). De esta forma se hace participar a todas las generaciones de la acción de Dios, establecida en un hoy que depende totalmente de él. Frente a la Palabra de Dios, todos son llamados a obedecer, a poner en práctica y a guardar esta palabra en su corazón (6.6) para que les sirva de guía en el camino de la felicidad.[24]

La palabra de Dios, unida al pueblo a través de una alianza, siempre habla al hombre de hoy. Invita a quienes están en el «ahora» a mirar al «ayer» (según el Deuteronomio, una historia de rebeldía del pueblo, de intercesión por parte de Moisés y de una nueva reconciliación por parte de Dios). No puede olvidarse el «ayer» so peligro de correr al «mañana» sufriéndolo ya desde hoy (8.19).[25] Al distinguir el tiempo de los padres con la generación de hoy, el Deuteronomio insiste en que el futuro depende en mucho de los de la generación actual, aunque son herederos de una historia. Por ello el libro constantemente apela a los que hoy están oyendo: «recuerda», «cuida de no olvidar» (6.12, 8.18s.). El olvido es un pecado contra la fe y la esperanza. Por ello es

---

23. Wolff, *op. cit.*, p. 121: «Sólo en los apartados que sirven de marco a la ley deuteronómica (4.44-30.20) aparece *hayyom* 35 veces, *hayyom hazza* 6 veces, y en el cuerpo mismo de la ley (12-26) se usa *hayyom* 9 veces y *hayyom hazza* una vez. En total, el Deuteronomio emplea 58 veces *hayyom* y 12 *veces hayyom hazza*, o sea, 70 veces».
24. Briend, *op. cit.*, p. 45.
25. Wolff, *op.cit.*, p. 122.

necesario atender a la Palabra que hoy se dice, reflexionar sobre cómo la vivieron ayer los antepasados, estar vigilantes y decidir para el futuro (29.28s.).[26] El «hoy» no es sólo ahora; es también «mañana» (29.13s.). La alianza así lo confirma. El pacto renovado en Moab, Siquén, Jerusalén ... es una invitación a moldear el futuro desde el diálogo presente. De la alianza y su soberano nos amarramos hoy para asegurar el mañana.

Tercero, si el propósito es explicar la ley a una nueva generación, en una nueva situación, no existe mejor forma literaria que *el estilo homilético*.[27] El libro presenta una apelación, una urgencia, y por ello da sermones. Todos los intentos de estructurar al Deuteronomio como un *tratado de vasallaje* terminan haciendo vuelcos artificiales que alejan al libro de su propósito esencial. Es cierto que existen influencias de los *tratados*, tanto en forma como en vocabulario, pero el Deuteronomio no es en sí un tratado. El libro se presenta como una serie de discursos o sermones a un pueblo parado frente a su líder que ahora se despide.[28] Toda referencia a los elementos de los *tratados de vasallaje* tiene el propósito de resaltar el hecho de que la generación de hoy, tal como la de ayer, está atada a la alianza. Así, *estilo homilético* y estructura de *tratados de vasallaje* se entrelazan para señalar, junto con otros elementos, que el Deuteronomio está estructurado para su actualización constante en favor de las nuevas generaciones de Israel.

Deuteronomio es un libro para un pueblo en transición (una nación amenazada por tentaciones y desastres), para una generación cuya tarea es conquistar y construir una nueva tierra, una nueva sociedad. Es un libro que, al igual que Mateo en el Nuevo Testamento, se ofrece como manual para los miembros del Reino de Dios. ¡Qué actual resulta para nosotros hoy!

El libro está formado por cinco secciones, mejor entendidas si se colocan en tres círculos concéntricos. En el núcleo tenemos los capítulos 12-26 (sección II), los cuales contienen el código legal o la ley de la alianza.[29] En el siguiente círculo tenemos

---

26. *Ibíd.*, p. 123.
27. Ver el uso de *b'r* en el Deuteronomio (1.5; 27.8). Cf. Childs, *op. cit.*, p. 212.
28. Cf. A. D. H. Mayes, *Deuteronomy*, New Century Bible, Oliphants, Londres, 1979, pp. 33-34, E. W. Nicholson, *Deuteronomy and Tradition*, Fortress, Filadelfia, 1967, p. 46; Dean McBride, «The Yoke of the Kingdom. An Exposition of Deuteronomy 6:4-5», *Interpretation* 27, 1973, p. 288.
29. Esta es, según los biblistas, la sección más antigua del libro.

los capítulos 5-11 (sección III) y 27-30 (sección IV), los cuales ubican al código legal en el contexto de esa nueva situación que ahora se vive. Los capítulos 5-11 empiezan con dos elementos decisivos de la alianza establecida con el pueblo: la teofanía del Sinaí seguida del Decálogo. Así, antes de presentar el código legal (12-26) a esta nueva generación, se la hace partícipe de la alianza. Este evento del pasado ahora se coloca en una sección introductoria y enmarcada entre dos versículos en los que aparece el término «hoy» (5.1; 11.32). Todo lo de «ayer» ahora pertenece al «hoy». Asimismo, al principio y al final de esta sección se encuentran dos pasajes, casi paralelos, los cuales insisten en que la enseñanza de la fe pertenece al hogar y es obligación de los padres (6.4-9, pasaje inmediato al recuento de la alianza en Sinaí; 11.18-20). Los capítulos 27-30 se presentan como la conclusión del código legal y demandan a las nuevas generaciones (29.14-15, 29) una respuesta obediente a la totalidad de la ley, en esa nueva situación que ahora enfrentan.[30] El último círculo contiene las secciones I (capítulos 1-4) y V (capítulos 31-34).[31] El papel de los capítulos 1-4 es el de recapitular la historia de la generación pasada y confrontar a la actual con un nuevo inicio. Forman el prólogo del libro y junto con la sección II (capítulos 5-11) responden a la pregunta: ¿Cómo se relaciona lo viejo con lo nuevo?[32] La primera sección recuerda el fallo de la pasada generación; la segunda, presenta el desafío a la nueva generación. La quinta sección se coloca como conclusión de todo el libro. El capítulo 31 describe las últimas acciones realizadas por Moisés: termina su sermón y lo coloca por escrito; comisiona a Josué, deposita la ley junto al arca y establece la práctica de la lectura de la ley. El capítulo 32 (un poema) es una presentación profética en la cual Moisés habla de la fidelidad de Dios contrapuesta a la rebeldía del pueblo. En este poema Moisés une las tres distintas generaciones. El capítulo 33 (también en poesía) dibuja, en perspectiva profética, una situación futura, más bien ideal: el Reino de Dios. Allí aparece Dios como el refugio eterno de Israel. El pueblo halla su salvación eterna. El capítulo 34 da la nota final.

---

30. Childs, *op. cit.*, p. 219.
31. Según Noth (*op. cit.*, pp. 13-35), ambas en gran parte aparecen en el exilio, cf. Achtemeier, *op. cit.*, p. 19.
32. Childs, *op. cit.*, pp. 214-215.

Se va un líder (antigua generación), y viene uno nuevo (nueva generación).[33]

Sección I. Prólogo (caps. 1-4)
> Sección III. Teofanía del Sinaí y el Decálogo (caps. 5-11)
> Sección II. El código legal (caps. 12-26)
> Sección IV. Demanda de obediencia (caps. 27-30)
>> Sección V. Conclusión (caps. 31-34)

Deuteronomio 6.4-9

Las insinuaciones y afirmaciones generales que hemos hecho acerca de la familia apuntan a Deuteronomio 6.4-9 y se irradian desde allí. Aquí, en forma explícita, se trata de este tema en el contexto de la afirmación teológica más categórica acerca de Yavé, el Señor (el *shemá*). El Deuteronomio no halla otro lugar más importante para depositar el meollo de la fe bíblica que el hogar.

Estos versículos pertenecen a una unidad más extensa (6.4-25), cuyo final es parte de un diálogo pedagógico familiar: el padre responde a una pregunta del hijo (vv. 20-25). Los versículos 4 al 9 constituyen la parte más antigua.[34] De estos versículos, los dos primeros (4-5) vienen a ser el eje de toda la unidad. De hecho, todo el libro es, sin exageraciones, un comentario de estos dos versículos.[35] McBride dice de Deuteronomio 6.4-5: «No hay otro pasaje que capte con más elocuencia el espíritu que invade el libro del Deuteronomio».[36]

Deuteronomio 6.4-9 está estructurado de tal manera que todo cuanto se declara y ordena se dirige al principio de la unidad. En el versículo 6, la frase «estas palabras» sirve de punto de

---
33. *Ibíd.*, p. 219.
34. Von Rad señala, junto con otros, que las exhortaciones halladas aquí, especialmente las partes con la segunda persona en singular, pertenecen al estrato original del Deuteronomio.
35. Von Rad, *op. cit.*, p. 71; Nicholson, *op. cit.*, p. 46.
36. McBride, *op. cit.*, p. 288.

enlace, a la vez que de elemento enfático.[37] Con esta frase el autor ata cada elemento de la unidad; con ella, también el autor asegura que en cada nueva demanda, la declaración de los versículos 4 y 5 retumbe con majestuoso sonido. Verbos, pronombres, artículos, son materialmente arrastrados al principio: «Escucha, Israel, el Señor, nuestro Dios, es solamente uno. Amarás al Señor, tu Dios...»[38] Todo cuanto se diga en Deuteronomio 6.4-9 sólo tiene valor en relación con ese núcleo que liga íntimamente una afirmación «dogmática» (v. 4b) y una exigencia «ético-religiosa» (v. 5a).

Con la frase «el Señor, nuestro Dios, es solamente uno» el autor expresa en forma positiva el primer mandamiento del Decálogo. Israel de nuevo es confrontado con el hecho de la unicidad del Señor.[39] Esta declaración únicamente se entiende cuando la colocamos en el contexto histórico, político y religioso en el que se dio la tradición deuteronomista. Cada vez que se recuente la historia del pasado se deja en claro que Israel vive sólo porque Yavé dirige su vida. Él gobierna a Israel. La vida de Israel depende de su reconocimiento de Yavé como su soberano. Por ello al autor le preocupan sobremanera las tentaciones que enfrentan al pueblo en Canaán: ¡tanto dios para adorar, tanto lugar alto para asistir, tanta práctica excitante en que participar!

Consecuencia lógica del reconocimiento del Señor como uno sólo es el amor a Dios en forma total. Unicidad y totalidad pertenecen al mismo círculo semántico. Si sólo se reconoce a un Señor,

---

37. Félix García señala que, cuando, en hebreo, el término «palabras» es precedido por el demostrativo «estas», siempre se refiere a cualquier cosa concreta expuesta en el contexto inmediato anterior. «Deut., VI el la Tradition-Reaction tu Deutéronome», *Revue Biblique* 86, 1979, pp. 164s.
38. Los verbos principales, todos en futuro de indicativo, están sintácticamente unidos al primer verbo (en imperativo) a través de la conjunción «Y» (waw). Esta secuencia, de acuerdo con la gramática hebrea, hace que todos los verbos en indicativo se entiendan en imperativo. Cf. Lambin, *Introduction to Biblical Hebrew*, Charles Scribner's Sons, Nueva York, 1971, p. 119. La versión popular *Dios habla hoy*, siguiendo este hecho, traduce todos estos verbos en imperativo.
39. De hecho todo el Deuteronomio y el trabajo del deuteronomista descansan sobre la noción de la singularidad total de las relaciones entre Yavé y el pueblo: un solo Dios, un solo templo, una sola ley, una sola tierra, un solo pueblo.

entonces el amor es sólo para él. El amor a Dios en el Antiguo Testamento pertenece al contexto de la alianza. Sin embargo no está atado a una enseñanza legalista. El amor que se demanda a Israel es una respuesta «con la misma moneda». Es una respuesta apropiada a la fidelidad de Dios, quien siempre mantiene y cumple sus promesas (Dt. 4.37; 10.15; 7.7s.). A Israel se lo invita a amar porque Dios lo amó primero (cf. 1 Jn. 4.19). Esta primicia del amor divino en el Deuteronomio es la raíz de toda obediencia.[40] Deuteronomio es el primero que utiliza extensivamente el tema del amor del hombre hacia Dios,[41] y desarrolla el concepto a partir del contexto de la familia; es allí el único lugar donde el teólogo puede aprender lo que es amor teniendo al hombre como sujeto.[42] Y no hablamos aquí de sentimientos meramente; hablamos de un amor que razona, y por ello puede presentarse en forma de una orden.[43] Es ese amor que los hijos deben a los padres cuyo sinónimo es la obediencia.

El conjunto de frases que siguen (vv. 5b y 7) a la demanda del versículo 5a destacan el sentido de totalidad y perfección. Los sustantivos «corazón», «alma» y «fuerzas» configuran la totalidad del ser humano. El vocablo «todo», repetido tres veces, insiste en la perfección e intensidad del compromiso del amor. Aquello que en la antropología hebrea es el asiento de las funciones síquicas se presenta aquí como el asiento del amor a Dios. En el versículo 7 el conjunto de frases, todas con verbos en infinitivo, presenta el sentido de totalidad y perfección en la antítesis de un doble par de verbos: «sentarse-caminar», «acostarse-levantarse». En este conjunto se presenta, en forma concisa, toda la actividad humana habitual.[44] El hombre en la totalidad de su existencia vive para amar a un solo Dios, el Señor.

La temática de la unicidad de Yavé, el amor sólo a él y la pugna anti-idolátrica aparece a cada paso en todo el trabajo del deuteronomista (Deuteronomio hasta 2 Reyes). De hecho, cada vez que el

---

40. Wright, *op. cit.*, p. 373.
41. Como se le ha llamado «le document biblique par excellence de l'agapan»; W. L. Moran, «The Ancient Near Eastern Background of the Love of God in Deuteronomy», *Catholic Biblical Quarterly* 25, 1963, p. 77.
42. Wright, *op. cit.*, p. 373.
43. Cf. nuestro artículo «Amor», *El fanal: relaciones humanas*, El Faro, México, 1979.
44. García, *op. cit.*, pp. 177s.

deuteronomista evalúa las distintas etapas de la historia de Israel, la aprobación o reprobación del pueblo o de sus líderes depende de la fidelidad, o falta de ella, hacia el Señor. Deuteronomio 6.10-25 es categórico al respecto: «Al Señor, tu Dios, respetarás, a él sólo servirás, sólo en su nombre jurarás. No seguirás a dioses extranjeros, dioses de los pueblos vecinos» (vv. 13-14).[45] La reforma de Josías se concentró sobre todo en la purga de ídolos y cultos falsos en el seno de Judá (2 R. 22-13). El rey que precedió a Josías, Manasés, es considerado como el peor de los reyes del pueblo de Dios, por su idolatría (2 R. 21). La dura evaluación al reino del Norte (2 R. 17.7-23), a su caída, es en sí una mirada al destino de Judá (vv. 19s.). El pueblo de Dios está en el exilio, sí, por haber sido infiel a Yavé, su único Dios; por no haber aprendido a amarle en forma total y perfecta.

¿Dónde ve el deuteronomista la fuente del problema? La ve exactamente en la desobediencia del pueblo, al no seguir los lineamientos establecidos por el Señor.

Desde el Decálogo se elabora este mandamiento en el contexto de la familia:

> No te harás ídolos: figura alguna de lo que hay arriba en el cielo, abajo en la tierra o en el agua debajo de la tierra. No te postrarás ante ellos ni les darás culto, porque yo, el Señor, tu Dios, soy Dios celoso: castigo el pecado de los padres en los hijos, nietos y bisnietos cuando me aborrecen. Pero actúo con lealtad por mil generaciones cuando me aman y guardan mis preceptos (Dt. 5.8-10; cf. Ex. 20.4-6).

El pasaje en cuestión (Dt. 6.4-9), central en todo el Deuteronomio, lo hace más explícito; una y otra vez, en el contexto del diálogo pedagógico del hogar (Dt. 6.20-25; 11.18-32; cf. 4.9, 10; 6.1-3) se recuerda la urgencia de ser fieles al Señor.

Si bien es cierto que esta ley (base de toda la alianza) aparece en el contexto del culto (Ex. 19-24; Jos. 24; 2 R. 22-23) ante toda la asamblea de Israel, el deuteronomista siempre deja en claro que el primer lugar de pertenencia de esta ley es el hogar. Aun en el contexto de la asamblea del pueblo, siempre hay una cita referente a los padres y los hijos (Ex. 20; Dt. 5; 6.4ss.; 30) o a la familia

---

45. Cf. Dt. 4.3, 15-40; 5.7-10; 7.4, 5, 16, 25; 8.19; 9.12, 16; 10.20, 21; 11.16, 28; 27.15; 28.14; 29.17, 18, 26.

(Jos. 24.15). Fidelidad al Señor y educación en el hogar van tomadas de la mano. No es accidental el hecho de que en aquellos períodos de infidelidad y apostasía, el hogar de los protagonistas estuviera en «bancarrota» (Jue. 14-16; 1 S. 2.12, 17, 22-25, 29ss.; 3.13-14; 4.17ss.; 1 R. 11; 2 R. 21.6). Inclusive, el deuteronomista no deja de estampar su crítica amarga, como mancha indeleble, en la vida familiar de aquellos a quienes aprecia como fieles seguidores del Señor (1 S. 8.1-5; 2 S. 12; 1 R. 1).

No cabe duda de que el deuteronomista tenía siempre en la mira a Deuteronomio 6.4-9 al escribir la historia de Israel hasta el exilio. Necesitaba ver en claro que el desastre del presente se debía al hecho de no haber sido celosos en guardar ese marco ideal, dado al principio de su vida nacional: la enseñanza de fidelidad y amor al Señor tiene su base y centro en el hogar.

No hay que perder de vista, entonces, el punto de partida de un estudio sobre la familia. Toda discusión sobre la familia debe partir de su centro y principio: el Señor. Según el pasaje, inmediatamente después de la presentación de ese elemento básico (que en sí es el contenido de la fe y la enseñanza), viene la presentación de los pasos pedagógicos: ¿qué se espera que suceda en la comunidad del pueblo de Dios?

Es interesante notar el paso de lo colectivo y general (Israel) a lo individual y concreto («tu corazón», «tu casa», «tus hijos»), y de nuevo a lo general («las puertas de tus aldeas»). Esto señala que lo presentado aquí es un programa de vida que mantiene en equilibrio a la comunidad y al individuo, teniendo al hogar como eje de ese equilibrio.

En relación con lo anterior, encontramos en el pasaje un triple compromiso pedagógico: 1) hacia uno mismo («las palabras que hoy te digo quedarán en tu memoria ... las atarás a tu muñeca como signo, serán en tu frente una señal»); 2) hacia los hijos («...se las inculcarás a tus hijos»); y 3) hacia la comunidad («las escribirás ... en tus portales»). Es obvio que el compromiso pedagógico se vuelca primordialmente al hogar. Los versículos 7 y 9 colocan al hogar como el ambiente donde «estas palabras» son objeto de enseñanza y práctica. Los versículos 2-25 hablan de esa interacción pedagógica: el hijo levanta una pregunta al padre, el padre responde narrando los actos portentosos del Señor en el pasado y de sus demandas hoy para el futuro.

El siguiente esquema destaca el énfasis pedagógico del texto:

Recepción de la enseñanza: «escucha ... las palabras» (v. 4)
Puesta en práctica de la enseñanza: «Amarás al Señor...» (v. 5)
Apropiación de la enseñanza: «Quedarán en tu memoria» (v. 6)
Transmisión de la enseñanza: «se las inculcarás a tus» (v. 7)
Repaso de la enseñanza: «hablarás de ellas ...
                                            las atarás ...
                                            las escribirás» (7-9)

El pasaje nos ofrece, entretejidos en forma magistral, el *qué* y el *cómo*: el contenido y el proceso de la enseñanza. En el pasaje encontramos el *sujeto*: los padres; el *receptor*: los hijos; el *contenido*: «estas palabras»; el *lugar*: el hogar; el *tiempo*: toda la actividad humana habitual; la *forma*: la comunicación oral, escrita y práctica.

Enseñanzas para hoy

Dos puntos resaltan de todo cuanto hemos dicho: contenido y lugar de la enseñanza de la fe (vida). Ambos elementos son cruciales hoy. Al tomarlos en serio, frente a nuestras prácticas contemporáneas, nuestras perspectivas y proyectos pastorales dan un viraje de ciento ochenta grados. La urgencia de cambio se acrecienta al colocar la realidad de la «familia cristiana» de nuestros tiempos junto a la demanda bíblica. Ya no podemos trazar una marcada línea de distinción entre el estilo de vida, la educación, las prácticas y las prioridades de las familias cristianas y de las no cristianas. Aquella romántica creencia de que los cristianos vivimos lejos del «mundanal ruido», hoy se ha hecho trizas. ¡En realidad eso nunca se ha dado!

Hágase un sencillo inventario de las experiencias formativas en la vida de una familia. Se verá que los sujetos de esa formación, en su mayor parte, están fuera de nuestro control, con propósitos y objetivos alejados de (y las más de las veces en contra de) la fe bíblica. Al compararlos con la calidad y el tiempo dedicados a la enseñanza de la vida cristiana, no podemos esperar más que un impacto paupérrimo de esta última en la vida de individuos y comunidades.

La cultura uniformadora de los medios de comunicación masiva ha roto con los límites de estratos sociales, distancias geográficas y niveles de formación académica. Vivimos en medio de un sistema con poder «omnipresente», cuya filosofía de vida alcanza materialmente a todos.

Necesitamos desarrollar una pastoral de la familia que mantenga en balance la enseñanza bíblica y las circunstancias históricas en las cuales se desenvuelven nuestras familias. Lo que se enseña y dónde se enseña, constituyen los dos elementos centrales en este estudio que nos sirven como directrices para tal pastoral, pues proveen un «frente de combate» ante las fuerzas de la filosofía de vida del sistema en el que vivimos.

a) La teología (contenido de la enseñanza)

La afirmación bíblica «el Señor, nuestro Dios, es solamente uno. Amarás al Señor, tu Dios, con todo el corazón, con toda el alma, con todas las fuerzas» (6.4-5) nos presenta hoy día todo su peso ético-dogmático. Presenta un principio y una demanda con valor perenne. Lo variable es el contexto histórico-geográfico en el que esa afirmación se inserta.

Es urgente desarrollar el discurso sobre Dios en el contexto de vida de nuestras comunidades latinoamericanas. Es necesario volver a encontrar en la Biblia las líneas que definen a tal Dios y Señor y sus actos de gracia y juicio, frente a tanto dios, ídolo y fetiche. Así podrán tenerse a mano pautas de diferenciación para hoy, entre Dios, el Señor, y los otros dioses e ídolos. Conceptos como «conocimiento de Dios» e «idolatría» necesitan volver a estudiarse tanto en la Biblia como en nuestra sociedad contemporánea.[46]

Falsas lecturas de la Biblia y tendencias teológicas pueblan el sistema de «fe» de nuestros pueblos. ¡Cómo se necesita acercar más a nuestros pueblos al Dios-lejano del «más allá» y librar a los «Cristos» de la religiosidad popular! Lo que falta mucho

---

46. Ya han aparecido varios estudios al respecto. Cf. Miranda, *Marx y la Biblia*, Sígueme, Salamanca, 1972; José Luis Sicre, *Los dioses olvidados*, Cristiandad, Madrid, 1979; varios autores, *La lucha de los dioses*, Departamento Ecuménico de Investigaciones, San José, 1980. Sin embargo, la tarea todavía está en la época de descubrimiento y desarrollo. Faltan trabajos desde una perspectiva más popular, dirigidos a nuestras iglesias.

más es «desenmascarar» a tanto dios impostor que ofrece con el nombre de Dios, falsos (vanos) estilos de vida y una religión amordazada, sirvienta de este sistema económico, materialista y deshumanizante.[47]

Es imposible desarrollar aquí las ideas generales expresadas arriba. Las citamos sólo para acentuar la necesidad de mantener en buen equilibrio el qué y el dónde de la enseñanza de fe. Ambos son básicos e indivisibles. El desarrollo de una estrategia de educación cristiana, a partir del hogar, sin la contribución de la teología fidedigna, es inoperante. De igual modo sucede si sólo existe la preocupación por desarrollar una teología liberadora olvidando al hogar como su punto de partida. Es obvio que la mejor reflexión teológica no llega a los miembros de las iglesias y mucho menos a los hogares. Sí, en cambio, los hogares se ven bombardeados por el sistema idolátrico del mundo contemporáneo, a través de los medios de comunicación masiva: valores y «teología» de películas y telenovelas; concepto de vida y prioridades de los anuncios publicitarios. Gran cantidad de iglesias y hogares han fundado su fe sobre la anti-teología de la «teología-ficción» y del evangelio barato, presente, sobre todo, en las llamadas «librerías evangélicas».

Así como es necesario desarrollar una estrategia pedagógica desde el hogar (la iglesia doméstica), de igual modo es urgente que se desarrolle un contenido teológico-bíblico fidedigno de la educación cristiana. En ambos casos, deberá tomar lugar central el diálogo responsable y veraz entre la fe bíblica y el contexto histórico-geográfico de nuestros pueblos.

b) El hogar (lugar de la enseñanza)

Dos realidades, aparentemente encontradas, se nos presentan en un estudio conjunto sobre *la familia como educadora*:[48]

---

47. Varias son las monografías y los estudios que han surgido en América Latina y Estados Unidos en los que se habla de los falsos dioses, ídolos y fetiches del sistema. Cf. Míguez Bonino, *Espacio para ser hombres*, Tierra Nueva, Buenos Aires, 1975; R. Alves, *Hijos del mañana*, Sígueme, Salamanca, 1972; W. Stringfellow, *An Ethic for Christians & Other Aliens in a Strange Land*, Word Books Publisher, Baco, 1973.
48. Leichter, ed., *The Family as Educator*, Teachers' College Press, Nueva York, 1974.

LA FAMILIA, EDUCADORA DE LA FE

1) En nuestra sociedad no puede verse a la familia como un sistema cerrado. Debe vérsela como un sistema abierto a una multitud de influencias externas ... Cuando se toma en cuenta el tiempo que los miembros de la familia pasan dentro y fuera del hogar, inmediatamente se hace claro que considerar a la familia como la fuente de todas las influencias significativas es una falacia.[49]

2) El hogar es «un redondel» donde puede tomar lugar, virtualmente, toda la gama de las experiencias humanas ... Los padres harían muy bien en cuidar de la educación de sus hijos, porque en el hogar se producen las primeras y más duraderas influencias ... Para bien o para mal, todos debemos reconocer que dentro de la familia tiene lugar una rica variedad de encuentros educacionales: pleitos, violencia, amor, delicadeza, honestidad, engaño, sentido de propiedad privada, participación comunitaria, manipulación, decisiones en grupo, «centros» de poder, igualdad ... Todo esto puede darse en el seno del hogar.[50]

Sin embargo estas realidades no son excluyentes. Las influencias externas siempre se «cuelan» a través de los miembros de la familia y no en el vacío. Los valores o anti-valores de vida llegan a los hijos (y a los miembros de la familia en general) a través de los padres, en forma directa o indirecta. De hecho, la enseñanza más influyente es la de las actitudes; muy poco la de las palabras. Vez tras vez los padres se extrañan del poco impacto de sus palabras. Con dolor muchos descubren la razón: sus palabras contradicen sus actitudes y prácticas. Los hijos sufren por la contradictoria pedagogía paterna: por un lado los mandatos (la comunicación no-verbal, actitudes y acciones) y por el otro los contramandatos (comunicación verbal de lo que el hijo debe o no debe hacer).

Una madre, que sufría al ver la vida descarriada de sus dos hijas adolescentes, nos decía: «¿Por qué nos han hecho esto, si nos hemos preocupado por instruirlas en los caminos del Señor?» Y era cierto; era una de las familias cuya fidelidad se mostraba aun en la práctica del culto familiar. Participaban en la mayoría de las actividades de la iglesia. Sin embargo, una charla más extensa con toda la familia demostró el otro polo del asunto. Había una

---

49. *Ibíd.*, pp. 25s.
50. *Ibíd.*, pp. 1, 3, 9.

comunicación consciente: «ve al templo; lee tu Biblia...» Pero también existía otra comunicación: la relación de los padres, su contacto con las hijas, los valores inculcados en las prácticas «no religiosas» llevadas a cabo fuera del ámbito de lo religioso, la disciplina incoherente, la televisión, las lecturas indiscriminadas en el hogar.

Aquí Deuteronomio 6.4-9 nos «da la mano» para obtener pautas que ayudarán en la búsqueda de la solución.

A semejanza del momento histórico particular de este pasaje bíblico, nuestra situación actual nos señala al hogar como el lugar más lógico para la formación de la vida cristiana. Allí, las relaciones intergeneracionales son más espontáneas y significativas, y los momentos pedagógicos más variados y ricos. Se tiene la oportunidad de recibir la enseñanza en forma «académica», a la vez que de la experiencia y el ejemplo. Si bien los padres son los sujetos principales de la educación, se abre toda una variada gama de oportunidades y posibilidades para que otros miembros de la familia también lo sean. Se pasa más tiempo aquí que en los centros de instrucción religiosa. En el hogar, inclusive la doctrina más académica y esotérica tiene la oportunidad de convertirse en desafío y estilo de vida.

Es necesario admitir que todo intento de mantener al templo y al domingo como *el* lugar y *el* tiempo para la educación de la vida cristiana ha fracasado y seguirá de igual modo. La educación cristiana clásica se ha manifestado incapaz de ser obediente al mandato bíblico y de dar respuesta a las necesidades actuales. Desde los centros de educación teológica se tiende una línea hasta los hogares, pasando por los templos, de una educación cristiana intelectualista y teoricista. Basta observar el currículo de la mayoría de nuestros seminarios para darse cuenta de tal hecho. Seminarios e iglesias, maestros y pastores, se han convertido en presas del sistema educativo de escuelas y universidades del mundo actual. La información es lo importante, no la formación. Currículo y clases se han dividido por edades en la Escuela Dominical. Las actividades semanales generalmente se programan teniendo en mente a las diferentes edades y sexos: sociedades de damas, de caballeros, de jóvenes, de intermedios, de niños. En la mayoría de las iglesias, el culto dominical principal está diseñado de tal manera que los niños no quepan en él. ¿Existe una actividad significativa que involucre a la familia entera? Por lo general la respuesta es negativa. Ante tal estructuración no es difícil entender por qué los padres hallan tantos problemas para transmitir hacia el hogar la fe que aprenden en el templo. Se ha perdido la visión bíblica: el templo no es el punto de partida de la vida cristiana, sino el hogar.

¿Qué hacer entonces? He aquí algunos principios para seguir, tomando en cuenta las pautas establecidas en el pasaje:[51]

1. La mayor parte de la membresía de las iglesias está formada por familias, no meramente por individuos. Por ello debe estructurarse teniendo a la familia en mente y no solamente al individuo. Por ello la unidad familiar debe considerarse como el foco básico de la misión y la diaconía: familias sirviendo a otras familias, familias evangelizando familias.

2. Con esta estructura se toma en serio la centralidad de la familia como sujeto y objeto pedagógico. Por consiguiente ha de proveerse tiempo para enseñar y preparar a las células familiares. Asimismo, el currículo ha de planearse teniendo en cuenta las células familiares y deben proveerse guías para que los cristianos desarrollen su fe desde el hogar.

3. Viendo así la educación cristiana, la enseñanza de los hijos está en relación directa con los padres. Estos son los co-pastores más efectivos. Así, la educación deja de ser una simple aseveración intelectual y llega a ser desarrollo de vida responsable, inculcadora de valores bíblicos, instrumento de disciplina a través de experiencias de amor. Los padres se ven desafiados a ser cristianos maduros. Es una educación de vida para la vida.

4. Con tal perspectiva, se entiende y experimenta con más facilidad el principio pedagógico de Deuteronomio 6.4-9. «Estas palabras» son objeto de enseñanza en el ámbito total de la vida cotidiana. La fe deja de ser una parte minúscula en el programa de vida y llega a entenderse como la vida total. Así, ser cristiano deja de ser el resultado de una aseveración intelectual, de la afirmación de un credo o de la participación domini-

---

51. He encontrado que mis conclusiones y reflexiones coinciden en buena medida con los principios remarcados en tres libros que he leído últimamente. William Barclay, *op. cit.*; Lawrence O. Richards, *A Theology of Christian Education*, Zondervan Grand Rapids, 1975; Richards, *A New Face for the Church* Zondervan, Grand Rapids, 1970.

cal en un lugar establecido, para convertirse en un estilo de vida, una nueva vida, que se manifiesta con más genuinidad en las horas más seculares y profanas de la vida cotidiana. Ser cristianos es vivir sometidos al Señor, y sólo a él, las veinticuatro horas del día.

5. Al tener a la familia como la base de la estructura eclesiástica, la programación de actividades y experiencias por edades, sexos y niveles académicos adquiere más significado. Las líneas de relación interpersonales se enriquecen al permitirse tal variedad de experiencias, tanto generacionales como intergeneracionales.

6. Una vida eclesial así nos permite vislumbrar el culto dominical como una celebración familiar de alabanza. En él nadie deberá sentirse extraño. La Cena del Señor logra recobrar su fundamentación bíblica.

5

El matrimonio según san Pablo

Jean-Jaques von Allmen[*]

El ambiente en que tenían que vivir los primeros matrimonios cristianos no estaba hecho, desde el punto de vista de la vida conyugal y de la disciplina sexual, para facilitarles la existencia. Las más mínimas razones provocaban divorcios tanto en los judíos como en los paganos,[1] tanto la prostitución como la fornicación eran cosas corrientes, y se practicaban sin que las conciencias se perturbasen, la homosexualidad era tan corriente que ya ni suscitaba indignación,[2] y los abortos o la eliminación de hijos no deseados habían tomado proporciones enormes. El cuadro que san Pablo dibuja de las costumbres sexuales de sus contemporá-

---

[*] El autor, suizo de nacionalidad, fue doctor en teología y autor de numerosos libros y artículos en el campo de las ciencias bíblicas. Fue profesor de la Universidad de Neuchatel. El presente trabajo es una versión abreviada de la obra publicada en castellano, con el mismo nombre, por la Junta de Publicaciones de la Iglesia Reformada, Buenos Aires, en 1970.

1. Cf. Oepke, «*Gyné*», *Theologisches Wörterbuch zum Neuen Testament* (citado en adelante como *ThWbNT*) 1, Stuttgart, pp. 776-790.

2. Cf. Ef. 4.17 a 5.21; Col. 3.5; Ro. 1.25-32; 1 Co. 5.10. Quizás hay que ver en los gentiles (*éthne*) de 1 Co. 5.1 no a los paganos, sino a los paganocristianos.

neos no es exageradamente sombrío para las necesidades de su causa, pues lo encontramos, casi idéntico, en la pluma de algunos moralistas paganos de la época.[3] Así pues, los matrimonios cristianos estaban llamados a rendir testimonio en un mundo en que el amor y el matrimonio estaban destrozados.

San Pablo pide a los matrimonios cristianos, a pesar de sus dificultades y de sus tentaciones, y a pesar también de la indulgencia que tan fácilmente se experimenta sobre estas cuestiones (cf. Ef. 5.4s.), que lleguen a ser lo que son en el Señor (Ef. 5.22-23; Col. 3.18s.), y si bien es extremadamente comprensivo sobre este punto (cf. 1 Co. 7.11, 12s., 15, 28, 32ss., 35, 40), no es por eso menos firme, pues la obra del Espíritu es una realidad capaz de milagros.[4]

Un matrimonio cristiano no es, pues, mejor que un matrimonio profano. Está situado en otra parte; allí donde se conoce el misterio del matrimonio porque se conoce el amor y la fidelidad de Jesucristo para su Iglesia. Esto quiere decir que el matrimonio cristiano tiene por deber revelar la verdad de todo matrimonio, como la Iglesia tiene por deber revelar la verdad del mundo. Estar casado es un ministerio, un carisma (1 Co. 7.7).

Es, pues, esencial que los cristianos vivan su matrimonio lo más total y concienzudamente posible (1 Co. 7.3ss., 33; Ef. 5.28s.; 1 Ts. 4.4s.), ya que si el matrimonio cristiano tiene por deber revelar la verdad del matrimonio, no tiene el derecho de falsear su propio matrimonio, tratando, por ejemplo, de elevarlo a un nivel «transubstanciado» y «espiritualizado».[5] Es necesario —sin

---

3. Cf. H. Preisker, *Christentum und Ehe in den drei ersten Jahrhunderten, Eine Studie zur Kulturgeschichte der Alten Welt* (Neue Studien zur Geschichte der Theologie und der Kirche, XXIII), Berlín, 1927, pp. 13-65.
4. Sin duda, san Pablo no habría aceptado, a causa del Espíritu que ha hecho de los cristianos nuevas criaturas, que la Iglesia admita la corrupción total de ciertos matrimonios cristianos comprometidos por la falta de amor, el adulterio, la frigidez de uno de los cónyuges, la vitalidad del otro, o ciertas perversiones sexuales. Para él, ningún matrimonio cristiano habría estado irremediablemente viciado, ninguno habría podido morir antes que muriese uno de los esposos. Si hubiera admitido lo contrario, habría dudado del poder del amor y del perdón de Dios, y no habría podido proseguir su ministerio apostólico de reconciliación «en medio de una generación perversa y depravada» (Fil. 2.15).
5. Se comprende aquí por qué san Pablo es tan reticente ante el deseo de algunos corintios de interrumpir su matrimonio.

fariseísmo, sino como ejercicio de un ministerio misionero— que los matrimonios cristianos sean, para los que no lo son, un juicio y una promesa a la vez.

El ministerio del matrimonio cristiano en el mundo podría definirse, pues, como un ministerio de profetismo sacramental. El matrimonio cristiano erige, para la gloria de Dios y la paz del mundo, los diferentes elementos del matrimonio, dejándolos subsistir en toda su profundidad de realidad de criatura, como un signo visible del origen y del destino divino de todo matrimonio, revelando así su misterio.

De este modo, vemos que el matrimonio es uno de los sectores esenciales del testimonio de la Iglesia en el mundo. Por tanto, la Iglesia tiene una resposabilidad respecto a él, que la compromete por entero. En su doctrina y en su disciplina conyugales se juega su fidelidad.

Hasta estos últimos tiempos, los exégetas protestantes interpretaban de manera bastante contradictoria la noción paulina del matrimonio. Es probable que el lector se sienta desconcertado viendo que, según san Pablo, la Iglesia se juega su fidelidad en su doctrina y en sus ordenanzas conyugales. Quizás también quede sorprendido al constatar el empleo decisivo que el apóstol hace para su doctrina del matrimonio de la creación de la primera pareja, como la narra el segundo capítulo del Génesis. Se asombrará más al ver el cuidado minucioso que san Pablo pone en insertar su doctrina del matrimonio en el contexto más vasto de la cristología y de la eclesiología. Este asombro también ha sido mío a lo largo de la redacción de este estudio.

Esto proviene, sin duda, del hecho de que nuestro protestantismo se ha acostumbrado por lo general a una secularización, cada vez más perentoria, de su enseñanza y de sus ordenanzas sobre el matrimonio cristiano. No es, pues, porque san Pablo pensase como judío sobre este punto que nos contraría tanto, sino porque hemos supuesto demasiado fácilmente poder considerar como marginal lo que él decía del matrimonio. Es imposible, ciertamente, restaurar espontáneamente, visto el estado actual de la Iglesia, la disciplina conyugal que conocía la Iglesia naciente. No se aplica una disciplina de «militantes» a una Iglesia en que la mayoría de los miembros no son cristianos más que de nombre. Sin embargo, la Iglesia se encuentra en un estado tal de «retorno a las fuentes», que no está fuera de lugar invitarla a reexaminar también su *doctrina* del matrimonio, para que un día pueda encarnarla en *ordenanzas* más bíblicas que las que soportan hoy tantos fieles.

El hombre y la mujer en el matrimonio

Lo mismo que el resto de la Biblia, san Pablo no conoce un «hombre en sí», intercambiable, neutro, vacío. Todo ser humano participa de un cierto número de denominadores comunes,[6] pero éstos sólo le dan su contorno, y no es el menor de los títulos de gloria del hombre poder decir, como aquel a cuya imagen es creado: «yo soy él que soy». Con la Biblia, pues, pueden pronunciarse generalidades sobre el ser humano, pero éstas conciernen a la especie y no a la persona humana, la cual difícilmente se reduce a generalizaciones. Ahora bien, ella interesa ante todo a los autores bíblicos, puesto que está integrada en el cuerpo de Cristo para llegar a ser uno de sus miembros. Así, cuando la Biblia emplea un término para designar una colectividad humana recurre gustosamente a especificaciones tales como pueblo, santos, pecadores, naciones, hombres o mujeres, antes que al término abstracto de «humanidad». Esta es, por otra parte, una de las razones por las que su antropología personalista no podría llegar a ser un individualismo. El individualismo, en efecto, se extiende solamente sobre el fondo neutro de la «humanidad». Ahora bien, la persona humana, estando integrada —lo quiera o no— a un pueblo que la sitúa y la califica, no puede llegar a ser una abstracción.

También podría decirse —reconociendo en esto una constante del pensamiento bíblico— que la antropología de las Escrituras no es filosófica, sino histórica.

La diferenciación sexual desempeña un papel esencial entre estas especificaciones antropológicas, pues la sexualidad es, según la enseñanza bíblica, una parte constitutiva del hombre. Forma parte del ser humano de una manera diferente que el

---

6. Cf. H. Mehl-Koehnlein, *L'Homme selon l'apôtre Paul*, Cahiers théologiques 28, Neuchâtel-París, 1950, *passim*; W. G. Kümmel, *Das Bild des Menschen im Neuen Testament*, Abhandlungen zur Theologie des Alten und Neuen Testaments (citado en adelante como AthANT) 13, Zürich 1948, *passim*; R. Bultmann, *Theologie des Neuen Testaments*, Tubinga, 1948, pp. 186-266.

estómago, por ejemplo. Si bien un ser humano puede *tener* ojos azules, no puede más que *ser* un hombre o una mujer.[7] Esto quiere decir que la manera en que se comporta sexualmente tiene, si es cristiano, un alcance capaz de comprometer, a la vez, a su persona y al Señor del que es miembro (1 Co. 6.15-20). El ejercicio de su virilidad o de su femineidad le califica y lo alcanza en lo que le es más esencial, pues el hecho de ser un hombre o una mujer señala su lugar en la historia y también en la Iglesia. Vemos, así, que el matrimonio debe tomar, a la luz del Nuevo Testamento, un alcance que excede singularmente el dominio de las preferencias personales o de la vida privada. Puesto que alcanza al hombre y a la mujer en lo que los sitúa y los explica, en aquello de lo que no pueden desembarazarse más que por un suicidio, los compromete en su misma existencia para hacer de ellos, juntos, un ser nuevo; une sus destinos, que llegan a ser uno solo. Y la pareja, así, llega a ser «una sola carne».

¿Quiere decir esto que el solitario es menos hombre que el que está casado? Esta cuestión —resuelta por la negativa— parece haber interesado particularmente al partido espiritualista de la iglesia de Corinto. Por razón de la novedad radical del tiempo inaugurado por la efusión del Espíritu, este partido quería acabar con el matrimonio, impidiéndolo si no estaba todavía constituido o interrumpiéndolo si se había contraído. A este problema dedica san Pablo lo esencial del capítulo 7 de su primera epístola a la Iglesia reunida en Corinto.

Si se quiere comprender este capítulo, no se puede olvidar que es una respuesta de Pablo a preguntas que él, sin duda alguna, no habría formulado de la misma manera. Por ejemplo, tengo la neta impresión de que «es sano y normal para el hombre [cristiano] no tocar su mujer [o no tocar mujer]» (v.1), no hace más que citar la carta a la que está respondiendo, como cuando cita en 6.12 el lema de los libertinos de Corinto. En este capítulo, el apóstol argumenta según el esquema «si...pero». No puede acusársele, pues, sobre la base de 1 Corintios 7, de menospreciar el matrimonio. Más bien, se

---

7. No es el menor mérito de la obra dogmática de Karl Barth haber reafirmado con vigor esta verdad bíblica, separada del pensamiento regular de la Iglesia durante siglos, bajo la influencia del pensamiento griego y monástico. Cf. *Kirchliche Dogmatik* III/I, pp. 208 ss.; III/2, pp. 264-391. Cf. también W. Eichrodt, *Das Menschenverständnis des Alten Testaments*, AthANT 4, Bale (luego Zurich), 1944, pp. 34s.

ha de notar que toma su defensa frente a interlocutores que quisieran impedirlo. En efecto, si se mira este texto de cerca, nos damos cuenta de que san Pablo se esfuerza, sobre todo, por calmar la fiebre escatológica de los corintios. Quiere, en la medida que sea posible, impedir que la fe cristiana ocasione desórdenes y trastornos; quiere que los posibles cambios sean dictados solamente por la obediencia a las imperiosas indicaciones del Señor. La máxima de este capítulo, y su clave, es: «que cada uno, hermanos, permanezca delante de Dios en la situación en que estaba en el momento en que fue llamado» (v. 24, cf. vv. 17, 26s.), o en que se ha puesto a causa de su conversión. Este capítulo podría titularse: «¡No hagáis del Espíritu Santo un pretexto para trastornar todo!»[8]

La primera pregunta hecha por los corintios al apóstol parece haber sido formulada poco más o menos así:

> ¿Permanece válida en la Iglesia, por razón del Espíritu, que hace de los hombres nuevas criaturas y que somete a discusión el mundo de la primera creación, la afirmación de Dios de que no es bueno que el hombre esté solo (Gn. 2.18)? ¿No es necesario decir, más bien, que es bueno para el hombre renunciar a su mujer en lo sucesivo?

Este término «bueno» (*kalón*), que aparece en 1 Corintios 7.1, y que reaparece en el versículo 8 y dos veces en el 26,[9] no significa, en primer lugar, bueno desde el punto de vista moral, como si el celibato fuese meritorio; significa, más bien, sano, normal, idóneo, conveniente, auténtico, logrado.[10] La cuestión, incluso a los ojos

---

8. Si se aceptase leer e interpretar este capítulo en esta perspectiva —la única que permite comprender por qué, en los versículos 17-24, el apóstol se pone, de pronto, a hablar de la circuncisión y de la esclavitud— se evitarían muchos errores en el estudio del paulinismo. El estudio de 1 Co. 11.1-16, y también de Ef. 5.22-33, se libraría de una pesada hipoteca. No podemos deshacernos de la idea de que muchos desvíos en la interpretación de este capítulo provienen del hecho de que ha sido escudriñado durante siglos por solteros, para quienes el matrimonio, no pudiendo ser su vocación, aparecía como una tentación y una caída. Antes de hablar del menosprecio de san Pablo por las mujeres y el matrimonio, sería necesario volver a leer tranquilamente Ro. 16.1-16.
9. Cf. también el *kalós* de vv. 37s.
10. Cf. Grundmann, «*Kalós*», *ThWbNT* 3, pp. 539ss. El *tob* de Gn. 2.18 (LXX *kalón*) tiene el mismo sentido (cf. s.v. L. Koehler, *Lexicon in Veteris Testamenti libros*). Cf. también J. Hering, *La premiere épitre de saint Paul aux Corinthiens*, Neuchâtel-París, 1949, *ad. loc.*

de los exaltados corintios, no es, pues, saber si vale más, moralmente, estar casado que estar soltero, sino si el matrimonio como tal no ha acabado realmente, por causa de la irrupción del eón futuro.

San Pablo reconoce en su respuesta que la situación de la creación ya no es apremiante para la economía regida por el Espíritu; es decir, el matrimonio ya no es la única manera para el ser humano de salir de su soledad. Está la Iglesia, el cuerpo de Cristo, del que los creyentes son miembros y que los arranca del desequilibrio del aislamiento.[11] «Para el cristiano, miembro de la Iglesia, la soledad del primer Adán ya no existe.»[12] El matrimonio ya no es, pues, el destino normal de todo hombre y de toda mujer. Llega a ser carisma (1 Co. 7.7), y este carisma se siente y se impone por el grado de sensualidad de cada fiel.[13]

Para poner fin a su soledad se abren ante el cristiano dos caminos: el consentimiento al celibato como forma de servicio cristiano en la Iglesia, y el matrimonio. Sin embargo, el celibato no puede justificarse por el deseo de estar solo, por el egoísmo y el menosprecio del sexo complementario, ni, sobre todo, sobre la base de un dualismo metafísico que vería en la gravidez y en las exigencias corporales otros tantos obstáculos para la pureza de la vida cristiana y del avance en Cristo. Solamente se justifica para liberar a aquel que lo asume en vista de su plena disponibilidad al servicio del Señor (1 Cor. 7.32ss.). Por otra parte, tampoco puede justificarse cualquier matrimonio, sino sólo —volveremos a ello— el matrimonio «en el Señor» (1 Co. 7.39). Así, en contra de lo que

---

11. Tanto más que, según la fórmula audaz y exacta de O. Cullmann, «el apóstol concibe el hecho de pertenecer a la Iglesia como una relación corporal». («La délivrance anticipée du corps humain d'apres le Nouveau Testament», *Hommage et Reconnaissance, Recueil de travaux publiés a l'occasion du soixantieme anniversaire de Karl Barth*, Cah. théol. H.S. 2, Neuchâtel-París, 1946, p. 39.)
12. J. Hering, *op. cit.*, ad 7.1.
13. La Escritura, que no es dualista, no deja caer un juicio peyorativo sobre la sensualidad. Si bien ésta puede llegar a ser fácilmente una trampa, también puede ser una gracia. A. Schalatter (*Paulus, der Bote Jesu, Eine Deutung seiner Briefe an die Korinther*, Stuttgart, 1934) hace notar con razón: «cuando el deseo sexual posee la fuerza de excitar el alma, tanto el hombre como la mujer reconocen en ello que no deben resistir a la unión matrimonial» (p. 220).

imaginaban ciertos corintios, el matrimonio no sitúa a aquellos que lo procuran o lo contraen después de su bautismo más allá del dominio donde reina el Espíritu Santo (1 Co. 7.31). Sin embargo, dura hasta el retorno de Cristo, y con él permanecen las ordenanzas de la creación.[14] El matrimonio es, así, una forma posible de la vocación cristiana, y los que quisieran prohibirlo por principio se desvían de la fe y se imbuyen de doctrinas demoníacas (1 Ti. 4.1-3).

Para san Pablo no existe un estado que sea, en principio, un impedimento para el matrimonio.[15] El matrimonio en sí no es, pues, un pecado para nadie. Por eso, la única razón válida para rechazarlo es la vocación a una total disponibilidad a las órdenes de Cristo (1 Co. 7.32s.). El celibato toma, así, sentido en la medida en que se coloca al servicio de la edificación de la Iglesia, en la cual no existe repliegue sobre sí, sino forma de obediencia comunitaria. En un tiempo en que amenaza la persecución (1 Co. 7.26, 28),[16] por

---

14. Es muy sintomático que Pablo no tenga orden precisa del «Señor», es decir (cf. O. Cullmann, «Paradosis et Kyrios. Le probleme de la tradition dans le paulinisme», *Revue d'histoire et de philosophie religieuse*, Estrasburgo, 1950, pp. 12ss.), de la tradición apostólica primera, sino en lo concerniente al divorcio. El judeo-cristiano, a pesar de su fuerte experiencia pneumática, no conocía una tendencia marcionita que quería que la iglesia rompa toda ligadura con el pasado, la historia y la creación. Por eso Pablo, para responder a los corintios que querían acabar con el matrimonio por causa de los recién inaugurados últimos tiempos (idea que no habría venido a judíos), debe responder sobre la fe de su ego apostólico, que es digno de confianza, ya que él también tiene el Espíritu (cf. 1 Co. 7.12, 25, 40).
15. Si se exceptúa, no obstante, el estado de las viudas inscritas en el «registro de viudas», y que tengan, al menos, sesenta años (1 Ti. 5.9).
16. En sus consideraciones sobre el tiempo «acortado» (1 Co. 7.29-32a), parece, sobre todo, que san Pablo pone en guardia a sus lectores contra un debilitamiento burgués, y les recuerda que en este mundo son solamente campistas. Son campistas llenos de esperanza a pesar de todo, y no hombres abatidos por la inminencia de una catástrofe cósmica, puesto que el retorno del Señor es objeto de esperanza. San Pablo no favorece el celibato por derrotismo. Incluso podemos preguntarnos si hay un medio más preciso de erigir, en una época en que no se ve la salida, un signo de fe en el porvenir, que contraer matrimonio. Esto es lo que hicieron los padres de Moisés, que se casaron en el mismo momento en que el Faraón tomó la decisión de hacer perecer todos los pequeños israelitas (Ex. 1.22-2.2).

ejemplo, puede ser útil no tener la carga suplementaria de someterse a las exigencias del estado de matrimonio. En efecto, la inminencia de la parusía no es la causa por la que san Pablo da al celibato una virtud muy positiva. La inminencia constante de la parusía no impide ni el trabajo, ni el comercio, ni la participación en la cultura, y el matrimonio, si bien obliga a los cónyuges a estar presentes el uno para el otro, no es un obstáculo insuperable para la vigilancia cristiana. Sin embargo, nunca podrá hacerse del celibato una orden apremiante, ni un estado que haga implícitamente despreciable el matrimonio.

Esto es válido también para los que ejercen para la Iglesia y en la Iglesia un ministerio que absorbe toda su existencia. San Pablo no guarda rencor a Cefas, a los apóstoles y a los hermanos del Señor por hacerse acompañar por una hermana como mujer (1 Co. 9.5), y sabe que tendría el mismo *derecho* (*exousía*) que ellos para hacerlo.[17] Aunque él renuncia a ello, su manera de vivir no es una ley para cada ministro. No obstante, san Pablo no quiere que los obispos (1 Ti. 3.2), los presbíteros (Tit. 1.5-6) y los diáconos (1 Ti. 3.12) se casen más de una vez. Ellos particularmente tienen el deber de ilustrar, por su matrimonio, el paradigma cristológico de la unión conyugal.

Conviene añadir unas palabras respecto a aquellos que son solteros por no haber encontrado un cónyuge. En todo caso, una cosa es segura también para ellos: su soledad ha acabado por causa de su integración en la Iglesia. Una segunda cosa es igualmente clara: el Señor espera de ellos un servicio en la Iglesia, que dará a su vida un sentido positivo y les quitará la impresión de ser estériles o de estar de más. Sin embargo, el apóstol no habla de ellos expresamente en ninguna parte, e incluso parece ignorar su caso (1 Co. 7.9).

Me pregunto, no obstante, si —pasando de la disciplina eclesiástica a la cura del alma— San Pablo no escribe 1 Corintios 7.28-35 también con la intención de consolar a aquellas y aquellos que están forzados al celibato por la razón de que nadie desea compartir con ellos las alegrías y las penas de la vida, o porque

---

17. J. Hering (*op. cit.*, *ad loc.*) tiene razón al decir que este derecho se extiende a hacer vivir la mujer del ministro a expensas de la Iglesia. Cf. también H. Roux, *L'argent dans la communauté de l'Eglise*, Cah. théol. 18, Neuchâtel-París, 1947, p. 37.

los que lo desearían, siendo «de afuera», son cónyuges imposibles para ellos.[18] Ante estos «desfavorecidos», exalta la grandeza y la belleza del celibato, como también su libertad, e, implícitamente, pide a la Iglesia que no los menosprecie, sino, al contrario, les dé un ministerio que pueda satisfacerlos. Lo que san Pablo dice de la viudas en otra parte (1 Ti. 5.9) hace pensar que no habría desaprobado una iglesia que dé a los solteros —lo sean por fuerza o por vocación— la posibilidad de ejercer en comunidad regular el ministerio que se les reconoce.[19] En este mismo pasaje (1 Co. 7.28-35), lleno de afecto pastoral, el apóstol muestra también la ventaja, para una Iglesia expuesta a peligro, de tener un cuerpo de célibes. Estos, estando libres de todo lazo humano, pueden sustituir a los cristianos casados, y cubrirlos, como un escudo cubre un cuerpo,[20] atrayendo sobre sí los dardos del enemigo.

Esta es una de la razones por las que el celibato debe ser rodeado en la Iglesia de honor y reconocimiento, sin sobrepasar, no obstante, el límite más allá del cual —hablando con San Ireneo— llegaría a ser un reproche al Creador.[21]

La constitución del matrimonio

San Pablo debía tener seguramente en sus libros y pergaminos (cf. 2 Ti. 4.13) esta palabra del Señor: «que el hombre no separe lo que Dios ha unido» (cf. Mt. 19.6). Sin embargo, no la cita nunca.

---

18. Se sabe que este problema ha preocupado a la Iglesia antigua. Cf. H. Preisker, *op. cit.*, pp. 238ss.
19. Nosotros, los protestantes, que tenemos sobre la conciencia tantos pecados de omisión para con los solteros y el celibato, sacaremos provecho del comentario sobre 1 Co. 7.25-40 —un poco ampuloso, no obstante— de W. Meyer (*Der erste Brief an die Korinther*, l.Teil, Kap. 1-10, Gemeinschaft der Heiligen, Prophezei, Zurich, 1947).
20. «Pablo vio en los cristianos solteros una milicia siempre dispuesta y útil para todo» (A. Schlatter, *op. cit.*, p. 246).
21. Parece que la Iglesia antigua, y sus sectas sobre todo, habrían torcido, sobre la base de un dualismo ajeno al pensamiento bíblico, la enseñanza bíblica sobre este punto, exaltando no ya el celibato como estado de disponibilidad sino la virginidad como obra ascética meritoria (cf. H. Preisker, *op. cit.*, pp. 178ss.).

Sólo indirectamente es posible, pues, decir que para san Pablo también Dios mismo se encuentra en el origen del matrimonio. Se dan como prueba las siguientes consideraciones:

a) Incluso si la necesidad del matrimonio se hace sentir, en los humanos, por el ardor de los sentidos (1 Co. 7.9) y por «una vitalidad desbordante» (1 Co. 7.36),[22] no hay que ver en ello una vergüenza, sino un don, un carisma recibido de Dios (1 Co. 7.7). Su sed de salir de su aislamiento y de encontrar un sentido a una parte esencial de ellos mismos que sufre por su vacuidad, como el aburrimiento punzante de Adán enumerando los animales del paraíso (cf. Gn. 2.20b), viene de Dios. El hace nacer en ellos esta súplica, cuyo otorgamiento será el matrimonio. No hay, pues, ninguna vergüenza en desear casarse, pues este deseo es un llamamiento legítimo que Dios escucha y que, incluso, suscita.

b) Si San Pablo cita, a propósito del misterio conyugal, el relato del primer matrimonio (en Ef. 5.31), entiende, sin duda, que todo verdadero matrimonio se contrae a la imagen del matrimonio del *isch* (hombre) y la *ischa* (mujer), narrado en el segundo capítulo del Génesis, es decir, por la activa voluntad de Dios, quien trae la esposa al esposo para que él no la tome, sino la reciba de su mano.

c) Si San Pablo explica el matrimonio a la luz de las relaciones epitalámicas de Cristo y la Iglesia (Ef. 5.22-33), es evidente que el origen del matrimonio humano es el mismo que el de los esponsales entre el Señor y su pueblo.

d) San Pablo no considera nunca el matrimonio como un pecado. Es, pues, una forma de obediencia cristiana, de sumisión a la voluntad de Dios.

¿Pero cómo se manifiesta prácticamente en la Iglesia esta voluntad divina de unir un hombre y una mujer? Por un lado, por los votos de los cónyuges y, por otro, por el ministerio de la Iglesia que asiente a ellos. Parece que, según san Pablo, este asentimiento incluso precede al voto de los esposos y lo autoriza. Un nuevo matrimonio de una viuda, por ejemplo, debe hacerse «en el Señor» (1 Co. 7.39). Lo mismo debe suceder con los otros matrimonios de cristianos.

---

22. Traducción de J. Hering de *hypérakmos*.

No es exagerado pensar que en todo matrimonio cristiano —prototipo del cual es el de Génesis 2 (cf. Mt. 19.4ss. y paralelos; Ef. 5.31)— este papel del amigo de bodas, desempeñado por Dios mismo en el relato de la creación, forma parte regularmente del matrimonio, y que el que desempeña este papel actúa en nombre de Dios. Dios mismo forma, por su ministerio, un nuevo matrimonio. Por consiguiente, la Iglesia ha tenido razón al establecer liturgias de matrimonio, en las que se repite lo que sucedió en el paraíso, y en cuyo curso Dios, por su «lugarteniente»,[23] da una mujer a un hombre. Incluso es necesario decir que, por tal acto, la Iglesia no actúa de manera optativa, sino —si los esposos se reconocen como destinados el uno para el otro— de manera causativa. No se trata, pues, solamente de una «bendición nupcial»,[24] sino de la formación de un matrimonio en el nombre de Dios. Esto quiere decir que la Iglesia no tiene el derecho de considerar que un matrimonio que ella ha constituido en la liturgia matrimonial, «quizás» no está constituido por Dios mismo. A sus ojos, un matrimonio formado por ella está tan ciertamente formado por Dios como un hombre que ella bautiza es incorporado por el Espíritu al cuerpo de Cristo. Sin la desviación moderna que ve en la pasión la principal fuente del matrimonio, y que tanto ha influenciado al protestantismo, éste no habría dudado nunca de que en el momento en que la Iglesia celebra una liturgia matrimonial forma un matrimonio en el nombre de Dios. Des-

---

23. Que puede ser el padre de la esposa, o, más comúnmente, el ministro de la Iglesia.
24. En el sentido de voto piadoso que el término «bendición» ha tomado en el protestantismo moderno. Se sabe que para la Biblia, la bendición es, al contrario, un acto cargado de poder. Incluso quizás sería posible ver en la celebración litúrgica de un matrimonio una especie de exorcismo del poder sexual humano pervertido por la Caída. Según 1 Ti. 4.3ss., el matrimonio forma parte, en efecto, de lo que Dios ha creado, de lo que los hombres pueden usar con acción de gracias. Ahora todo esto puede ser santificado, cerrado en el nombre de Dios, sacado de la retención del Maligno, por la Palabra de Dios y la oración. La liturgia del matrimonio no solamente forma un matrimonio, sino que también lo santifica. Por la Palabra de Dios y la oración, la Iglesia resguarda este matrimonio del dominio del Separador, del *diábolos*. Llega a ser un lugar en que el diablo no tiene más lugar (*tópos*) ni la pretensión de ser admitido (cf. Ef. 4.27).

pués, esta pareja puede confirmar o desmentir, por su vida, la unidad que Dios le ha dado, pero sea cual fuere la dureza de corazón de los esposos, su unión es teológicamente intangible. Por esto el matrimonio cristiano es algo tan serio.[25]

Para san Pablo, como para toda la Iglesia primitiva, este matrimonio no puede ser más que una monogamia. Esto es tan natural que el apóstol ni siquiera lo afirma directamente. Sin embargo lo hace indirectamente, citando, en primer lugar, Génesis 2 y su enseñanza tan definitivamente monogámica (Ef. 5.31; 1 Co. 11.8s.), y hablando, luego, comúnmente a los maridos de su mujer (y no de sus mujeres) (cf. Ef. 5.28, 29, 31, 33; 1 Co. 7.2, 3, 4, etc.) y a las mujeres de su marido. Por último, y éste es sin duda el argumento indirecto más fuerte, ya que el matrimonio humano es el reflejo de la unión entre Cristo y su Iglesia, y ya que para el Nuevo Testamento no hay más que un Cristo y una Iglesia, el matrimonio no puede unir más que *un* hombre y *una* mujer. Efesios 5 sería incomprensible fuera de una noción monogámica del matrimonio.

Para que se constituya un matrimonio cristiano no sólo es necesario que esté constituido por la voluntad de Dios, expresada por medio de la Iglesia, o que una a un hombre y una mujer, sino se precisa que los esposos acepten consagrarse el uno para el otro. Su voto es constitutivo del matrimonio que formarán.[26] También aquí tenemos que reconocer que san Pablo sólo habla indirectamente; pero lo hace bastante claramente por medio de su ética conyugal, comprensible solamente como el desarrollo de un voto, el respeto de una alianza y de sus cláusulas.

---

25. Quizás sería posible decir, comparando 1 Co. 11.2 y Ro. 15.16, que expresan el mismo hecho por medio de dos imágenes, que la Iglesia, uniendo a los esposos, consagra, dedica, remite la mujer al hombre (*parístemi*, verbo empleado en 1 Co. 11.2 es también un término técnico de la lengua de los sacrificios; cf. Ro. 12.1). Teniendo en cuenta Ef. 5.25, la mujer no se enajena en el matrimonio más que su marido, ya que el esposo debe entregarse (*paradídomi*) a su mujer. Uniendo un hombre y una mujer, la Iglesia, en el nombre de Dios, retira a cada uno su autosuficiencia; por esto «ya no son dos» (Mt. 19.6a) después.

26. Cuando uno de los cónyuges de un matrimonio ya constituido llega a ser miembro de la Iglesia, este voto es reclamado implícitamente, sobre todo de parte del cónyuge que no es creyente (1 Co. 7.12s.).

Ya que para el apóstol estas órdenes se refieren a la unión entre Cristo y la Iglesia, la noción bíblica de la alianza nos permitirá comprender los votos constitutivos del matrimonio cristiano. Ahora bien, una alianza[27] hace salir a dos seres de su aislamiento para ligarlos el uno al otro de tal manera que el uno ya no es pensable sin el otro; los introduce en un nuevo estado, en una situación que los califica hasta lo más profundo de ellos mismos. Por esto se sella generalmente con sangre.[28]

Para la Biblia, toda verdadera alianza se contrae bajo la invocación de Dios, al cual se le reconoce por adelantado el derecho de vengar al aliado engañado y castigar con toda su ira al aliado culpable. La alianza no es, pues, solamente un contrato «horizontal», una asociación humana de la que podríamos retirarnos, sino una manera de dedicarse el uno al otro, entregándose, al mismo tiempo, a las promesas y a las amenazas del Dios testigo de la alianza. Al entrar por voto en el estado conyugal[29] —de manera parecida a como hoy puede hacerse un voto de celibato— renunciamos a nosotros mismos, nos despojamos y nos volvemos a encontrar solamente más allá del don de nosotros mismos, en inalterable conjunción con otro ser,[30] y precisamente porque la alianza conyugal es reflejo de la alianza Cristo-Iglesia son necesarios estos votos: en primer lugar, para significar delante de la Iglesia que los esposos quieren hacer de su matrimonio un reflejo del Cristo total; en segundo lugar, porque la unidad entre Cristo

---

27. Ver también Is. 54 (y Pr. 2.17), donde se reúnen las nociones de desposorio y de alianza.
28. El sello de sangre en la alianza conyugal es la unidad total de los esposos en el encuentro sexual. Por esta razón, lo que nace de tal unión nace de una mezcla de sangres (cf. el plural *haimatón*, muy sintomático, de Jn. 1.13. También es sintomático de la noción de alianza conyugal aunque no se hable, en este mismo pasaje, más que de *thélema andrós* (la voluntad del varón).
29. La liturgia de matrimonio de Neuchâtel pregunta, con razón, en primer lugar a los esposos, juntos, si quieren hacer voto de matrimonio, y, solamente a continuación, a cada uno, si quiere vivir en este estado con tal cónyuge. Hay una analogía con la liturgia anglicana, que tan profundamente ha inspirado al autor de la liturgia de Neuchâtel, J. F. Ostervald.
30. Así se ve que el matrimonio, en la Iglesia, tiene un cierto parentesco con el bautismo, que también es despojarse para encontrarse, más allá de la muerte a sí mismo, integrado en el Señor y en sus miembros.

y la Iglesia no está fundada ni sobre una violación ni sobre una seducción; por ultimo, para que la Iglesia sepa que puede confiar sin temor estos esposos el uno al otro, ya que no quieren unirse al margen del cuerpo de Cristo.

Constituidos, así, en matrimonio por la voluntad de Dios, por el consentimiento de la Iglesia y por sus propios votos, los cónyuges llegan a ser «una sola carne», un solo y mismo ser, una unidad que no puede ser rota más que por la muerte. Idénticos, sin duda, consigo mismos, ya que esta unidad no los confunde[31] ni mezcla lo que cada uno debe representar en el matrimonio (Ef. 5.22-33), los que llegan a ser «una sola carne» son, no obstante, transformados por esta conjunción y marcados por ella.[32] Esta «sola carne», para san Pablo como sin duda para Génesis 2, se constituye en el momento de la unión sexual y persiste a partir de entonces.

Ahora bien, toda unión sexual constituye un matrimonio (1 Co. 6.15ss.). Entonces es necesario preguntarse si lo que hemos visto hasta aquí no queda desmentido por el hecho de que la unión sexual, como tal, es constitutiva del matrimonio. ¿Qué necesidad hay, pues, de la voluntad de Dios, del consentimiento de la Iglesia y del voto de los cónyuges, si una unión tan pasajera como la unión con una prostituta remueve todo un mecanismo metafísico y hace lo mismo que lo que en la Iglesia precede y consume un matrimonio legítimo y sensatamente durable? 1 Corintios 6.15ss. nos enseña, en efecto, que en la Iglesia no es posible, a pesar de la real libertad cristiana (1 Co. 6.12), menospreciar la capital importancia que una unión sexual fuera del matrimonio «en el Señor» tiene para un cristiano, pues el que consume tal unión peca contra su propio cuerpo (1 Co. 6.18), es decir, lo aparta de su verdadero destino, que es glorificar a Dios (1 Co. 6.20; cf. v. 13b). Ahora bien, apartando su cuerpo de su verdadero destino se aparta a sí mismo, puesto que no es posible para un hombre no ser solidario con su cuerpo para convertirse en un

---

31. K. Barth (*op. cit.* III/I, p. 208) ha mostrado que la teología trinitaria es muy útil para comprender esta «sola carne».
32. K. Grayston («*Flesh*», *A Theological Wordbook of the Bible*, Londres, 1950) afirma que aquí se trata de una comunidad de alma. En esta perspectiva, el matrimonio une dos seres de la misma manera que la Iglesia, en la que se es «un corazón y un alma» (Hch. 4.32), une los miembros de Cristo.

espectador afligido o indiferente.³³ Por consiguiente está comprometido por lo que hace su cuerpo. Por esta razón, una unión sexual de transgresión tiene el mismo poder fijativo que una unión sexual santificada. Califica como matrimonio a los que la llevan a cabo, los fija³⁴ el uno al otro, a pesar de que sólo tenían la intención de tratarse superficialmente. A pesar suyo, son en lo sucesivo, para Dios y su Iglesia, esos seres complejos, capaces de formar un matrimonio. Y para Dios y su Iglesia permanecen unidos, incluso cuando los culpables han creído separarse el uno del otro.

Sin embargo, no tendríamos razón si pensásemos que los matrimonios formados de esta manera tienen una duración definitiva. El perdón de Dios puede romperlos. En efecto, según san Pablo puede haber un perdón para los fornicadores que se arrepienten.³⁵ Pero mientras que este arrepentimiento no haya tenido lugar, la Iglesia debe considerar a los cristianos impúdicos o adúlteros como ligados a otro cuerpo que el de Cristo. Por ello, la Iglesia debe rehusar, por una parte, tener con ellos la comunión eucarística, pues los impúdicos que pretendiesen ser cristianos llevarían sin razón el nombre de hermanos (1 Co. 5.9-11; cf. He. 12.16); por otra parte, debe advertirles que si no vuelven a hallar su integración en el cuerpo de Cristo, o sea, si no se arrepienten de la «sola carne» que han formado fuera de la Iglesia, no podrán heredar la vida eterna (1 Co. 6.9; cf. 1 Co. 10.8; Ef. 5.5); están haciendo la obra de la *carne* —término *sarx* tomado aquí en su acepción de poder opuesto al Espíritu de Dios—, una obra sin otro porvenir que el juicio de Dios (Gá. 5.19-21; cf. He. 13.4).

Una ruptura no es suficiente para acabar con tales relaciones, sino que también es necesario el perdón de Dios. Sin embargo, no se trata de pensar, según san Pablo, que tales «matrimonios» no son, en el fondo, demasiado graves, ya que el perdón de Dios permite repetirlos. Pecar para que la gracia abunde es una

---

33. Cf. R. Bultmann, *op. cit.*, p. 189ss.; H. Mehl-Koehnlein, *op. cit.*, pp. 10s. Sin duda, es necesario ver en este «cuerpo» el cuerpo físico del individuo que peca, más bien que el cuerpo de Cristo o —en vista de Ef. 5.28— su mujer. También es cierto que el fornicador peca también contra Cristo y, si está casado, contra su mujer.
34. Cf. 1 Co. 6.16; *kolláo* es un término muy fuerte, como *dabaq* en Gn. 2.24.
35. 2 Co. 12.21; cf. 1 Ti. 1.10; Col. 3.5 y 1 Co. 6.11. Si el hombre del que habla 2 Co. 2.1-11 es el incestuoso de 1 Co. 5.1-5, tendríamos una indicación más de que el perdón puede acabar con un matrimonio usurpado.

abominación (Ro. 6.1 ss.), y el perdón de Dios no es una medida de tolerancia que funcione fácilmente, sino que es un milagro de amor que le cuesta su Hijo. Por eso, cuando se conoce a Dios, sólo es posible abstenerse de la fornicación (1 Ts. 4.3ss.) e incluso descartar esta idea (Ef. 5.3).[36]

El alcance tipológico del matrimonio

Para la Iglesia cristiana, el Antiguo Testamento no es el único que contiene «figuras del que había de venir» (Ro. 5.14). En la vida de la Iglesia hay también signos tipológicos, acontecimientos y hechos que encuentran su secreto y su cumplimiento solamente en Jesucristo. Uno de ellos es el matrimonio, signo e ilustración de la unidad entre Cristo y su Iglesia (Ef. 5.22-33). El misterio[37] del matrimonio consiste en ser un reflejo de lo que san Agustín llama «el Cristo entero, la cabeza y el cuerpo» (*totus Christus, caput et corpus*). Aquí el hombre representa a Cristo y la mujer a la Iglesia. Juntos forman una *sola carne* (*mía sárx*; Ef. 5.31), un solo ser, del cual el hombre es la cabeza (*kefalé*, v. 23) y la mujer el cuerpo (*sóma*, v. 28, o la carne, *sárx*, v. 29).

Para comprender la «meditación» de san Pablo sobre el alcance tipológico del matrimonio es esencial recordar que el apóstol tiene la costumbre de hablar de los maridos y de la mujeres en el nivel de su vida conyugal concreta (cf. 1 Cor. 7.3ss.; 1 Ts. 4.3ss). Aquí sucede lo mismo. No se trata, pues, de que el matrimonio humano imite a la unión Cristo-Iglesia saliendo de sí mismo, tratando de izarse al nivel metafísico por una especie de transubstanciación.

---

36. Es evidente que esta doctrina del matrimonio es «dura» e incluso escandalosa para los que no conocen a Dios (1 Ts. 4.5). Por eso, san Pablo no guarda rencor a los paganos por ser fornicadores (cf. 1 Co. 5.10; Col. 3.7; etc.). Pero para los que «han aprendido de él como conducirse para agradar a Dios» (1 Ts. 4.1) es la única doctrina posible. Si la Iglesia toma en serio el poder del Espíritu, no debe conocer otra.
37. Parece que el término *mysterion* se aplica en Ef. 5.32 más bien a la interpretación que el apóstol da de Gn. 2.24 (Dibelius, *Handbuch, ad. loc.*; Bornkamm, «*Mysterion*», *ThWbNT* IV, p. 829), que a la institución del matrimonio. Pero el matrimonio cristiano en sí no deja por eso de ser un misterio, ya que restablece la voluntad primera de Dios e ilustra, anticipadamente, la unidad final y eterna entre Cristo y la Iglesia.

Se le pide que sea, a su altura, según sus normas y sus posibilidades, en sus debilidades y sus alegrías, un testimonio viviente, concienzudo y libre, del gran milagro de la salvación.[38] Todo lo que el apóstol dice en Efesios 5 de las relaciones entre Cristo y la Iglesia vale, por transposición, para el matrimonio mismo.[39]

Según las premisas contenidas en Efesios 5.22-23, el alcance tipológico del matrimonio cristiano puede ser expuesto en los siguientes elementos:

a) Así como la unión Cristo-Iglesia comienza solamente más allá de la cruz,[40] de la misma manera el matrimonio cristiano no puede constituirse si el hombre no renuncia, en primer lugar, a sí mismo en favor de su mujer (v. 25). La primera «víctima» del matrimonio es el hombre. Adquiere a su mujer al precio de sí mismo; llega a ser su esposo, dándose.[41] Sobre otra base que este amor y este don de sí, el matrimonio perdería su profundo sentido, y correría el peligro de ser un rapto o una seducción.

b) La unión Cristo-Iglesia se sitúa en un cuadro santificado e incluso sagrado, protegido del dominio profano, al abrigo del poder del Maligno, exorcizado.[42] Lo mismo sucede con el ma-

---

38. Según creo, también es necesario comprender así el Cantar de los Cantares. Pienso que su presencia en la Sagrada Escritura —por razones que tienen más que ver con la providencia que con la historia del canon— tiene por objeto mostrar la belleza y la libertad, la fuerza y el deslumbramiento del amor conyugal, en el que no se engaña. Por otra parte, podemos preguntarnos si Ef. 5.27 no contiene una reminiscencia del Cantar: Ef. *amomos*; Cant. 4.7 (LXX) *momos ouk estin en soí.*
39. Si el matrimonio tratase de imitar por su vida la unión Cristo-Iglesia, se trataría de una alegoría y no de una tipología.
40. En Gn. 2.21, la muerte de Cristo se prefigura por el sueño cataléptico (*tardema* = LXX, *ékstasis*), por la especie de supresión del *Isch*.
41. Con esta observación puede cotejarse Gn. 2, donde el *Isch* llega a ser también el señor de su mujer solamente por el don de sí. Llega a ser su señor, puesto que puede darle un nombre; pero esta nominación es don de sí, ya que el nombre que le da es su propio nombre en femenino (*Ischa*). Si también entre nosotros la mujer, después de su matrimonio, lleva el nombre de su marido, esto no indica, en primer lugar, que está ligada a él, sino que él se ha dado a ella.
42. No podríamos subrayar suficientemente el hecho de que san Pablo escoge términos del culto, de los sacrificios, de los sacramentos y de los exorcismos para hablar de la Iglesia que llega a ser la esposa de Cristo: *hagiazo, katharizo, loútron, rhéma, parístemi, spílos, rhytís, ámomos.*

trimonio cristiano. Constituyéndose a su verdadera imagen, se incorpora, en cierto modo, a la situación santa de la primera pareja. El matrimonio es, pues, lo contrario de una profanación. Es la consagración de un hombre y de una mujer que tienen este «carisma» (1 Co. 7.7) a su auténtico destino. Santifica a los esposos,[43] o más bien —para permanecer ligados a nuestro texto— santifica a la mujer, estando ya santificado el hombre por el don de sí. Tomando por mujer a tal mujer, aquel que ha renunciado a sí mismo por ella la sitúa y la realiza de manera definitiva;[44] llega a ser su «salvador» (v. 23). Este término extremo no debe asustarnos, si se recuerda que el matrimonio debe ser reflejo del Cristo total en su propio plano humano. En efecto, el griego tolera completamente que se explique *salvador* (*sotér*) por «el que apacigua, guarda, protege de los demonios, cuida, conduce a la meta, alegra».[45] Así, el marido santifica a su mujer conduciéndola a su verdadero destino, satisfaciéndola totalmente. Pero también la mujer realiza a su marido; gracias a ella, él puede dejar «su padre y su madre» (v. 31), es decir, transformarse en adulto, llegar a ser por sí mismo. Así como la Iglesia es el pléroma de Cristo (Ef. 1.23), la que lo completa y lo acaba, de la misma manera la mujer es el *pléroma* de su marido. De este modo, el matrimonio cristiano es —como dicen las liturgias antiguas— un «santo estado».

c) Dentro del estado conyugal, los derechos y los deberes de los cónyuges corresponden igualmente a los que unen a Cristo y su Iglesia. Puesto que Cristo se ha dado a ella, la Iglesia puede contar con la fidelidad, el tiempo, los bienes y los cuidados de su Señor. Cristo también tiene el derecho de esperar de la Iglesia fidelidad y amor, ya que le está destinada y consagrada (*parístemi*). Habiéndose encontrado el uno y el otro más allá del renunciamiento a sí mismos, no podrían, pues, rehusarse más que sustrayéndose el uno al otro. Lo mismo sucede con el matrimonio humano, como lo muestra san Pablo en 1 Corin-

---

43. Cf. también 1 Co. 7.14ss.
44. Es importante notar que san Pablo se refiere expresamente al bautismo (v. 26). La teología bautismal resuena muy claramente en su doctrina del matrimonio. La referencia al bautismo, que es único y no se repite nunca, es otra indicación referente a la indisolubilidad del matrimonio.
45. Cf. W. Bauer y Menge-Guthling, «*Sozo, Soter*», *Griechisch-deutsches Hand- und Schulwörterbuch*, 9 ed., Berlín, 1913.

tios 7.3-4. Sin embargo, en Efesios 5 habla de los deberes, más bien que de los derechos de los cónyuges. Y en primer lugar del deber del esposo de mantener y cuidar a su mujer, como lo hace Cristo con la Iglesia (v. 29). En resumen, el marido se ocupa entonces de sí mismo (v. 28s.), ya que su mujer es su otro yo, puesto que, encontrando a su mujer, se ha encontrado a sí mismo en su plenitud. Este amor que él le debe (*agápe*, no *éros*, v. 25, 28, 33) se manifiesta por la protección, el afecto y el sustento concreto y práctico. En cuanto a la mujer, debe *temer* (*fobéo*, v. 33) a su marido. No que deba asustarse de él, sino que no debe querer hacerse autónoma con relación a él. El cuidado que toma el marido de su mujer es la forma masculina del rechazo de ser independiente, mientras que el «temor» es la forma femenina. No se trata, pues, de que el hombre tenga el papel fácil en el matrimonio.

d) El matrimonio cristiano refleja también el Cristo total reproduciendo, en su nivel, la jerarquía Cristo-Iglesia. Así como Cristo es la cabeza, el jefe de la unidad que forma con la Iglesia, de la misma manera el marido es el jefe, la cabeza de una sola carne que forma con su mujer (v. 23). Y así como la Iglesia es el cuerpo de Cristo (v. 29), así la mujer es el cuerpo (v. 28, la carne v. 29) de la unidad-matrimonio. En este sentido, la unidad jerárquica del matrimonio cristiano se une a la voluntad creadora de Dios, pues la gracia no suprime la creación, sino que la restaura, liberándola del peso del pecado. En su carta a los corintios san Pablo habla de esto más explícitamente que en Efesios 5.

En 1 Corintios 11.1-16 no es esencial resolver la cuestión de saber si el apóstol habla del hombre y la mujer en general, o solamente de los cristianos,[46] o de los cristianos casados. Ya que se refiere expresamente (vv. 8s.) al capítulo 2 del Génesis, en el que la creación de los seres humanos y la institución del matrimonio son una sola cosa, no está fuera de lugar introducir este pasaje en un estudio sobre la noción paulina del matrimonio.

---

46. Cristo es la cabeza de todo hombre (*pantos andrós*, v. 3). Parece que se trata de todo hombre, sea o no cristiano. Pero este «todo hombre» reaparece como alguien que ora y profetiza (v.4); es, pues, cristiano. No nos equivocaremos, sin duda, diciendo que el cristiano es lo que todo hombre debería ser, y, por consiguiente, la voluntad expresada por Dios respecto a él es su voluntad regular concerniente al hombre.

Nadie ignora que estos versículos presentan dificultades considerables, y que los sabios dan de ellos interpretaciones extremadamente contradictorias.[47] No tengo la pretensión de resolver estas dificultades ni de dar una exégesis completa de este pasaje. Me conformo con lo que concierne directamente a nuestro propósito.

Notemos, para comenzar, que san Pablo tiene gran empeño en lo que enuncia en estas frases, ya que es lo que corresponde a la costumbre (*synetheía*) de las iglesias de origen pagano y de las iglesias de origen judío (v. 16).[48] Se trata, pues, de un elemento constitutivo de las tradiciones apostólicas (*paradóseis*, v. 2).[49] Teniendo en cuenta la situación de la mujer en el mundo pagano de entonces,[50] es necesario reconocer, en efecto, que el apóstol no se ajusta aquí a una costumbre del ambiente, sino que interviene para adaptar el pagano-cristianismo a la Iglesia-madre de Jerusalén.[51] Si se observa que san Pablo se refiere, al principio y al final de esta perícopa, a la tradición apostólica, incluso se puede suponer que está utilizando un texto disciplinario arameo y lo traduce al redactar o al dictar su epístola. Así se explicaría no solamente el estilo abrupto de este pasaje, sino también la presencia de los difíciles términos *dóxa* (v. 7) y, sobre todo, *exousía* (v. 10). En efecto, estos términos son más fáciles de explicar en arameo.[52]

---

47. Wendland (*Das Neue Testament Deutsch*, ad. v.10,) resume bien el estado actual de las tentativas de interpretación: «Hasta ahora no se ha podido hacer una restauración completa del pensamiento paulino, ya que Pablo lo formula muy sintéticamente, pues considera que los corintios ya conocen el tema que se trata».
48. J. L. Leuba (*op. cit.*, p. 110), junto con otros, tiene razón sin duda al interpretar así los términos *heméis* (las iglesias pagano-cristianas) y *ekklesíai tou theou* (las iglesias judeo-cristianas).
49. Conociendo el valor de la *parádosis* para san Pablo (cf. O. Cullmann, «Paradosis et Kyrios», pp. 12ss.; y Buchsel «*Dídomi, kti.*», ThWbNT 11, en part. p. 175), se trata aquí, sin duda, de una *regula stricte dicta*. La pureza de la Iglesia depende, según san Pablo, de la observación piadosa (*katécho*, v. 2) de estas tradiciones. Por esto el apóstol alaba a la Iglesia, que, en este punto como en otros, no quiere independizarse de él (*pánta mou mémnesthe*, v. 2).
50. Cf., p. ej., G. Delling, *op. cit.*, pp. 96-105.
51. Cf. W. G. Kummel, *ad* 1 Co. 11.4s.
52. Esto es, si se admite, con Hering y otros, que *dóxa* es una falta del copista por *dógma* = *dywgn'* = copia (aunque la mayoría de los exégetas no se alarman excesivamente por la expresión *dóxa*, y ofrecen interpretaciones

Sea como fuere, el apóstol, de acuerdo también aquí con los Doce, enseña que el hombre precede a la mujer en el matrimonio, pues Dios lo ha decidido así creándolo en primer lugar (v. 8, 9), y la Iglesia no ha de contradecir la voluntad del Creador. El hombre, pues, es la *kefale*, la *cabeza*, el jefe de la mujer (v. 3), lo cual significa que es el que la condiciona y la explica.[53] San Pablo mismo da una perfecta interpretación de lo que hay que entender por el hombre-jefe de la mujer cuando escribe: «Porque el varón no procede de la mujer, sino la mujer del varón, y tampoco el varón fue creado por causa de la mujer, sino la mujer por causa del varón» (vv. 8, 9), en su provecho, para encontrar en él su razón de ser.[54] Vuelve a encontrarse aquí la misma razón por la que también Cristo es el jefe de la Iglesia, y, en otros términos, lo que ha permitido a san Pablo escribir Efesios 5.26-27.[55]

En Efesios 5 san Pablo llama a la mujer el *cuerpo* (*soma*) del hombre. Aquí, queriendo decir lo mismo, la denomina su *gloria* (*dóxa*),[56] es decir, la que lo expresa. El hombre resplandece en su

---

que parecen válidas) y que *exousía* = *siltona* = *reticulum capitis*, es decir, una especie de velo, el *kálumma* que san Ireneo y otros han leído en nuestro pasaje.

53. Cf. Schlier, «*kephale*», *ThWbNT* 111, pp. 672-682, en particular, p. 678. En lugar de *kephale* podría decirse también *arche*, el principio. Cf. también W. G. Kummel, *ad loc*.
54. Si «la mujer no tiene su razón de ser en sí misma» —por citar la formulación tan seca de J. Hering, *ad loc*.— es necesario añadir inmediatamente que el hombre tampoco tiene su razón de ser en sí mismo, sino en Cristo.
55. Cuando se conoce la realidad de la Iglesia, que tampoco tiene su razón de ser sino en su jefe, no se acusa más al apóstol de hacer a la mujer «inesencial», de quitarle su realidad propia, lo que en alemán se llamaría su *eigentlichkeit*.
56. O su *dógma*, su copia. Los dos términos son ricos en sentido y no se contradicen. Sin embargo, la mujer no es el ícono del hombre como éste es el ícono de Dios (v. 7). *Eikon*, sentido conservado por la iconología de la Iglesia oriental, significa «una irradiación substancial al objeto». La «imagen» no debe entenderse solamente como una realidad extraña en una conciencia amplia, sino como teniendo lugar en la realidad; es en verdad la realidad. Así *eikon* no significa su debilitamiento o una mala imitación de un objeto, sino el aparecer en la sustancia del ser de un objeto (cf. Jesús, *ícono* de Dios, Col. 1.15) (Kleinknecht, «*eikon*», *ThWbNT* 11, p. 386). Sobre este tema cf. también F. J. Leenhardt, *La place de la femme dans l'Eglise d'après le Nouveau Testament*, Etudes Théologiques et religieuses Montpellier, 1948, pp. 17ss.

mujer, como Cristo resplandece en la Iglesia. Esto quiere decir que ella lo revela, lo hace presente y permite juzgarlo. El se compromete por ella, y bien se sabe que un hombre nunca puede hacer una confesión más completa de lo que él es que presentando la mujer que ha escogido. La mujer es, pues, el cuerpo del matrimonio en la medida en que es su gloria, y el hombre es la cabeza del matrimonio en la medida en que lo funda. Ante el trasfondo cristológico del matrimonio humano, estas consideraciones pierden lo que podrían tener de halago para el hombre o de desprecio para la mujer, y llegan a ser para los esposos la afirmación de una gracia maravillosa: poder ilustrar el milagro de la salvación. Estas consideraciones deberían, pues, hacer nacer el arrepentimiento y la acción de gracias, más bien que la sonrisa o la rebelión.[57]

Lo que acabamos de ver sobre la jerarquía tipológica del matrimonio es de extrema importancia. Prueba, indirectamente, que la mujer, siendo el cuerpo o la expresión del hombre, no es su prolongación, sino su manera de hacerle frente. No se trata, pues, de que la mujer sea el hombre «continuado». Para que ella lo exprese ha sido necesario, en efecto, que el hombre se dé por su mujer, ha sido necesaria una cisura en la vida del hombre, como su anonadamiento. Esto es importante porque si hasta ahora la unidad Cristo-Iglesia nos ha permitido descifrar el sentido del matrimonio, la existencia de éste nos permite comprender, indirectamente, la unidad Cristo-Iglesia de una manera que excluye una de las trampas más graves. En efecto, podemos deducir de lo que hemos visto que la Iglesia no es Cristo continuado, la encarnación continuada.

No se pasa sin interrupción de Cristo a la Iglesia, sino que ha sido necesaria la cruz. La Iglesia, siendo el cuerpo de Cristo, *está*

---

57. El problema del «velo» de la mujer cae fuera de nuestro tema. Notemos solamente que si la mujer, cuando desempeña un papel mediador (vuelta hacia Dios en nombre del mundo en la oración, o vuelta hacia el mundo en nombre de Dios en la profecía, v. 4), debe tener la cabeza cubierta (es decir, cubrirse a la judía; no se trata del velo oriental), es que, sin duda, su «cabeza» (el hombre) está visiblemente presente a su lado. Se saldría, pues, del orden de la creación y, por lo tanto, de la voluntad de Dios, y se expondría a las trampas del diablo si no se refiriera, por su velo, a su marido (¿o al ministro? Algunos ven, en efecto, en los ángeles del v. 10, los ministros de la Iglesia; ¿pero podrá encontrase alguna vez el sentido exacto de este texto?) como su cabeza. El hombre no debe cubrirse la cabeza, porque no se ve el jefe de quien es el *ícono*.

frente a su Señor (Ef. 5.27); no lo prolonga, sino que lo expresa *hic et nunc*, o, al menos, debe hacerlo; y en eso encuentra su única razón de ser. Lo hace visible, no lo reemplaza. Le demuestra, no se confunde con él. Le rinde testimonio, lo prueba, y en este ministerio encuentra su gozo, su paz y su única vocación. Esta diferenciación entre Cristo y la Iglesia no atenta, sin embargo, contra su unidad fundamental, unidad tal que a san Pablo se le ocurre decir «Cristo» donde se esperaría encontrar el término «Iglesia» (cf. p. ej., 1 Co. 12.12). Sin embargo, Cristo no absorbe a la Iglesia, ni la Iglesia a Cristo. Su unidad es, pues, análoga a esta misteriosa unidad, conocida solamente por el pensamiento bíblico, que afirma la unidad de Dios sin que ni el Padre ni el Hijo pierdan su existencia propia (cf. Jn. 17.21s.).

Antes de proseguir, hemos de hacer aún, con san Pablo, dos observaciones sobre la unidad jerárquica que estamos tratando.

La primera concierne a su forma: ¿qué debe hacer cada cónyuge para hacer posible la expresión de su unidad jerárquica y, por lo tanto, el alcance tipológico de su matrimonio? El hombre desempeña su papel de jefe amando a su mujer (Ef. 5.33; Col. 3.19) y la mujer, su papel de cuerpo sometiéndose a su marido (Ef. 5.22ss.; Col. 3.18).

San Pablo —para quien la autoridad auténtica no es la satisfacción de una ambición ni el resultado de una carrera, sino la expresión de un estado, el patrimonio de una vocación— no imagina que esta autoridad podría expresarse por el terror, el desprecio, el orgullo o la venganza. Al extraer del señorío de Jesucristo su doctrina de la autoridad, sabe que el amor es el verdadero ejercicio de la autoridad. Sin ninguna duda, habría protestado enérgicamente si se hubiera acusado a su doctrina del matrimonio de hacer de la mujer la esclava de un tirano. Bien sabía que la Iglesia encuentra toda su paz en el solo hecho de tener un Señor, y que también en este hecho encuentra su libertad. Bien sabía también que el marido, por su parte, se encuentra igualmente en estado de sujeción (1 Co. 11.3). No se trata, pues, de que la mujer esté entregada a un autócrata.[58]

---

58. Es probable que la voluntad de emancipación feminista no habría salido a la luz si los hombres, en primer lugar, no se hubiesen vuelto autónomos generalmente al cesar de creer en Jesucristo. Las mujeres no quieren someterse a autócratas, y se las comprende, a pesar de 1 P. 3.1.

Si, para formar un matrimonio fiel, el marido debe amar a su mujer, la mujer, por su parte, debe someterse a su marido. ¿Pero cómo entender esta sumisión? En primer lugar, es necesario notar que no se trata —como para los hijos o los esclavos (Ef. 6.1, 5; Col. 3.20, 22)— de una obediencia.[59] Hay que parafrasear el término «sumisión» por «integración en un orden» u «ocupación del lugar que le corresponde».[60] La sumisión de la mujer no la disminuye, pues, en nada, sino que la sitúa, y de la misma manera que el hombre no puede jactarse de su autoridad, la mujer no puede tener vergüenza de ocupar ese lugar.[61] El Nuevo Testamento, que ama demasiado a hombres y mujeres por igual como para sacrificarlos ante el mito de la igualdad, no emite, pues, un juicio de valor al situar al hombre y a la mujer a la luz de las relaciones entre Cristo y la Iglesia, sino que les asigna el lugar en el que puede y debe ejercerse su vocación, el puesto en el que Dios espera su libre obediencia, la situación a partir de la cual podrán formarse en parejas, el sitio en el que sus iniciativas, sus voluntades, no quebrantarán la armonía de la creación.[62]

---

59. De todos los comentaristas consultados, sólo Bengel hace esta importante observación *ad* Ef. 5.22. Sin embargo, se ha de notar que el verbo *hypotássomai* también se usa para hablar de los esclavos (Tit. 2.9). San Pablo jamás emplea el verbo *hypakoúo* (obedecer) para hablar de la situación de la mujer con relación a su marido (lo que hace 1 P. 3.6).
60. Cf. F. J. Leenhardt, *op. cit.*, pp. 24ss.; cf. también Ph.-H. Menoud, «L'image chrétienne de la femme», *Verbum Caro*, 1950, pp. 167s.
61. También se ha de notar que el *hos to kuríoi* (Ef. 5.22) o el *hos anéken en kuríoi* (Col. 3.18) «quita a la conveniencia en cuestión su carácter relativo de conveniencia determinada por las costumbres, para hacer de ella una conveniencia reconocida en la fe y la obediencia al Señor, a la que el creyente no puede sustraerse» (Ch. Masson, *L'Epitre de saint Paul aux Colossiens*, Neuchâtel-París, 1950, *ad* Col. 3.18).
62. Ha sido necesario el espíritu burgués, que hace del dinero la única escala de valores, para que la no paridad de los sexos haga pensar que la Escritura emite, por esta razón, un juicio de depreciación sobre la mujer. En la jerarquía bíblica no se trata de lo que el hombre y la mujer valen, sino de su lugar en el orden que Dios ha creado y que permanece como la expresión de su voluntad. Aquella primera época de aburguesamiento que fue el judaísmo también dio a la disparidad de los sexos una interpretación mercantil, pero sin que las mujeres tuvieran el medio de protestar.

En efecto —y es nuestra segunda observación— la unidad jerárquica del matrimonio no es para san Pablo el resultado de la Caída, sino la expresión de la voluntad creadora de Dios (1 Co. 11.8, 9; 1 Ti. 2.13). La mujer debe de estar sometida, no porque Eva fue seducida primero, sino porque Dios, al principio, la ha extraído del hombre, como extraerá a la Iglesia de Jesucristo. También por su orden interno, se une, pues, el matrimonio cristiano al primer matrimonio humano y, milagrosamente, lo reproduce. Invitar a la mujer a independizarse de su marido (1 Ti. 2.12),[63] o al hombre a independizarse de Cristo, sería querer negar o combatir la voluntad creadora de Dios y su perfección.

Es muy verosímil que a las cristianas de origen pagano, que no estaban hechas a esta manera de comprenderse a sí mismas, les haya costado trabajo admitir la enseñanza apostólica. Es igualmente muy verosímil que los cristianos de origen pagano hayan tenido tendencia a regocijarse demasiado de prisa por esta enseñanza. Por esto debe intervenir san Pablo tan frecuentemente para que los dos cónyuges respeten el orden del matrimonio, a fin de que no comprometan el misterio acerca del que debe de testimoniar su unión. No obstante, otro elemento hacía aún necesaria la repetición de la enseñanza conyugal de san Pablo: el elemento escatológico. En efecto, la nueva creación había comenzado; el mundo venidero ya daba signos, por las iglesias y en ellas, del *eón* futuro. Ya «todas las cosas son hechas nuevas» (2 Co. 5.17), y el viejo hombre había sido revestido del nuevo hombre por el bautismo. San Pablo no se cansa de repetir esto a la conciencia de sus lectores. El orden antiguo, con sus divisiones y sus servidumbres, ya estaba quebrantado. ¿Por qué no darle, pues, el golpe de gracia viviendo resueltamente más allá de este mundo? Ya que en Cristo, en la Iglesia, se habían encontrado fraternalmente los que el mundo separaba, los judíos y los griegos, los esclavos y los hombres libres, los hombres y las mujeres (Gá. 3.28), ¿por qué permanecer ligado aún a este mundo que pasa? ¿Por qué, en particular, mantener todavía la jerarquía del matrimonio?[64] Es muy notable

---

63. *Authentéo* significa exactamente «actuar por la propia autoridad, de manera autónoma».

64. Es muy importante notar que la doctrina cristiana del matrimonio ha encontrado opositores por razones escatológicas, y no por razones democráticas o igualitarias. Se cita sin razón a san Pablo cuando se cree poder tomar de Gá. 3.28 una noción igualitaria política y social de los

que san Pablo no pierde nunca de vista la tensión escatológica en que se encuentra la Iglesia. No se aburguesa nunca, ni se entrega al iluminismo, y recuerda, con igual vigor, que el mundo nuevo ha comenzado, pero ha comenzado en *este* mundo. También es muy notable que san Pablo, precisamente dando por referencia al matrimonio la unión de Cristo y la Iglesia, introduzca el mismo matrimonio en el terreno escatológico, y lo arranque, así, del dominio profano de la creación caída.[65] Así, pues, no solamente el celibato o el matrimonio «espiritual» son los únicos signos escatológicos, sino que también lo es el matrimonio. Este no tiene, pues, que disolverse; los hombres no tienen que renegar de su diferenciación sexual porque el mundo venidero se aproxime. Lo que tienen que hacer en este mundo es no considerar su matrimonio, su trabajo, su suerte, su fortuna, como otros tantos derechos (1 Co. 7.29s.), sino situarse, con todo lo que son y todo lo que tienen, en la perspectiva del mundo que viene. En este sentido, el misterio del matrimonio es también un misterio profético.[66]

Los matrimonios «mixtos»

En la situación misionera de la Iglesia primitiva podía suceder que se convirtiese uno solo de los cónyuges en un matrimonio ya

---

sexos. Este texto es una afirmación escatológica. Lo mismo sucede con lo que concierne al problema de la esclavitud, por ejemplo, o al del trabajo. Ph.-H. Menoud (*op. cit.*) ha demostrado que no había ninguna contradicción entre 1 Co. 11.1-16 y Gá. 3.28.

65. También por esto pone tanto cuidado en probar que el matrimonio ha tenido su origen antes de que haya comenzado la situación cósmica que provoca la ira de Dios. Los cónyuges cristianos se incorporan, pues, por su unión, a la primera creación, que es restaurada en ellos, y prefiguran la segunda creación, el nuevo Adán total, que es anticipado en ellos. Así, el matrimonio cristiano se ubica en este mundo en una perspectiva parecida a la del bautismo, y le convienen solamente los términos de Ef. 5.26s. Sobre el problema matrimonio-escatología, cf. O. Cullmann, «La délivrance anticipée...», pp. 38ss.

66. No quedaría completamente excluido insertar el pensamiento paulino sobre el matrimonio en la doctrina de la mediación, basándose en textos como 1 Co. 11.3ss.; 14.33ss.; 1 Ti. 2.11ss. Pero la base exegética es demasiado escasa como para ser otra cosa que el cebo de una especulación epitalámica, que no carecería, ciertamente, de interés.

formado según el derecho civil. ¿Podía éste permanecer unido a su cónyuge, que seguía siendo pagano? ¿No contaminaba, por esta unión corporal, el cuerpo de Cristo, del que también formaba parte desde entonces en adelante? En 1 Corintios 7.12-16, san Pablo responde a esta cuestión subrayando que lo que expone no es una palabra del Señor, sino su enseñanza apostólica, fiel y digna de confianza (cf. v. 25 y 40).[67] Antes de dar una interpretación teológica de este pasaje, comencemos por mirarlo más de cerca:

a) Tales matrimonios son los únicos que no ligan por completo a los cristianos (v. 15). Sin embargo —vamos a medir la importancia de esto—, únicamente el cónyuge no cristiano puede darles fin (vv. 15, 12-13). El cónyuge bautizado no tiene este derecho, a pesar de las dificultades conyugales en que le ha colocado su conversión. Si el incrédulo consiente en proseguir la vida común, es necesario suponer que tales matrimonios estaban confirmados por la Iglesia,[68] y considerados *a posteriori* como efectuados en el nombre de Dios. En el caso contrario, es necesario admitir que el cónyuge cristiano liberado (v. 15) podía volver a encontrar la paz contrayendo otro matrimonio. Este es el único segundo matrimonio posible mientras que uno de los primeros cónyuges permanezca en vida.

b) En este pasaje hay dos ideas que ni siquiera se le ocurren al apóstol. En primer lugar, no imagina que está aconsejando a los solteros; habla a los «casados». Para los creyentes es evidente que tienen que buscar un cónyuge en las filas de la Iglesia,[69] pues la pertenencia a la Iglesia tiene prioridad sobre la perte-

---

67. Ya que no había tradición jerosolimitana sobre este punto, el incrédulo, el *ápistos*, debe de ser seguramente un pagano y no un judío. Lo que querría decir que un matrimonio judío, habiendo sido unido por Dios, no puede ser roto, incluso si solamente uno de los cónyuges reconoce en Jesús al Mesías. Respecto a esto, se ha de notar también que Mateo no coloca el matrimonio entre las rupturas que puede provocar la conversión, mientras que el helenista Lucas sí lo hace (cf. Mt. 10.37 y Lc. 14.26).
68. El verbo *syneudokéo* (vv. 12 y 13) presupone una decisión tomada con pleno conocimiento de causa.
69. Es, pues, conveniente teológicamente que la Iglesia ofrezca posibilidades de encuentro con creyentes de otras iglesias a sus miembros jóvenes. Se sabe que también el judaísmo se oponía, por principio, al matrimonio entre miembros del pueblo elegido y paganos (cf. W. Bousset, *Die Religion des Judentums*, Tubinga, 1926, p. 93).

nencia al mundo. Tampoco imagina que la posible ruptura sea en el sentido inverso, es decir, que el hermano o la hermana abandone la Iglesia para permanecer unido al cónyuge no creyente, si éste no quiere vivir como matrimonio «mixto», pues la fe tiene prioridad sobre el amor.

Esta perícopa muestra que los matrimonios mixtos tienen también un alcance tipólogico, pero no son típicos de la unión entre Cristo y la Iglesia, sino de las relaciones entre la Iglesia y el mundo. Veamos esto:

En primer lugar, no corresponde a la Iglesia salir del mundo. Su deber regular, al contrario, es permanecerle fiel. La forma de las relaciones entre la Iglesia y el Estado, pues, está determinada siempre por la respuesta que el Estado (o el mundo) da al mensaje de la Iglesia. No corresponde a la Iglesia querer elegir ella misma la forma de estas relaciones. Su preocupación y su deber es hacer todo lo que pueda, por amor del mundo, para que éste no la rechace. Esta fidelidad al mundo está limitada, sin embargo, por la fidelidad de la Iglesia a su Señor, la cual tiene tal prioridad que la Iglesia debe preferir ser rechazada por el mundo, antes que aliarse a él de una manera que atentara contra su obediencia cristiana. Encontramos, pues, *mutatis mutandis*, exactamente la misma situación que en un matrimonio «mixto». No corresponde al cónyuge cristiano acabar con su matrimonio, pero si el cónyuge incrédulo rechaza al creyente o quiere forzarlo a la apostasía éste debe aceptar el divorcio.

En segundo lugar, este posible pacto entre la Iglesia y el mundo no es «contagioso» para la Iglesia, sino, al contrario, para el mundo. De la misma manera, la unión sexual[70] en un matrimonio mixto no compromete la unidad del cónyuge creyente con su Señor. Cristo, en efecto, ha vencido a los demonios y no les teme. Así pues, tal matrimonio rechaza el reino de los demonios, y no al Señor y su reino, porque, gracias a la conservación de este matrimonio, el cónyuge no creyente se coloca misteriosamente bajo el beneficio de la obra del Espíritu (v. 14).[71] Sin duda, hay que

---

70. Hay que dar la razón a Lietzmann, *ad* 1 Co. 7.14, quien supone aquí una aplicación inversa del principio de 1 Co. 6.15ss., ya que no se trata de fornicación con una prostituta, sino de matrimonio.
71. Para dar prueba de ello, san Pablo añade que los hijos nacidos de tales matrimonios son «santos». Para que esta prueba haya sido concluyente

comprender en esta perspectiva el versículo 16: la conservación de tal matrimonio permite esperar, aún débilmente, que finalmente el cónyuge no creyente de «santificado» llegue a ser «santo», es decir, se haga bautizar en vista de su salvación (cf. también 1 P. 3.1s.). Así, la fe de uno de los cónyuges es, para el que no la tiene, una salvaguardia y una esperanza a la vez. Encontramos aquí uno de los elementos esenciales de la doctrina bíblica del «sacerdocio universal»: el mundo se salvaguarda gracias a la presencia, a su lado, de la Iglesia y a su intercesión, y, a pesar de su rebelión, se orienta misteriosamente hacia la salvación.[72]

---

a ojos de los corintios, hay que admitir que san Pablo remite aquí, implícitamente, a una disciplina eclesiástica que permitía bautizar a estos niños al igual que a aquellos cuyos dos padres eran de la Iglesia.
72. Encontramos un paralelo perfecto de lo que acabamos de ver en el hecho de que, por su sola presencia (¿y su eucaristía?), san Pablo «santifica» el barco que lo lleva a Italia (Hch. 27).

6

Matrimonio: problema y misterio

Margareth Brepohl*

El matrimonio y la familia, hoy más que nunca, son objeto de mucha discusión. Mucho se debate —y desde varias perspectivas— sobre su naturaleza, su historia, sus funciones y su validez para el desarrollo del ser humano. Sociólogos y antropólogos tienden a ver al matrimonio y a la familia como instituciones sociales básicas. Hay otros que los han interpretado como «accidentes históricos» en el devenir de la humanidad. Algunos los han considerado como la raíz de todos los males, como algo que hay que extirpar para beneficio de la humanidad.[1] Otros los han visto como los espacios fundamentales para el desarrollo y la socialización de las nuevas generaciones. En épocas más recientes se describe al matrimonio y la familia como sistemas que se ajustan y se desajustan, que evolucionan y que buscan su equilibrio, que

---

* Margareth Brepohl es psicóloga, terapeuta familiar y supervisora clínica. Ha realizado estudios en su país natal, Brasil, y en Inglaterra, Estados Unidos, Suiza y Alemania. Fue Directora del «Centro de la Familia» en Quito, Ecuador. Es miembro docente de EIRENE.

1. Ver, p. e., R. D. Laing, *El cuestionamiento de la familia*, Paidós, Barcelona, 1969; Laing y Esterson, *Cordura, locura y familia*, Fondo de Cultura Económica, México, 1979; Jaques Lacan, *La familia*, Argonauta, Buenos Aires, 1978; David Cooper, *La muerte de la familia*, Ariel, Barcelona, 1976.

tienen el potencial tanto para enfermar como para curar a sus miembros, que confrontan problemas y que los resuelven.[2]

Entre los escritores antiguos y modernos que se han expresado sobre el matrimonio y la familia, aún me llama la atención lo que escribió san Pablo en su carta a los Efesios, capítulo 5. Allí me parece que el autor teje un hermoso tapiz con hilos de muy diversos matices. Su discurso, que relaciona Cristo-Iglesia y hombre-mujer en un fluir dinámico que hace imposible separar una idea de la otra, es fascinante. San Pablo nos sorprende, de pronto, cuando en medio de los consejos a la vida hogareña introduce el término «misterio» y lo desarrolla en un contexto de contemplación mística, difícil de comprender en todos sus detalles. Yo misma entré en contacto con la idea del misterio en el matrimonio por los trabajos de Hans Bürki[3] y de la amistad personal con él. Mi esposo y yo, en el comienzo mismo de nuestra relación, empezamos a darnos cuenta de la existencia de esa dimensión «misteriosa» —fascinante, más allá de toda explicación, que nos invita al silencio— entre un hombre y una mujer, y comenzamos a profundizarla.

Un autor contemporáneo, Gabriel Marcel,[4] también utiliza los conceptos de «problema» y «misterio» como maneras de abordar la comprensión de la realidad, y como dos partes de una misma dinámica del conocimiento. Cuando miro la realidad que me circunda como «problema» —afirma Marcel— significa que puedo objetivar, analizar, utilizar procedimientos en el tiempo y en el espacio que me permiten entender el mundo y manejarme en él. Por ejemplo, puedo conceptualizar al ser humano, analizarlo en sus diversas expresiones y obtener una determinada información. De igual forma puedo proceder con la pareja, con la familia o con otros grupos humanos. En la categoría de «problema» surge la pertinencia del trabajo científico.

Mediante el concepto de «misterio» mantengo una relación distinta con la realidad: puedo conocerla, pero sólo en parte; la expli-

---

2. Este es el enfoque general de la «terapia familiar sistémica» desarrollada a partir de la década de los cincuenta, primeramente en los Estados Unidos y luego en todo el mundo.
3. «Die Ehe im Spannungsfeld psychischer und spiritueller Entwicklung», *Porta* 34, Marburg, 1984. *Ein Ganzer Mensch Werden*, Brendow Verlag, Moers, 1993.
4. *Geheimnis des Seins*, Verlag Herold, Wien, 1952. *Le Mystère de l'Etre*, Fernand Auber, París.

co, pero sin agotarla. Es una relación en la que, como sujeto, estoy comprometido, inmerso en el proceso. Ante el misterio actúo sin poder distinguir lo que está en mí de lo que está delante de mí. Por eso la posibilidad de objetivar pierde todo su significado: el misterio no puede analizarse; éste trasciende a toda técnica de aproximación concebible; su naturaleza misma es incalculable, inefable e impredecible. El misterio transcurre fuera del tiempo como secuencia cronológica y fuera del espacio geográfico. Por eso, el ser humano ha recurrido a metáforas, imágenes y expresiones plásticas —como los mitos, por ejemplo— para referirse al misterio.

Marcel afirma que es posible que, por obra del psicologismo, se degrade el misterio y se lo convierta en problema. Confundir esas dos modalidades distintas de aproximación a la vida puede producir una reducción en la vivencia de lo que significa ser humano, tanto en mí como en la otra persona. Hoy en día observamos esa tendencia reduccionista cuando el énfasis al tratar el matrimonio y la familia está en su buen funcionamiento, en la búsqueda de soluciones rápidas para que las partes puedan seguir relacionándose. Para lograrlo, el enfoque tiene por fuerza que ser «problematizante», busca identificar cuál es el problema —no importa el marco teórico con el cual uno trabaje— para buscarle soluciones.

Los que trabajamos como terapeutas de familia, por ejemplo, estamos entrenados para encontrar en nuestros consultantes sus reglas, la distribución de sus papeles, sus fronteras, sus jerarquías, etc., y para buscar las posibles alternativas para que las relaciones se desarrollen a niveles de mayor eficiencia y satisfacción. Aprendemos cómo facilitar que la comunicación fluya entre la pareja, cómo ayudar a la familia a ver la misma realidad desde otra óptica, cómo diseñar tareas para que las personas se afirmen en nuevos modos de conducta más funcionales, etc. Todo eso —y más, por supuesto— para lograr que las personas se expresen, adquieran nuevas percepciones de sí mismas y de los demás, y hagan los cambios necesarios para que funcionen mejor. Me pregunto si esto es todo lo que las personas necesitan y aspiran en sus relaciones con otros seres humanos: que todo marche bien, que parte funcione. Y, ¿qué del misterio?, ¿qué de lo trascendente?

El concepto de trascendencia tiene mucho que ver con la idea de misterio. Sin una idea de lo trascendente no podría concebirse en el ser humano el amor, la esperanza, o la fe, pues éstos tienen siempre que ver con aquello que escapa a la razón. Analizar, clasificar y diagnosticar a una persona o a una relación, es distinto de creer en ella. Solucionar el problema de alguien o hacer funcionar una relación puede ser una demostración de perspicacia lógica o profesional. Al mismo tiempo puede ser también una reducción de los significados de un problema y, en la medida en que se soluciona el problema, también puede hacer desaparecer el significado de lo trascendente. Creo que no podemos ni siquiera pretender entender al ser humano en su relación con sus semejantes solamente a través de teorías que tratan de explicarlo y de las técnicas que tratan de mejorarlo. Existe un espacio sagrado y, por consiguiente, misterioso y lleno de significado.

El misterio no puede ser penetrado por el conocimiento científico. Aunque reconozco la validez y la indispensabilidad del conocimiento científico, afirmo que una verdadera comprensión del ser humano requiere más. Cuando estoy delante de un ser humano que trasciende mis conocimientos —y que puede impactarme a cada momento, que siempre ofrece algo nuevo, que me introduce a lo inagotable, a lo fascinante, a lo estético— estoy en el espacio de lo sagrado, ante la posibilidad de penetrar en el propio misterio y de ser penetrado por él.

Para manejar ese encuentro de dos seres humanos en relación, necesito otros paradigmas aparte de los científicos, «objetivos» y supuestamente neutros. En ese momento ya no soy más una observadora desvinculada de lo humano, ni puedo serlo. Como un ser humano, soy una compañera en el camino misterioso de la vida. Como cristiana, paso de la psicología a la teología.[5]

Matrimonio y problema

El sufrimiento es uno de los aspectos de la finitud del ser humano que nuestra cultura contemporánea quiere evitar, juntamente con otros significados como el de la muerte. Hoy día hay en toda publicidad un intento deliberado de esconder el sufrimiento. Es interesante observar como la propaganda intenta de-

---

5. Ver, p. ej., Rudolf Otto, *O Sagrado*, Impresa Metodista, Sao Paulo, 1985; Martin Buber, *Ich und Du en Das Dialogische Prinzip*, Verlag Lambert Schneider, Heidelberg, 1984. *Yo y Tú*, Paidós, Buenos Aires; Carlos Hernández, *O Lugar do Sagrado na Terapia*, Nascenti/CPPC, Sao Paulo, 1986.

cirnos que comprando podremos expulsar toda la necesidad, toda la incomodidad, toda la molestia, toda la limitación, todo el dolor. Los noticieros, al mostrar con brutal desnudez los dramas más terribles de los acontecimientos humanos, como si estuvieran presentes «allá» en la pantalla, rompen con frecuencia esta promesa de felicidad. Ambas posturas, la de la publicidad y la del noticiero, son exageraciones de la imaginación mórbida. Son disociaciones que, por un lado, presentan la felicidad total y, por el otro, la aniquilación en el horror.

Christopher Lasch[6] nos habla de la actitud del ser humano al tratar de eliminar todo lo que le sea un obstáculo para la plena satisfacción de sus deseos. Lo que vale es el deseo satisfecho hoy, aquí y ahora. Él lo analiza en términos del vaciamiento y el empobrecimiento de la vida y del aislamiento de las personas unas de las otras. Lo que cuenta soy yo y mi realización. No hay lugar para el sufrimiento o los obstáculos. Las relaciones se tornan, entonces, frágiles e inestables, sin poder brindar un significado más profundo para la convivencia, que no sea la satisfacción de uno mismo.

Denis de Rougemont[7] hace un análisis de cómo los matrimonios en la época moderna se basan en el romance, en la pasión, pero sin mucha conexión con la opción, la decisión de estar juntos. Como consecuencia notamos muy poca disposición de las parejas a «trabajar» sus dificultades y quedarse unidos en momentos difíciles, confrontando los problemas, tratando de buscar formas de convivir, solucionar las dificultades y juntos crecer en su relación.

Guggenbühl-Craig[8] habla justamente de que la unión entre hombre y mujer en el matrimonio está destinada a morir si se basa sólo en el placer y si los participantes de la unión tienen como objetivo su propio crecimiento e individuación sin tomar en cuenta al otro. Sostiene que el matrimonio puede ser también un camino de «salvación», en el sentido en que, ante el confrontamiento profundo e íntimo que ocurre en el vínculo de la pareja, los cónyuges tienen la oportunidad de conocerse a sí mismos, al otro y, muchas veces, en ese proceso, conocer al propio Dios. En el sufrir, en el

---

6. *The Culture of Narcissism*, W.W. Norton y Company Inc., Nueva York, 1978.
7. *Love in the Western World*, Pantheon Books/Random House, Nueva York, 1956.
8. *Die Ehe ist Tot, Lang Lebe die Ehe*, Schweizer Spiegel Verlag, Zurich, 1988.

arriesgarse, en el abrirse, en el conocerse, ambos pueden ir concretando el ser «una sola carne», que también incluye al sufrimiento.

El psiquiatra inglés Frank Lake[9] me introdujo al término *teodicea*, la teología del sufrimiento, que tiene en su centro el texto de Isaías 53, en donde se presenta a Cristo como el Siervo Sufriente. Quien lo ha sufrido todo y experimentado la gloria, es capaz de asistirnos a hombres y mujeres cuando nos confrontamos con nuestro sufrimiento. El va delante de nosotros, ha vencido y es el único habilitado, por su muerte y resurrección, para guiarnos en nuestra confrontación con el sufrimiento que encontramos al encarar nuestros problemas.

En su carta (1.12), el apóstol Santiago nos habla de cómo el sufrimiento, presente en la tribulación, puede producir purificación y limpieza, y guiarnos en el camino de la esperanza.

Matrimonio y misterio

He sugerido que al introducirnos en el ámbito del matrimonio y la familia como problema existe el peligro de incurrir en un reduccionismo. Además, existe la posibilidad de darnos cuenta sólo de lo frágil y lo finito en las relaciones humanas. Por eso hace falta un acercamiento complementario ya que la realidad nos informa que todo ser vivo tiene una dimensión de gozo y otra de sufrimiento.

El misterio, el verdadero «misterium», en el sentido religioso, es cualitativamente diferente, es extraño a nosotros, es lo que nos sorprende, lo que está fuera del dominio de las cosas habituales, comprensibles, conocidas y por consiguiente familiares. Es todo aquello que se opone al orden conocido de la cosas y por esto mismo nos llena de sorpresa y asombro.[10]

En el lenguaje bíblico el misterio aparece tanto en el Antiguo como en el Nuevo Testamento. En el libro del profeta Daniel (2.18-28) el misterio es algo que tiene que ver con el propio Dios, y por lo tanto requiere de la revelación divina.

En los evangelios sinópticos (Mateo, Marcos y Lucas), el misterio aparece en el contexto de las parábolas, en medio de las

---

9. *Clinical Theology, A Theological and Psychological Basis to Clinical Pastoral Care*, Nottingham, 1960. Abreviado por Martin H. Yeomans, Darton, Longman and Todd, Londres, 1986 (1988).
10. Rudolf Otto, *op. cit.*

imágenes habladas por Jesús con referencia al Reino de Dios. San Pablo en su carta a los Romanos introduce el término «misterio» (11.25) en su reflexión sobre el futuro del pueblo de Israel. Termina su reflexión con un himno de alabanza que resalta lo inescrutable y lo insondable de la gloria y la gracia de Dios (11.33-36). Así demuestra que el misterio, cuando es «comprendido», provoca consecuencias en la vida. En este sentido, el misterio es activo, provoca transformaciones en la vida de quienes lo experimentan. En otros cánticos de san Pablo (Ro. 16.25) se confirma el hecho de que al experimentar el misterio, no puede sino responderse en forma de adoración y alabanza que expresan la belleza y grandeza de Dios. Es una celebración ante la manifestación de lo Sagrado.

En 1 Corintios, encontramos referencias al misterio como algo oculto que es revelado por el Espíritu (2.10) y que puede ser ministrado por los hombres (4.1). En su poesía sobre el amor (13.2) san Pablo denota la novedad del misterio: hay siempre algo nuevo para descubrir; una relación dinámica que no se agota nunca. En el capítulo 14 el misterio equivale a algo que trasciende nuestro lenguaje, es otro código de comunicación.

Me llama la atención el tema del misterio en la carta paulina a los Efesios y más específicamente en el capítulo 5. En este texto san Pablo está como «jugando» con las ideas de Cristo en su relación con la Iglesia y de la unión hombre-mujer. En esa secuencia utiliza analogías y comparaciones. Al principio de este relato hace un llamamiento a la mutualidad. Luego, al referirse a la relación Cristo-Iglesia y hombre-mujer, se interna en la esfera de lo estético al hablar de una Iglesia santa, gloriosa, sin mancha, ni arruga. El misterio nos llama a lo bello, a lo glorioso. En Efesios 5.31, san Pablo hace referencia al relato de la creación en Génesis y de una forma poética introduce el concepto «una sola carne». ¿Qué puede significar que el hombre y la mujer al unirse en matrimonio se tornen una sola carne? Paul Ramsey[11] expresa de una forma mítica el acto sexual como un acto de amor. Dice que en el deseo y en el acto sexual, la mujer quiere hacer del hombre su Adán y el hombre quiere tornar a la mujer en su Eva, en el sentido de que ella estaba sola con él en el Jardín del Edén. No había nadie más. Cada uno era para el otro, en forma única y plena, creados por Dios como providencia para la soledad del ser humano.

---

11. *One Flesh*, Grove Books, Nottingham, 1975.

De una vez, la soledad inquietante de Adán se transforma en la expresión de su sexualidad, y la mujer se encuentra delante de él como un ser único; no hay otro. Ellos hablan el lenguaje de hombre y mujer; ellos se conocen y son conocidos. Su unión en el sexo está basada en el más elevado significado de la sexualidad humana. El juntar sus cuerpos es una expresión de sí mismos. Ninguna tercera persona puede conocer lo que aquí se conoce. Hombre y mujer son conocidos y son conocedores el uno del otro. En la unión de Adán y Eva no había testigos. Ellos estaban solos delante de Dios y delante de los ojos descubridores del otro. En esa ocasión Dios manifestó su presencia a través de su ausencia: se fue a pasear al otro lado del Jardín. Ellos estaban solos y salieron de su soledad en una forma sexual. Ellos se tornaron uno en sus mentes, en sus voluntades, al amarse con sus cuerpos. Esto puede ampliarnos el significado de la totalidad que existe en la pertenencia encarnada del hombre a la mujer y de la mujer al hombre en el matrimonio.

En 1 Corintios 7.5, san Pablo hace una asociación entre la vida sexual de la pareja y su vida de oración, una posibilidad de la manifestación de lo sagrado a distintos niveles de la vivencia de la pareja. También Pedro, en 1 Pedro 3.7, relaciona las actitudes del hombre en relación con la mujer con todo aquello que tiene que ver con la vida de oración.

El matrimonio como misterio nos apunta a lo sagrado, lo estético, lo siempre nuevo, al *crescendo*, al éxtasis, al acto unitivo y procreativo, a la vida misma. El misterio amplía los significados de la unión hombre-mujer y apunta a la esperanza y al gozo. El matrimonio como misterio es una continua invitación a la celebración, que puede pasar inadvertida hasta por sus propios integrantes.

Creo que quienes están en contacto con familias y parejas, en alguna relación de ayuda, pueden correr el riesgo de tener «los ojos cerrados» al ámbito del misterio. Es muy fácil estar pendientes de los problemas que nos son presentados, de la «mejoría» de las relaciones, del crecimiento de las personas, del «buen funcionamiento» del hogar, y olvidarse de que puede haber otros recursos en lo que trasciende el nivel del problema para el enriquecimiento de la vida.

El diálogo entre Moisés y Dios relatado en Exodo 3 nos ilustra cómo es posible adentrarnos en lo sagrado y penetrar el misterio: «...quita tu calzado de tus pies, porque el lugar en que tú estás, tierra santa es».

7

La Iglesia y la familia

John H. Westerhoff[*]

Creo que nunca antes en la historia, los especialistas, los comentaristas y el público en general han tenido opiniones tan divergentes sobre la familia y sobre su estado actual. En efecto, la familia es uno de los temas más delicados que un escritor puede abordar. Pienso que por ello la familia constituye actualmente una de las principales preocupaciones de la iglesia cristiana.

La familia no sólo se ha convertido en un tema corriente en círculos teológicos y en un título en boga en las publicaciones populares, sino que también ha llegado a ser un importante campo de batalla para la especulación de las ciencias sociales.

¿En qué estado se encuentra la familia? ¿Está sana o enferma? ¿Requiere ayuda o no? Las opiniones son diversas y numerosas. Margaret Mead, conocida antropóloga mundial, dijo en una conferencia en la Duke University, poco antes de su muerte, que la supervivencia de la familia norteamericana dependía de su retorno a la comunidad extensa en la que los abuelos, los bisabuelos y otros parientes vivían en estrecha relación con los jóvenes padres. Sostuvo que la familia nuclear es más apta para la migración en

---

[*] El autor es profesor de Religión y Educación en la Duke University Divinity School, en Durham, Carolina del Norte, Estados Unidos. Esta es una versión abreviada de su ensayo «The Church and the Family» publicado en 1983 en la revista *Religious Education*, de la cual es editor.

las sociedades industriales y urbanas, pero que, cuando llega a su destino, demuestra no ser idónea. Las opiniones de Mead y de otros se apoyan en presupuestos básicos sobre la naturaleza y el carácter de la familia. Cabe recordar al respecto, la tormenta de críticas que estalló luego de la publicación del Informe Moynihan en el que se presentaba a la familia negra como una familia anormal porque difería en algunos aspectos fundamentales de la familia «modelo» norteamericana. Por lo tanto, es prácticamente imposible establecer una definición normativa de la familia, y menos aún llegar a un acuerdo sobre su naturaleza y su finalidad.

Es verdad que algo ha cambiado, pero no por eso debemos pensar que se trata de algo nuevo. Sea cual fuere nuestra concepción de la familia, ésta siempre ha evolucionado. Lo que importa es comprender qué significan esos cambios y cuál sería una respuesta adecuada.

Hay nuevas tendencias en la vida familiar, pero cualquiera de ellas puede modificarse rápidamente. Más y más personas optan por el celibato. Muchas de las personas que se casan terminan separándose. Cada vez menos parejas optan por tener familias numerosas y muchas de ellas deciden no tener hijos. Cada vez más, los adultos, hombres y mujeres, trabajan fuera de casa. Son pocos los parientes que viven cerca unos de otros y muchas las personas que van de un lado para otro. La esperanza de vida es mayor y parece ser que las mujeres viven más años que los hombres. Todo esto entraña un aumento de la cantidad de viudas y de familias con un solo progenitor. Cada vez más, la gente vive en contextos de relación con otras personas y en «comunidades» que no se han concebido como familias. Por ello, los problemas de la familia se han convertido en un tema candente en las iglesias, en tema de predicación para los pastores, en material de estudio para los laicos y en el centro de los programas de la iglesia. Sin embargo, muchas iglesias confiesan que no han sido capaces de concebir o realizar programas que permitan hacer frente a las necesidades de las personas que no forman parte de una «familia tradicional», integrada por la madre, el padre y los hijos viviendo juntos.

¿Dónde radica el problema? Hace unos años, Clarissa W. Atkinson, en ese entonces profesora adjunta de Historia del Cristianismo en la Harvard Divinity School, dio una conferencia sobre el tema: «Las familias norteamericanas y 'la familia norteamericana': mitos y realidades». Comenzó diciendo que el mito más difundido e importante en relación con la familia norteamericana es el mito de la caída, que puede resumirse así: Había una vez una familia extensa ideal en la que todas las personas vivían en armonía en un mundo idílico donde todos tenían una tarea específica y sabían lo que se esperaba de cada uno de ellos. Tiempo después, la familia perdió la gracia. Existen otras versiones de la vida familiar antes de la caída pero todas tienen en común que se han formulado a partir de lo que el autor piensa que funciona mal en la familia actual. Sin embargo, la mayoría concuerda en que la caída ocurrió realmente. Unos dicen que la caída de la familia se produjo con la Revolución Industrial y otros con la aparición del movimiento de liberación femenina. Es evidente que para los que creen en esos mitos, la redención de la familia depende de un retorno al tipo de familia antes de la caída. El problema es que como las cosas no son lo que eran «la familia antes de la caída» nunca existió. Atkinson destaca que el análisis de la historia revela que esa familia ideal nunca existió, ni existió una época en la que la vida de las personas y las relaciones familiares eran estables y armoniosas, en la que las familias con la ayuda de la iglesia y del Estado criaban a sus hijos para que fueran adultos felices y honrados, que se casaban y vivían en familias ideales.

De hecho, en la corta historia de los Estados Unidos, ha habido tres cambios importantes en la vida familiar, aunque no tan espectaculares como los que se produjeron en la larga historia de la humanidad. A lo largo del siglo XVIII, el pueblo estadounidense, cualquiera que fuera su origen cultural, creía en la imagen puritana de la familia como pequeña iglesia y comunidad, la cual, como parte de la comunidad más amplia, tenía los mismos objetivos y las mismas aspiraciones de la sociedad.

Mas tarde, a principios del siglo XIX, se produjo un vuelco enorme y la familia pasó a ser una entidad aparte, definiéndose a sí misma, parcialmente, en contra de la sociedad. La nueva familia se convirtió en una familia de refugio, un baluarte de paz, de reposo, de orden y de profundo amor de unos para con otros. De conformidad con una nueva y clara delimitación de los papeles y las responsabilidades, los maridos trabajaban en un mundo regido por determinados valores, mientras que las mujeres y los niños vivían en otro mundo a salvo de las presiones, las tentaciones y los males del mundo exterior. En este hogar, el hombre se refugiaba para recuperarse y renovarse. Tanto en el mito como en la realidad, la familia puritana en comunidad dio paso a la familia victoriana de refugio. El siglo XX supuso un cambio aún más radical en la historia de la familia de esta región. Una vez más, el mito de la familia estable y perdurable perdió sentido, y nos hemos visto obligados a enfrentarnos con una nueva realidad tal como lo hicieron otros tantas veces en el pasado. Pero al igual que en otras épocas, algunas personas no son capaces de enfrentarse con la realidad del cambio histórico y la falsedad del mito de la caída de la familia eterna a la que debemos retornar. Sin embargo, ya no podemos regresar a casa. En realidad, no hay tal casa a la que podamos regresar.

Lo que nos hace falta hoy es una mirada atenta a nuestra situación actual y una respuesta imaginativa. Humildemente, quiero intentar esa exploración radical y esa respuesta imaginativa. Reconozco que la tesis que formulo en este ensayo es controvertida. Consciente de sus ramificaciones, la presento sólo como base para un diálogo creativo. Lamentablemente, demasiada gente pasa de una conciencia empírica a una respuesta de «sentido común». Un enfoque más sabio, aunque más exigente, sería pasar de esa conciencia empírica a un empleo de la imaginación que permita atacar las nociones preconcebidas, para luego poder aplicar la razón poniendo a prueba nuestras diversas imágenes, y elaborar una respuesta moral consciente. El propósito de este ensayo es iniciar ese proceso sobre la cuestión de la iglesia y la familia con la esperanza de que aporte la comprensión y el esclarecimiento necesarios para una vida fiel y verdadera en el próximo decenio.

Mi tesis es la siguiente: Mientras la «familia cultural» y la iglesia existan como instituciones sociales separadas, junto a muchas otras, la vida contemporánea sólo podrá construirse y vivirse como plenamente humana en el contexto de una comunidad de fe, de una «familia de fe» que transforme la naturaleza y el propósito de la iglesia institucional y que reúna mediante una relación de pacto las diversas unidades familiares en las que viven las personas.

Tres presupuestos fundamentan esta tesis: En primer lugar, la «familia cultural», tal como la conocemos hoy en día, no es adecuada para promover una vida humana significativa y eficaz. Más aún, no es sensato creer que podemos humanizar la «familia cultural» para que llegue a ser una unidad básica adecuada de vida humana. En segundo lugar, lo mismo puede decirse de nuestras instituciones políticas, sociales y económicas. De hecho, es imposible que consigamos humanizar en forma adecuada nuestras escuelas, hospitales, centros de servicio social, los negocios y las industrias para que lleguen a ser centros en los que se promueve y consolida una vida humana plena. Y, en tercer lugar, la iglesia tal como la conocemos hoy, por más poco idónea que sea, puede y debe reformarse a fin de que llegue a ser un instrumento fundamental para la humanización de toda la vida.

La familia

El primer problema que debemos plantearnos es el siguiente: el término «familia» es tan común y la realidad a la que apunta tan vinculada a nuestro diario vivir que creemos no sólo que su sentido es obvio, sino que sabemos de qué se trata. Sin embargo, aunque algunos especialistas aparentemente estén de acuerdo en la naturaleza de la familia, yo pienso que la familia es la más desconcertante de todas nuestras instituciones sociales. A mi modo de ver, la familia nuclear no es normativa, ni histórica ni transculturalmente. Tampoco constituye el grupo más importante para una vida humana plena.

La familia es una configuración relativa, determinada de un punto de vista cultural e histórico, que presenta innumerables variantes. A través de la historia, lo que denomino «familia cultural» se ha ido transformando para poder adaptarse a los diversos cambios de la realidad social, aunque no en forma progresiva.

Hoy somos testigos de una continua transformación de la familia. Estos cambios no son en sí mismos ni buenos ni malos, pero al igual que en toda otra realidad social, son ocasiones tanto para el bien como para el mal. Por supuesto, no se puede identificar a la familia cristiana con ningún modelo social particular. Existen numerosas relaciones familiares que constituyen los marcos en los que las personas optan por vivir como creyentes en Cristo y como miembros de su iglesia. Hay familias extensas, familiares nucleares, familias con un solo progenitor y familias sin hijos, entre otras.

Se han escrito muchos libros sobre la «familia cristiana». La mayoría de los autores parecen creer que la familia cristiana está estructurada de una manera específica al menos idealmente, y que en ese marco tanto hombres como mujeres desempeñan determinadas tareas bien definidas. Dichos escritores tienden a su vez a lamentar la desintegración de la familia contempóranea con sus cambiantes estructuras y papeles. A diferencia de estos escritores, afirmo categóricamente que una familia cristiana no tiene nada que ver con estructuras ni con papeles sino con la calidad de la vida en común, una calidad de vida que puede tener formas diferentes y en la que las personas pueden desempeñar funciones diferentes.

Desde una perspectiva histórica, la familia siempre está cambiando. Dicho esto, no ganamos nada con imaginar la «familia perfecta» o una «familia cristiana» con determinadas características externas. No es necesariamente lo más saludable ni mucho mejor lo que mucha gente llama «familia normal», es decir, una familia integrada por la madre, el padre y los hijos viviendo bajo el mismo techo, en la que el padre como jefe de familia trabaja fuera de casa y la madre como ama de casa se ocupa sobre todo de la educación de los hijos.

Hay muchos tipos posibles de relaciones familiares sanas entre cristianos. ¿Quiénes forman parte de una familia?, ¿cómo se estructura esa unidad social? y ¿qué papel desempeña cada miembro de la familia? son todas preguntas que pueden tener tantas respuestas como sea posible imaginar. ¿Cuánto tiempo viven los hijos con los padres en casa?, ¿cuánta atención dedica un padre a sus hijos pequeños?, ¿en qué trabajan las madres fuera de casa?, ¿es o no la voluntad de Dios que una pareja tenga hijos? y ¿está una persona llamada a casarse y otra a quedarse soltera? son interrogantes que pueden tener diversas respuestas cristianas.

Por supuesto, la familia cristiana no puede identificarse con un determinado modelo de familia. Que sea o no cristiana depende de la fe de sus miembros y del tipo de vida que llevan, y no de sus estructuras, ni de los papeles o las funciones que desempeñan sus miembros. No resulta lógico concluir, como lo han hecho otros, que la familia cristiana ideal es el núcleo familiar con papeles sexuales bien definidos.

La familia nuclear, sea que sus miembros confiesen a Jesús como Señor, o no, no puede constituir nunca el contexto idóneo para la humanización de la vida; por más que una familia nuclear esté constituida por cristianos, nunca podrá ser una configuración adecuada para la vida cristiana. Soy tajante en esta afirmación puesto que creo que, para que una familia sea cristiana, tiene que compartir su vida en una comunidad de fe cristiana.

Una familia cristiana está constituida por cristianos. Ahora bien, cristianos son las personas bautizadas y adoptadas por una comunidad de fe (la iglesia, o «la familia de fe», término que me resulta más adecuado) con la que comparten su vida. La clave para una vida cristiana es la vida en la iglesia, entendida como «familia de fe».

Observemos la sagrada familia que para algunos, por más extraño que parezca, es un modelo de vida familiar. Desde el principio, Jesús se negó a aceptar obligaciones básicas para con su «familia cultural» y se comprometió sin reservas con su «familia de fe». Aunque creció en una «familia cultural», fue poco lo que Jesús dijo sobre la vida de la «familia cultural». La afirmación más clara que tenemos sobre la actitud de Jesús ante las relaciones familiares es un pasaje en el Evangelio de Marcos (3.31-35). Rodeado de seguidores, acosado por la crítica y entonces perseguido por su madre asustada y por los desconcertados miembros de su familia, Jesús responde a la pregunta «¿Quiénes son mi madre y mis hermanos?», diciendo «¡son aquéllos que hacen la voluntad de Dios!» El lazo que los unía se estiró al punto de romperse cuando Jesús anunció que, a partir de ese momento, el parentesco ya no se definiría biológicamente. Jesús consideraba miembros de su familia a los que compartían su visión y actuaban consecuentemente. No excluyó de este nuevo grupo a los miembros de su «familia cultural», pero tampoco quedaron necesariamente incluidos. Según Mateo, Jesús fue aún más radical. En el capítulo 10, Jesús habla de dividir a las «familias culturales» en nombre de las «familias de fe» (Mt. 10.34-37). Sin embargo, Jesús nunca condenó a la familia como institución ni tampoco dijo que vivir en una «familia cultural» no era parte de la voluntad de Dios para la humanidad. Para Jesús, el celibato es tan sagrado como el matrimonio: uno y otro son vocaciones, y los dos requieren una vida activa en la iglesia. Jesús simplemente coloca a la «familia de fe» en primer lugar, y dice que aquéllos que renuncien a los lazos de la familia tradicional pasarán a formar parte de una nueva familia, definitivamente más importante, en la que podrán vivir y crecer.

Asimismo, cabe recordar que la primera gran crisis en la vida de la iglesia cristiana estaba relacionada con el parentesco biológico. Pablo luchó toda su vida para convencer a los judíos cristianos de que la promesa de Dios a Abraham no se heredaba por consanguineidad sino por medio de una fe radical en la muerte y la resurrección de Jesús. El futuro de la iglesia dependía de que se alterasen, es decir, se ampliasen y se extendiesen tanto la noción de parentesco como las relaciones de pacto. Al mismo tiempo que mostraba una profunda preocupación por la «familia cultural», con actos como el bautismo de todos los miembros de la familia, la iglesia se definió a sí misma como la *familia de Dios* y pidió a sus fieles que asumiesen un compromiso de índole familiar.

Por un lado, una comunidad de fe se opone a la intrusión de todas las instituciones políticas, sociales y económicas, objetivas y organizadas, que inevitablemente menoscaban la tradición y las peculiaridades para asimilar a las personas en la sociedad. Por otro lado, una comunidad de fe se opone al desordenado individualismo y a la intimidad de la familia que procuran, inevitablemente, la emancipación de las personas para que puedan tomar decisiones individuales y escoger destinos individuales. En contra de las instituciones políticas, sociales y económicas, la comunidad de fe proclama una identidad comunitaria, personal y particular. Contra el individualismo y la vida familiar privatizada, afirma que no somos personas aisladas y que la «familia cultural» necesita diversificar sus relaciones para ser saludable. Una comunidad de fe es una familia de pacto, que se niega a ser una institución pública para apoyar la religión cultural, o un club o asociación voluntaria que existe única y exclusivamente para satisfacer las necesidades de sus miembros.

La Biblia es testigo de la tensión entre la «familia cultural» y la «familia de fe». Aunque las gentes de la Biblia vivían en «familias culturales» muy diferentes tuvieron como preocupación fundamental el integrarse a un tipo particular de familia creada por Dios. En la Biblia hebrea, Israel no es una «familia cultural» ni un grupo étnico; no forma parte de ningún grupo natural que pueda explicar su existencia. Es un *novum* en la historia de las familias porque Israel se formó como respuesta a la exhortación de Dios a su pueblo de que abandonase sus «familias culturales» para constituir la nueva familia, la familia de Dios. Más aún, en la Biblia hebrea se afirma que la vida en esta «familia de fe» se convierte en la fuente de verdadera vida humana y como tal en un medio de vida para la «familia cultural». El mensaje de las Escrituras cristianas no es fundamentalmente diferente.

Los que siguieron el Evangelio eran miembros de «familias culturales». Sin embargo, Jesús los exhortó a dejar sus «familias culturales» para integrarse a una nueva familia, una familia que no puede identificarse por genealogía ni por pertenencia a un clan, sino por ese extraño pacto que Dios establece con ellos. Esta nueva familia era considerada la casa de Dios y, según esta concepción, era la familia a través de la cual todas las demás familias recibían su bendición.

Es necesario examinar más detenidamente la transformación de la noción de familia teniendo en cuenta el carácter revolucionario del Evangelio, pero antes es importante analizar la historia de la «familia cultural». La historia nos enseña que los seres humanos en las diferentes culturas no han vivido ni en familias nucleares ni en familias extensas, sino, más bien, en unidades sociales mejor entendidas como tribus. En realidad, la unidad social básica de vida humana, a mi modo de ver, es la «familia tribal». Las «familias tribales», formadas por grupos de personas que vivían en un mismo lugar o, por razones prácticas, bajo un mismo techo, por grupos genealógicos, por grupos con relaciones de parentesco o de asociación, o por grupos de personas con los mismos intereses y obligaciones, constituían la unidad básica de vida humana.

A pesar de que en la antigüedad encontramos núcleos familiares, sería un grave error no reconocer que la tribu era la unidad social básica. Esto era verdad en el mundo de la religión bíblica donde la tribu era la unidad básica de significado que determinaba y definía la realidad. Cuando en las Escrituras hebreas se habla de familia está refiriéndose a la «familia tribal», que incluía al esposo, a sus esposas y a sus hijos, a sus concubinas y a sus hijos, a sus hijos y a sus hijas políticas, y a los hijos de éstos, a los esclavos de ambos sexos y a sus hijos, a las personas a cargo tales como los huérfanos, las viudas y los hijos ilegítimos, a los extraños tales como el forastero que pasaba por allí y todo el pueblo marginado que prefería vivir con ellos. Sin embargo, cuando la vida humana se volvió más compleja, la «familia tribal» tuvo que dividirse, por necesidad, pero muy acertadamente, en una institución principal conocida como la «familia extensa» y en varias instituciones sociales secundarias. Mientras se caracterice esta primera «familia cultural» como una «familia extensa» puede dar lugar a interpretaciones equivocadas ya que esa expresión implica que la «familia nuclear» es normativa y que la «familia extensa» está integrada por diversas «familias nucleares». De hecho, la «familia nuclear» es una familia restringida, una adaptación tardía de la «familia extensa» que a su vez fue una adaptación de la «familia tribal». La llamada «familia extensa» estaba conformada por tres o más generaciones que convivían juntas y que actuaban los unos por el bien de los otros o, simplemente, por un grupo de parentesco que vivía bajo el mismo techo. El Estado asumió la responsabilidad por los que no vivían en esas «familias extensas» y se encargó de promover la armonía entre las diversas unidades familiares.

Un análisis funcional pone en evidencia que la «familia tribal» asumió cinco funciones importantes: 1) la reproducción, por medio de la cual la tribu sustituía a los que morían y se perpetuaba; 2) la educación, por medio de la cual era posible conservar y transmitir las creencias y la forma de vida de la tribu, así como las aptitudes necesarias para su supervivencia; 3) la seguridad, que proporcionaba los medios para proteger a sus miembros de desastres, de ataques externos, de enfermedades y de flaquezas; 4) la cooperación, que promovía los medios de producción básicos y una división necesaria del trabajo para responder a las necesidades de supervivencia tales como la vivienda, la ropa y la comida; y 5) el apoyo, que permitía responder a las diversas necesidades psicosociales del ser humano, tales como una relación íntima.

Más tarde, la «familia extensa» adoptó, al menos parcialmente, la mayoría de esas funciones. Con el advenimiento de la pujante economía industrial y de una nueva sociedad urbana móvil, surgió la «familia nuclear» y, entonces, una buena parte de esas funciones pasaron a cargo del Estado, de sus instituciones o de asociaciones voluntarias. Como resultado, se fundaron muchas instituciones políticas, sociales y económicas. Actualmente, esas instituciones secundarias asumen importantes aspectos de las funciones sociales de las familias, exceptuando la función de procreación. La educación de los hijos está a cargo, en forma creciente, de guarderías, jardines de infantes, escuelas, y de los medios de comunicación. De la seguridad se encargan las compañías de seguro, los centros para ancianos, los cuerpos de bomberos y de policía, y los hospitales. El comercio y la industria han asumido las funciones de cooperación en relación con las necesidades de supervivencia como la alimentación, el vestido y la vivienda así como con una necesaria división del trabajo. Aunque la familia continúa siendo la principal fuente de apoyo, observamos una importancia creciente en ese sentido de los clubes, las asociaciones voluntarias, los terapeutas profesionales y los consejeros.

Lentamente, está despojándose a la «familia cultural» contemporánea de todas sus posibles funciones, y hasta la procreación se considera como algo facultativo y no como algo esencial para la vida familiar o para la supervivencia del grupo. En consecuencia, no sólo ha cambiado radicalmente el lugar que ocupaba la familia, sino también su imagen y las expectativas que suscita en la sociedad. A lo largo de nuestra vida, hemos presenciado una profunda transformación en la vida familiar. En ninguna otra época, el orden social se ha organizado o ha funcionado como ahora. Somos las primeras personas que tratamos de vivir y de mantener la vida dentro de las estructuras sociales que nosotros mismos hemos creados.

No quiero que me entiendan mal. La «familia cultural» no está en vías de extinción, ni la «familia nuclear» se encuentra fuera de moda, ni tampoco las diversas unidades familiares en las que vive la gente han perdido su valor. La «familia cultural» sigue desempeñando un papel fundamental en el orden social. Continúa influyendo de modo significativo en la vida de sus miembros. Pero esa influencia ha cambiado. La familia es actualmente una unidad social dependiente de consumo y no una unidad independiente de producción. El Estado ha ido asumiendo la función de educar a los hijos, que estaba tradicionalmente reservada a la familia. La gente vive más años y son cada vez más numerosas las personas que optan por el celibato. Por otra parte, la unidad familiar se hace cada vez más pequeña debido a que las generaciones viven cada una por su lado y a que más y más personan optan por no tener hijos. La familia es más dependiente de las instituciones políticas, sociales y económicas de la sociedad, y menos dependiente de sus propios miembros. Los matrimonios son cada vez más una sociedad de personas en pie de igualdad que vive sea en una relación de independencia sea en una relación de mútua satisfacción. Más y más personas viven en pareja sin estar casadas, tanto en relaciones homosexuales como heterosexuales, y hay cada vez más divorcios. Si bien estas tendencias pueden persistir o desaparecer, siempre existirá una forma de «familia cultural» que desempeñará un papel importante para la vida de algunas personas.

Al mismo tiempo, el gobierno y sus instituciones políticas, sociales y económicas están cambiando también en forma radical. Las instituciones son cada vez más grandes e impersonales, y más competitivas, especializadas, burocráticas y desvinculadas de la gente. Creadas para servir a las fuerzas humanizadoras en la sociedad, tienden a transformarse en estructuras enajenantes con programas que deshumanizan. Algunos dirigentes gubernamentales preconizan el cambio de esta tendencia. Aunque nosotros esperamos en general demasiado de las instituciones políticas, sociales y económicas, tampoco podemos hacer recaer toda la responsabilidad de la vida humana en el sector privado. Los servicios gubernamentales son fundamentales para la vida moderna y pueden, o mejor, deben, contribuir significativamente a la justicia y a la humanización de la vida. Sin embargo, no pueden reemplazar otras unidades sociales o asumir en forma satisfactoria todas las responsabilidades funcionales de la «familia tribal».

Las respuestas a esa situación actual de la familia son múltiples. Algunos añoran el pasado tratando de recrear la «familia cultural» tradicional (de alguna forma imaginaria); pero, como ya dijimos, no es posible «volver a casa». Otros se esfuerzan por recrear la «familia tribal» mediante la formación de comunas, pero, a menos que consigamos volver hacia atrás en la historia, la vida comunal no representa actualmente una opción para la sociedad norteamericana en general. Otros desean reformar la «familia nuclear» estimulándola o ayudándola a ser más eficaz en relación con la necesidad de una vida más humana en la sociedad. En realidad, la «familia nuclear» necesita más ayuda que estímulo para ayudar. Otros intentan reformar nuestras instituciones políticas, sociales y económicas y tratan de humanizar nuestras escuelas, hospitales y organismos gubernamentales, así como el comercio y la industria, creyendo que de ese modo nuestra vida será más humana, pero los esfuerzos parecen ser inútiles y hasta contraproducentes.

Aunque la «familia cultural» típica (la familia nuclear), se adapte a nuestra era contempóranea, nunca podrá ser una unidad social completamente saludable e idónea para la vida humana. Tampoco pueden serlo las instituciones sociales, políticas y económicas que hemos creado para respaldar a la familia y satisfacer las necesidades humanas. Los intentos de reformar y humanizar la «familia cultural» o el Estado y sus instituciones, por muy importantes y necesarios que sean, nunca podrán ser adecuados o suficientes. Ninguna institución ni la «familia cultural» y el Estado juntos podrán hacer frente satisfactoriamente a las necesidades y los problemas humanos que se derivan de la creación de una sociedad urbana, industrial, en la que las comunicaciones desempeñan un papel muy importante.

Sostengo que todos estos esfuerzos, por más dignos de elogio que sean, son, en última instancia, ineficaces dado que no podemos volver a la «familia tribal» ni tampoco humanizar la actual estructura de nuestras instituciones sociales. Se necesita una tercera alternativa y a ella me vuelco.

La Iglesia

La respuesta a nuestro problema actual debe encontrarse en lo que llamo comunidades de base o comunidades intermedias, es decir, comunidades parecidas a la familia, que existen entre la «familia cultural» y el Estado con sus instituciones. Creo que estas comunidades de base, de unos doscientos a cuatrocientos miembros, deben considerarse «familias de fe». En otras palabras, sugiero que las comunidades religiosas (la iglesia para los cristianos) se conviertan en la unidad central más importante de la vida social, es decir, en la unidad social fundamental de nuestra cultura moderna. Pienso que sólo entonces conseguiremos humanizar las «familias culturales» y las instituciones sociales. Por lo tanto, la cuestión para la iglesia no es cómo humanizar o ayudar a la familia y al Estado a ser humanos, sino cómo reformar su vida para que se convierta en una «comunidad de fe» para la humanización de las personas y de la vida social.

Por supuesto, nuestra primera dificultad es que no consideramos a la iglesia como una comunidad de fe. Para la mayoría, la iglesia es una asociación voluntaria como muchas otras, uno de los tantos clubes o instituciones sociales a los que pertenecen. Yo, en cambio, estoy describiendo a la iglesia como una «familia de la fe» y atribuyéndole las características de una comunidad de base que se situaría entre la «familia» y la sociedad, y que promovería y consolidaría una vida plenamente humana en nuestra época.

A menudo pensamos en la vida cristiana desde una perspectiva individualista o, en el mejor de los casos, desde la perspectiva de su organización, pero rara vez desde una perspectiva comunitaria. No es fácil comprender la naturaleza esencial de una comunidad religiosa en un continente en el que los evangelistas se afanan por ganar almas para Cristo, pero rara vez para Cristo y su iglesia; donde el bautismo se entiende como un llamado a la salvación individual y no como una incorporación en una familia; donde la eucaristía se considera como el alimento espiritual de cada uno, en vez de una cena de acción de gracias colectiva; donde se cree que la iglesia es una asociación voluntaria a la que pertenecemos por decisión personal y de la cual nos retiramos por voluntad propia, en vez de una relación eterna establecida por Dios, y que nos une para que seamos signos y testimonio del reino de Dios en la historia humana.

En su libro *Christianity Rediscovered*, el Padre Vincent Donavan, misionero en Africa Oriental, habla de su redescubrimiento de la naturaleza comunitaria de la fe cristiana. Había llegado al término de un año de evangelización en una comunidad masi y estaba examinando a cada uno de los candidatos al bautismo con uno de los dirigentes de la tribu. Explicó al anciano que estaba descartando a los que no tenían instrucción, a los que no entendían o no creían y a aquéllos cuya vida no evidenciaba cambio alguno. El anciano lo interrumpió y le dijo:

> Padri, ¿por qué tratas de dividirnos y de separarnos? Claro que esos son los perezosos, pero contarán con la ayuda de los más enérgicos; es verdad, esos otros son los tontos pero tendrán la ayuda de los inteligentes; sí, esos son los de poca fe y su vida no ha cambiado, pero serán apoyados por los que tienen más fe y por aquellos cuya vida ha sido transformada. Padri, desde el primer día, yo he intercedido por ellos. Hoy, puedo decir por ellos que hemos llegado a un estadio en el que podemos decir: «Creemos».

¡Creemos! ¡Fe comunitaria! El Padre Donavan confiesa que el comentario del anciano le hizo recordar la liturgia del bautismo de los niños en la que la primera pregunta es: «¿Qué esperan ustedes de la iglesia?» Y la respuesta de los padres y los padrinos es «¡Fe!». Eso es lo que el niño pide de la iglesia: fe; que la fe de la comunidad se convierta en su fe. Así que se volvió al anciano y le dijo: «Discúlpame. A veces soy duro de entendederas. 'Creemos'. ¡Claro que creen! ¡Bautizaremos a toda la comunidad!»

No hay ningún peligro de que estos nuevos cristianos masi confundan la fe cristiana con la vida individualista o con una organización institucional. Necesitamos aprender de ellos y recuperar el significado de la iglesia como comunidad, como «familia de fe». Una «comunidad de fe» influye en todos los aspectos de la vida: la personalidad como un todo participa en la vida del grupo; se estimulan las relaciones de amistad y se comparten las emociones profundas; el comportamiento está regulado por la costumbre; no hay límites para las obligaciones de una persona hacia el grupo y sus miembros, salvo los límites del amor; y las bases del valor de una persona sólo se encuentran en el ser de cada uno.

De nada sirve ni es una prueba de fidelidad estar comprometido únicamente con la reforma de «familias culturales» o de nuestras instituciones políticas, sociales y económicas, y dejar a un lado la necesidad más importante: reformar la iglesia. Sólo cuando la iglesia se convierta en una «familia de fe», podrá contribuir a la salud de la sociedad con sus instituciones, y a cualquier expresión de «familia cultural» en la que decidamos vivir.

Cualquier comunidad es, en última instancia, un don. Sin embargo, una comunidad de fe tiene además cuatro características que van más allá de su *gemeinschaft*, de su sentido de vida común, y que pueden fomentarse. La primera es una *memoria común*. Es interesante señalar que en las tablas de la ley, que representan los Diez Mandamientos, un lado apunta simbólicamente a nuestra relación con Dios y el otro, a nuestras relaciones con nuestros semejantes. Los judíos (contrariamente a los cristianos) ponen cinco mandamientos en cada lado. Para los judíos, el mandamiento «Honra a tu padre y a tu madre» está en el lado que se refiere a nuestra relación con Dios y para los cristianos, en el lado referente a nuestra relación con nuestro prójimo. Mientras que los cristianos interpretan generalmente ese mandamiento como refiriéndose a las relaciones humanas, los judíos lo entienden como relacionado con la consideración y el respeto que debemos a todos los ancianos, ya que ellos guardan la memoria de lo que somos. Es fundamental que compartamos una historia sagrada común que explique el significado y el sentido de la vida, y que la transmitamos a las generaciones venideras y a los «forasteros» que alberguemos. A menos que esta historia compartida esté viva entre nosotros, el don de comunidad permanecerá inasequible, y «la familia de fe» no podrá establecerse.

La segunda característica es una *visión común*. No sólo necesitamos un compromiso con un entendimiento común del pasado, sino también un compromiso con un futuro común deseado y anticipado. Necesitamos visiones pues donde se comparte una visión, se vuelve posible el don de comunidad.

La tercera característica es una *autoridad común*. Una comunidad, por ejemplo, necesita normas éticas de vida humana que todos aceptan y principios que pueden alegarse cuando es necesario zanjar las discrepancias entre las exigencias de las normas generales y las particularidades de la toma de decisiones morales. En la base de las normas éticas y los principios necesarios para la toma de decisiones morales y su puesta en práctica, así como de otros aspectos de la vida comunitaria, hay una autoridad común, una autoridad en la que todos se apoyan y que hace posible la comunidad aun cuando existan diferencias radicales de opinión sobre las creencias, las actitudes, los valores y los comportamientos. Dame Julian de Norwich dijo que existe una triple autoridad para los cristianos: las enseñanzas comunes de la iglesia (las Escrituras así como una tradición viva de interpretación), la razón natural y la acción del Espíritu Santo en nosotros otorgándonos la gracia. Otros han entendido la autoridad de manera diferente. Sin embargo, la comunidad no puede existir sin un acuerdo sobre la autoridad y un compromiso para acatarla. Sin una autoridad común, no hay nada que nos una o nos ayude en nuestra vida comunitaria.

La última característica es la más importante ya que abarca las otras: los *rituales comunes*. Los rituales son los actos simbólicos y recurrentes de una comunidad por medio de los cuales se expresan su memoria y su visión, y nos proporcionan una autoridad funcional.

Nuestros rituales son el centro de la vida humana y unen el pasado, el presente y el futuro. Sin rituales significativos y elocuentes, la vida diaria no puede llegar a ser plenamente humana ni mantenenerse como tal. Al humanizar los rituales se humaniza toda la vida. Cuando no nos sentimos cómodos participando en los rituales de un grupo, no nos sentimos a gusto en el grupo, y si no participamos en un grupo cuyos rituales son significativos para nosotros, no nos sentimos a gusto en el mundo. Los rituales contradictorios conducen a la enajenación, y los rituales sin sentido a la deshumanización. Por otro lado, los rituales significativos comunes conllevan el don de la comunidad. Por ello, cada cambio importante en la historia de la iglesia se caracteriza por una reforma litúrgica. La iglesia necesita ante todo reformar sus liturgias creando un contexto en el que la gente adquiera, mantenga y profundice su fe cristiana, entendida ésta como una percepción particular de la vida y de la vida de sus miembros. La iglesia debe ofrecer rituales comunes y significativos que manifiesten una memoria común, una visión y una autoridad, y que den lugar a una vida solidaria y fraterna. Sólo así, podrá ser realidad ese don de la comunidad que requiere la «familia de fe».

La iglesia es una asociación humana con características propias. No es un grupo «natural» como una «familia cultural»; no es un grupo basado en intereses comunes como un club; ni tampoco es una sociedad anónima. La iglesia es la *ekklesia* de Dios, un grupo de personas llamadas a ser algo y a hacer algo juntos por el bien de cada uno; es una comunidad del pacto como las tribus del Israel antiguo.

No podemos ser cristianos por nosotros mismos. No podemos ser cristianos si limitamos nuestras vidas a la participación en una o en las dos entidades de nuestro tiempo: la «familia cultural» y las instituciones políticas, sociales y económicas. Sólo podemos ser cristianos en la iglesia. Tal vez sea necesario recordar que el matrimonio «significa para nosotros, el misterio de la unión de Cristo con su iglesia» y no que la iglesia equivale a la unión de marido y mujer. Sólo a partir de nuestra vida en la iglesia podemos ser cristianos individualmente, en la «familia cultural» o en la sociedad.

Consideremos por un momento las funciones que hemos determinado como parte de la «familia tribal»: la reproducción, la educación, la seguridad, la cooperación y el apoyo. Imaginemos cómo se manifestarían en una «familia de fe». No debería ser difícil si recordamos la descripción de la iglesia primitiva en los Hechos de los Apóstoles:

> Y la multitud de los que habían creído era de un corazón y un alma; y ninguno decía ser suyo propio nada de lo que poseía, sino que tenían todas las cosas en común. Y con gran poder los apóstoles

daban testimonio de la resurrección de Señor Jesús, y abundante gracia era sobre todos ellos. Así que no había entre ellos ningún necesitado; porque todos los que poseían heredades o casas, las vendían, y traían el precio de lo vendido, y lo ponían a los pies de los apóstoles; y se repartía a cada uno según su necesidad (4.32-35).

Reproducción: La cuestión de la procreación siempre ha sido una de las preocupaciones de la comunidad de fe, y sigue siendo una de las razones que justifican la celebración y la bendición del matrimonio. Como consta en la liturgia de casamiento de la Iglesia Episcopal:

> Dios quiere que la unión de marido y mujer con el corazón, el cuerpo y el espíritu sea para alegría mutua, ayuda y consuelo en la prosperidad y la adversidad, y, cuando sea la voluntad de Dios, para procrear hijos y educarlos en el conocimiento y el amor del Señor.

Sin embargo, la procreación es un término que también debe aplicarse al nuevo nacimiento en el bautismo, y examinarse a la luz de la misión de evangelización de la Iglesia: «Id, pues, y haced discípulos a todas las gentes». Así pues, el concepto de procreación se refiere tanto al nacimiento como al bautismo (nuevo nacimiento) de los niños cuyos padres han sido bautizados y al nuevo nacimiento de los adultos en el bautismo. Con ese nuevo nacimiento y la adopción de las personas en su seno, la «familia de fe» se mantiene viva y saludable.

Educación: Aunque históricamente la educación siempre haya sido una preocupación de la Iglesia, últimamente se la ha limitado a la instrucción religiosa impartida en las escuelas de la iglesia. En el hogar, la educación, la crianza de los hijos, raramente se entiende como instrucción escolar; tampoco debe entenderse así en la iglesia. La educación en una «familia de fe» tiene más bien el significado de catequesis o de inculturación deliberada para adaptarse a las concepciones y las formas de vida de la familia. En este sentido, esa catequesis o educación se lleva a cabo mediante experiencias de participación concreta en la vida de la comunidad, especialmente en sus rituales, y mediante un análisis de esas experiencias. Para pensar en la educación como función de la «familia de fe» puede ser útil tomar como modelo la educación en la «familia tribal» y permitir que nuestra imaginación sea fecunda en concebir nuevas formas de adquirir la fe, de mantenerla y de profundizarla, y de ayudar a las gentes a vivir en el bautismo para poder cumplir su vocación.

Seguridad: La iglesia siempre ha sabido que es responsable de la vida de la gente. La historia nos enseña que la iglesia ha construido y administrado hospitales, escuelas y otras instituciones. Sin embargo, al igual que la familia, la Iglesia fue delegando, poco a poco, esas funciones al Estado. En la actualidad, una «familia de fe» necesita practicar, de dos formas diferentes, su función de dar seguridad: en primer lugar, y es la forma más radical, la «familia de fe» necesita poseer medios económicos suficientes como para dar apoyo a sus miembros cuando pierden su fuente de ingresos porque han actuado en nombre de la justicia social o se han comprometido en actividades impopulares que tenían por objeto humanizar la vida. En segundo lugar, es necesario recordar que la «familia de fe» debe vivir para los otros, especialmente para los que sufren a causa de las fuerzas deshumanizantes que hemos creado en nuestra sociedad. Las necesidades son evidentes: ollas populares para las personas que viven en la calle, cuartos para hospedar a los padres cuyos hijos están en hopitales lejos de sus hogares, un refugio para los alcohólicos, y muchas más. Es importante que una «familia de fe», que está llamada a ser señal y a dar testimonio de la buena nueva del reino de Dios, se ocupe de los desamparados y esté al servicio de la necesidad de una vida más humana para todos.

Cooperación: En el pasado, la cooperación en la iglesia se llevaba a cabo generalmente mediante grupos de hombres y de mujeres, por separado, que estaban al servicio de las necesidades de la institución. La sociedad femenina era la principal encargada de obtener fondos para la misión, y de organizar las cenas de la iglesia, mientras que la liga de hombres se ocupaba de mantener el templo en buen estado de conservación. Además, durante el culto, los hombres se encargaban de ubicar a los fieles en los bancos y la sociedad de mujeres, de los arreglos florales en el altar. En una «familia de fe» actual la cooperación adopta una forma radicalmente diferente con dos aspectos principales: el primero es el reconocimiento de la índole comunitaria de la «familia de fe» y la afirmación de las necesidades y los dones de cada uno de sus miembros. El resultado es, a veces, la organización de guarderías dirigidas por hombres y mujeres jubilados para ayudar durante el día a los padres que desean trabajar o no pueden ocuparse de sus hijos. El segundo aspecto implica la necesidad de abandonar las estructuras tradicionales de la iglesia y la participación en programas que permitan construir la vida de la congregación sobre la base de las necesidades y los dones particulares de sus miembros que juntos forman un todo y aportan una vida plena unos a otros.

Apoyo: En nuestros días, entre las necesidades más importantes están la de vivir en comunidad, en intimidad, y la de compartir profundamente las tragedias y las bendiciones de la vida, así como, complementariamente, la necesidad de que la soledad o el silencio tengan sentido. Las grandes iglesias institucionales tienden a preocuparse exactamente por lo contrario, y parecería que no somos capaces de imaginar o de construir pequeñas congregaciones, o sea, «familias de fe» con sus propios sacerdotes, en el seno de parroquias más amplias o en relación con ellas, en lasque puedan compartirse los recursos. En lugar de celebrar la eucaristía los domingos en seis «familias de fe» diferentes, nos empeñamos en que todos participen en una gran liturgia. En las grandes parroquias que deberían representar una mayordomía fiel en términos de ecología y economía nos vemos a menudo obligados a organizar servicios de asistencia cristiana, a organizar «comités de asistencia cristiana» y a poner a disposición profesionales. Cuando alguien necesita algo, se notifica al comité que da una respuesta planificada —alimentos, por ejemplo, que se necesitan o se desean— y una persona encargada oficialmente escribe el nombre en una lista que es demasiado larga para poder recibir la debida atención. De esta manera se impide que reaccionemos naturalemente ante las necesidades humanas y se nos niega la oportunidad de utilizar nuestros dones al servicio de otros. Una «familia de fe» debe ser suficientemente pequeña como para establecer sistemas de apoyo que sean humanos. Es necesario asimismo que ofrezca un espacio y una oportunidad lejos del ruido y las tensiones de la vida. Solamente cuando contemos con un lugar en donde estar en silencio, es posible descubrir el significado y el propósito de la vida. Además, la «familia de fe» debe proporcionar curación mediante ritos de reconciliación en privado y ritos de unción en público, y pequeños grupos de oración en los que se comparta la vida humana en profundidad.

Las funciones que tenía la «familia tribal» pueden aplicarse a la «familia de fe» cristiana. Sólo pretendo indicar el camino. Lo que me parece importante es que la iglesia llegue a ser una «familia de fe», asumiendo las funciones de la «familia tribal», la naturaleza de una verdadera comunidad humana, y las características propias de un pueblo unido por el bautismo y el pacto. Esto implica una reforma radical de nuestras concepciones de la iglesia y la familia, así como una transformación radical de la estructura, la organización y los programas de la iglesia.

Conclusión

Creyendo que la «familia cultural» era el verdadero núcleo de la vida cristiana, hemos hecho de ella el centro de nuestras preocupaciones y hemos desarrollado programas de atención a las necesidades de las unidades familiares. Del mismo modo que no podemos ser cristianos por nosotros mismos, considero que es imposible ser cristianos si procuramos establecer la vida cristiana meramente o principalmente en familias con un único progenitor o en familias nucleares o en familias extensas. Ser cristiano es participar activamente en una comunidad de fe: la iglesia. El Nuevo Testamento no habla de familias, sino de una comunidad del pacto, de una *koinonia*, el cuerpo de Cristo; son imágenes de una comunidad exenta tanto de nuestras modernas herejías del individualismo como de la familia cultural ideal.

Necesitamos a la iglesia porque como seres humanos necesitamos el apoyo de muchas otras personas, de hombres y mujeres de todas las edades. Ni solos ni como miembros de una «familia cultural» seremos capaces de resistir a las presiones que se ejercen sobre nosotros para que nos adaptemos al carácter deshumanizante de la vida contemporánea, o de actuar en favor de la transformación de la sociedad.

Necesitamos a la iglesia porque no podemos, por nuestros propios medios o en el contexto de «familias culturales», vivir satisfactoriamente nuestras alegrías y nuestras penas, nuestras esperanzas y nuestros miedos, nuestra fe y nuestras dudas, nuestro amor y nuestro odio. Necesitamos una comunidad más amplia para compartir nuestras tragedias, que nos ayude en los momentos de necesidad.

Necesitamos a la iglesia para que nos ayude a conocer la voluntad de Dios para nuestras vidas. Ninguna persona o familia por si sóla puede discernir los espíritus o tomar decisiones perdurables en medio de las situaciones morales nuevas que nos desafían y que siempre están cambiando. Necesitamos, además, a la iglesia para que nos corrija cuando no hemos sido fieles, para ser perdonados y para reconciliarnos con la comunidad a fin de que crezcamos en nuestra relación con Dios, con nosotros, con nuestro prójimo y con el medio ambiente.

Esta comunidad de fe no es un sueño idealista, sino la realidad a la que Dios está llamándonos. La verdadera iglesia no es invisible, sino una comunidad visible que puede y debe verse y experimentarse. No es una experiencia efímera, sino una comunidad de personas profundamente comprometidas con Cristo, unas con otras y con todos los seres humanos. Con esa comunidad estamos llamados a comprometer nuestra vida y a vivir. Cualquier otro compromiso se deriva de este. Sin embargo, la dificultad es encontrar ese tipo de comunidad de fe.

La cuestión es clara, al menos para mí. ¿Está dispuesta la iglesia a reformar su vida para que las congregaciones se transformen en «familias de fe» y a acoger en su seno a las diversas «familias culturales» en las que viven las personas? ¿Es capaz la iglesia de concebir y de tomar la iniciativa de desarrollar un ministerio educativo al servicio de esta reorganización de la vida y el ministerio de la iglesia?

La iglesia no debe continuar haciendo cosas *para* las familias que consisten únicamente en exhortarlas para que oren en el hogar, actúen juntos en nombre del Evangelio o eduquen a sus hijos en la fe cristiana. Aunque esas actividades sean valiosas y loables, la iglesia se equivoca cuando transfiere a la familia la responsabilidad de la fe y la vida cristianas.

La iglesia tampoco debe continuar haciendo cosas *por* las familias creando grupos de apoyo o de enriquecimiento personal o, lo que es más grave, asumiendo por sí sola la responsabilidad de educar a los niños en la fe.

La iglesia, como «familia de fe» debe comenzar a hacer cosas *con* las familias, pues el mejor servicio que la iglesia puede ofrecerles es ser una «familia de fe» para todos, sea cual fuere su estado social: persona separada, viuda, sin hijos, divorciada, único progenitor, familia nuclear, familia extensa, persona soltera que vive sola o en una «familia» con sus compañeros de cuarto o amigos. Debemos dejar de pensar en un ministerio *de* o *para* un grupo particular de edad, de sexo o familiar y comenzar a vivir juntos en comunidad como una «familia de fe».

Para que nuestras iglesias institucionales sobrevivan y respondan a las necesidades de la gente de nuestro tiempo tienen que transformarse en comunidades. O sea que nuestras instituciones religiosas «masculinas», disciplinadas, organizadas, programadas para el cumplimiento de tareas, deben llegar a ser comunidades de fe «femeninas», sustentadoras, de servicio. La iglesia necesita proporcionar una calidad de vida y de experiencia esencialmente diferente de la vida en la sociedad, para que la comunidad y sus miembros sean capaces de enfrentarse sin flaquear con los muchos otros aspectos de la existencia, de la vida en nuestros hogares y en nuestras numerosas instituciones sociales.

Si no hacemos esto, el precio que pagaremos será muy grande, particularmente en relación con la deshumanización creciente de las «familias culturales», de la sociedad y de la iglesia.

Solamente si creamos la vida comunitaria que caracteriza una «familia de fe» como alternativa de la iglesia institucional con sus programas y organizaciones, será posible que la vida sea y siga siendo plenamente humana tanto en las unidades familiares en las que las personas deciden vivir como en la propia sociedad. Es mi opinión que esa meta debe estar en el centro del ministerio de educación de la iglesia en el futuro.

8

La familia en la misión de Dios

Dorothy Flory de Quijada*

La palabra «misión», en general, viene de la palabra latina *missio* y significa la «acción de enviar; poder que se da a un enviado para que haga alguna cosa».[1] A veces implica desplazamiento geográfico para cumplir con una tarea, pero no necesariamente. El término no sólo se usa en el mundo religioso sino en otras esferas de la vida.

Nótese que hablamos de la misión de Dios o *missio Dei* para referirnos en forma amplia a todo lo que Dios hace para la comunicación de la salvación y, en forma más específica, a todo lo que la Iglesia ha sido enviada a ser y hacer. La expresión *missio Dei*, generalmente usada en su forma latina, apareció en la década de los cincuenta, en círculos anglicanos y protestantes del Concilio Misionero Internacional, cuando se discutían las bases teológicas para la actividad misionera. Describe una acción trinitaria: el

---

* Dorothy de Quijada es periodista. Trabaja en Lima en la evangelización urbana. Coordinó, por varios años, junto con su esposo, esfuerzos del Centro Evangélico Latinoamericano de Estudios Pastorales del Perú (CELEP-P) en la Pastoral Familiar. Este trabajo es un extracto editado de su libro del mismo nombre publicado por EIRENE, Quito, 1988.
1. Claude y Paul Augé y Miguel de Toro y Gisbert, eds., *Nuevo Pequeño Larousse*, Larousse, París, 1964, p. 651.

Padre enviando al Hijo, y el Padre con el Hijo enviando al Espíritu Santo para la redención de la humanidad. La expresión ha sido adoptada y utilizada también por círculos católico-romanos y ortodoxos, ya que la idea había estado presente desde los padres de la Iglesia.[2]

La palabra «misión», como tal, no aparece en la Biblia, pero ciertamente la idea sí se encuentra. Dios mismo es el autor de la «misión». Dios el Padre envió a su Hijo Jesucristo a este mundo. Cristo es el enviado y, a su vez, él envió a sus discípulos.[3] El escritor inglés John Stott escribe: «La misión primaria corresponde a Dios, por cuanto fue él quien mandó a los profetas, a su Hijo, a su Espíritu. De todas estas misiones la del Hijo resulta central».[4] El misionólogo sudafricano David J. Bosch afirma: «La misión tiene su origen en el corazón de Dios Padre. El es la fuente del amor que envía. Esta es la fuente más profunda de la misión. No es posible penetrar más profundo: hay misión porque Dios ama a la humanidad.»[5]

La misión de la Iglesia no es otra que llevar a cabo la misión de Dios. Sin embargo, el centro de gravedad hacia el cual deben dirigirse los esfuerzos misioneros no es la Iglesia, sino la autorrevelación del Dios Trino y su glorificación. La *missio Dei* se revela, sí, en la misión de la Iglesia, aunque no solamente en ella, ni sólo a través de ella.[6]

Respecto al contenido de la «misión de la Iglesia» hay una gran gama de opiniones. En un extremo, una postura evangélica estrecha sostiene que la misión de la Iglesia es sinónimo de evangelización y consiste exclusivamente en ganar almas para la eternidad. En el otro, están los que la definen como la renovación de la sociedad, la humanización o la reconciliación de todas las cosas.[7]

---

2. Tom Stransky, «Missio Dei», *Dictionary of the Ecumenical Movement*, Nicolas Lossky, José Míguez Bonino y otros, eds., WCC Publications, Ginebra, 1991, pp. 687-689.
3. Johannes Verkuyl, *Contemporary Missiology*, Eerdmans, Grand Rapids, 1978, p. 3.
4. *La misión cristiana hoy*, Certeza, Buenos Aires, 1977, p. 26.
5. *Witness to the World*, John Knox Press, Atlanta, 1980, p. 240.
6. Tom Stransky, *op. cit.*, p. 688.
7. Ver David J. Bosch, «Evangelism: Theological Currents and Cross-Currents of our Time», presentado en el seminario «The Relevance of Evangelism in South Africa Today», Hammanskvaal, Transval, 1986.

Nuestra posición al respecto es que la «misión» de la Iglesia abarca, entre otras cosas, la tarea evangelizadora. Ya que la misión es la tarea total que Dios ha mandado a la Iglesia para que realice en el mundo, en su trabajo misionero ella sale de sí misma para cruzar toda clase de fronteras: geográficas, sociales, políticas, étnicas, culturales, religiosas e ideológicas. En todas esas áreas la iglesia-en-misión lleva el mensaje de la salvación de Dios. En definitiva, «misión» significa estar involucrado en la redención del universo y en la glorificación de Dios.[8]

La misión de la Iglesia, entonces, no es otra que la de trabajar con Dios el Padre y con Jesucristo, su Señor, que la ha enviado al mundo para cumplir con su proyecto de redención total. La evangelización podría definirse como aquella actividad de la misión de la Iglesia que procura ofrecer a cada persona, en todo lugar, una oportunidad válida de ser desafiada por el evangelio explícito y el llamado a la fe en Jesucristo, con la perspectiva de aceptarlo como su Salvador y Señor, llegar a ser un miembro de su iglesia y participar en la búsqueda de la reconciliación, la paz y la justicia sobre la tierra.

El misionólogo evangélico puertorriqueño Orlando Costas, en esa misma línea, describe las facetas de la misión de la iglesia como: proclamación, discipulado, movilización, crecimiento integral, liberación y celebración.[9] Otro latinoamericano, el pastor Rolando Gutiérrez-Cortés incluye, en su definición de la misión de la Iglesia la adoración, la cual considera como la acción misionera número uno, mediante la cual el mundo recibe el testimonio más profundo de dos o tres que están congregados en el nombre del Señor.[10] Para él, «no existe iglesia sin misión. Ni misión sin evangelización. Ni evangelización sin enseñanza. Ni enseñanza sin adoración».[11]

La «misión» nacida en el corazón de Dios cobra vigencia y urgencia en un ambiente de íntima adoración y comunión con él, y se desarrolla en medio de la alabanza y la adoración, donde se

---

8. Ibíd., p. 5.
9. *Compromiso y misión*, Caribe, San José de Costa Rica, 1979, títulos de los capítulos.
10. «La naturaleza de la Iglesia: misión y acción pastoral», *Boletín Teológico* 9, Fraternidad Teológica Latinoamericana, México, 1983, pp. 11-16.
11. *Educación teológica y acción pastoral en América Latina hoy*, México, 1984, p. 54.

escucha la Palabra de Dios y se recibe la iluminación del Espíritu Santo que guía a toda verdad. El mismo Espíritu da el poder y la dirección para que la Iglesia sea agente activa del Reino de Dios, y esto incluye la «iglesia en miniatura», la familia.

«Misión» es, entonces, reflejar el amor de Dios con hechos concretos en un mundo de dolor, violencia y muerte. Es vivir en paz con Dios y con el prójimo, y procurarla en el mundo. Es actuar con equidad en este mundo y luchar por la justicia. Es relacionarse en comunión estrecha, ayuda mutua y testimonio público con el Cuerpo de Cristo, la Iglesia, y con la comunidad humana. Es ser signo y agente del Reino de Dios, como primicia de la nueva humanidad que Dios está formando en Cristo.

Abraham y su familia

La historia de la familia de la fe comienza con la historia de Abraham. Abraham y su familia no salieron de Ur de los Caldeos en busca de agua y de pasto para sus animales, sino en obediencia al llamado de Dios. Quien obedeció no fue sólo el patriarca, el jefe del clan, sino toda la familia junto con él, incluyendo a un sobrino (Gn. 12.4-5), siervos y otras personas (Gn. 14.14).

Abraham recibió la promesa de que en él «serían benditas todas las familias de la tierra» (Gn. 12.1-3). En la genealogía de Mateo 1, Jesucristo es llamado «hijo de Abraham» (Mt. 1.1). El teólogo holandés Johannes Blauw dice que el llamado de Abraham marcó el principio del proceso de restauración de la humanidad a la comunión con Dios.[12] La historia de los descendientes de Abraham es básicamente la continuación del relato del trato de Dios con todas las naciones, es decir, con todos los hombres y todas las familias.

Dios manifestó su gracia en esta familia y la usó, con todas sus fallas y debilidades, como el medio por el cual la salvación llegaría a la raza humana. Su gracia puede verse en su dirección, dada a los patriarcas, en su provisión para ellos y la forma en que los preservó, y en su paciencia con ellos y la forma en que los perdonó. Su gracia puede verse en las crisis y los acon-

---

12. *The Missionary Nature of the Church, A Survey of the Biblical Theology of Mission*, McGraw Hill Book Company, Nueva York, 1962, p. 4.

tecimientos de cada día. Puede verse, y no menos, en los matrimonios, porque es por medio del matrimonio y de la familia que la salvación llegará al fin, en la persona del Salvador, que es su descendiente.[13]

En el Nuevo Testamento surge un debate acerca de quiénes son los verdaderos descendientes de Abraham. Jesús, Juan el Bautista y Pablo declaran que todos los que demuestran tener una fe como la de Abraham son de su familia (Lc. 3.8; Jn. 8.31ss. y Gá. 3.6-7). La bendición de Dios sobre Abraham y sus descendientes no fue sólo un precioso regalo, sino un llamado a entrar en un pacto con Dios y una comisión para participar en la misión de Dios.

Hay muchos otros ejemplos en el Antiguo Testamento de personas y sus familias salvadas y usadas por Dios. Personas y familias que no eran israelitas se encuentran, sin embargo, en la lista de héroes de fe en Hebreos 11, como Rahab y su familia que se salvaron por ayudar a los espías enviados por Josué (Jos. 2). Su fe es celebrada en el Salmo 87.4.

Israel y la misión de Dios

Dios eligió a los hijos de Israel para hacer un pacto con ellos, a fin de que sean testimonio «de palpitante actualidad» entre las naciones, es decir, para revelar su grandeza y su señorío en la tierra y atraer a todos los pueblos a él. Israel no era el pueblo más grande ni el mejor del mundo, pero Dios, en su inescrutable misericordia, lo escogió porque lo amó (Dt. 7.6-8a). «Al escoger a Israel como un sector de la humanidad, Dios nunca quitó su mirada de las otras naciones; Israel fue ... una minoría llamada a servir a la mayoría.»[14]

Aquí podemos mencionar lo que Blauw llama la misión *centrípeta* y la misión *centrífuga*.[15] En su opinión, Israel no estaba llamado a salir a proclamar el mensaje de Dios a las naciones, sino a atraer a las otras gentes para que conocieran a Dios, quien manifestó su poder en lo que hizo en Israel y por Israel.

---

13. Geoffrey W. Bromiley, *God and Marriage*, Eerdmans, Grand Rapids, 1962, p. 11.
14. Verkuyl, *op. cit.*, p. 92.
15. Blauw, *op. cit.*, pp. 34-35.

Hay muchos pasajes en varias partes del Antiguo Testamento que señalan la visión de la misión universal de Dios, y de Israel como su instrumento. Verkuyl escribe que Dios escogió a Israel para revelar sus «intenciones universales».[16] Israel no cumplió con su misión de «hablar a las otras naciones». Por el contrario, se desvió por su soberbia. Entonces Dios levantó a un Amós, a un Jeremías o a un Ezequiel para anunciar su juicio. Blauw, sobre Exodo 19.6, comenta:

> Esto no significa que Israel será un pueblo compuesto enteramente por sacerdotes, sino que Israel cumplirá un papel sacerdotal como pueblo en medio de los pueblos, representando a Dios entre el resto de las naciones. Que Israel sea «santo» ... no alude a su calidad ética sino a la relación que tiene con Dios; está consagrado (es decir, separado) para un servicio especial.[17]

Los salmos también contienen muchas referencias a la universalidad de la misión de Dios en el mundo (Sal. 33.8; 67.7; 87.4-6; 96.9-13; 148.11-14).

James Hurley afirma que cada israelita tuvo que cumplir una parte de la misión de Dios.[18] Cada persona, en su vida diaria tuvo la responsabilidad de contribuir a la misión mostrando los frutos de la santidad y el poder de Dios a los pueblos vecinos. Por eso hubo instrucciones para asegurar un trato justo a los débiles e indefensos: el huérfano, la viuda y el extranjero.

> La posición de esposo y padre era un puesto de responsabilidad y autoridad que estuvo abierto a mucho abuso. Las leyes de Israel proveyeron para la protección de la esposa y los hijos, del abuso egoísta por parte de maridos y padres.[19]

También es interesante observar que hay un libro entero en el Antiguo Testamento que muestra la preocupación universal de Dios: Jonás. El pueblo de Nínive, al confrontarse con el juicio del Dios verdadero, se arrepintió de su maldad. Un pueblo pagano recibió la gracia de Dios.

---

16. Verkuyl, *op. cit.*, p. 92.
17. Blauw, *op. cit.*, pp. 24-25.
18. James B. Hurley, *Man and Woman in Biblical Perspective*, Zondervan, Grand Rapids, 1981, pp. 32, 22.
19. *Ibíd.*, p. 37.

LA FAMILIA EN LA MISIÓN DE DIOS 161

Ahora bien, ¿qué papel desempeñó cada familia israelita en el cumplimiento de la misión de Dios? Examinemos lo que nos relata el Antiguo Testamento.

Generación a generación

El culto, la adoración y el servicio a Jehová fueron el centro de la vida en Israel. En las asambleas de encuentro entre Dios y su pueblo participaban personas de diversas generaciones, desde los ancianos hasta los niños (Dt.29.10-15). Se esperaba que todos escucharan, aprendieran y obedecieran (Dt.31.12-13).

Los hogares eran centros de adoración, consagración y enseñanza para la fe en Dios.[20] El padre de familia cumplía la función sacerdotal en cada hogar. La Pascua, la fiesta más importante de Israel, era y es todavía celebrada en familia.

En Israel hubo toda una cadena de «maestros», consagrados a que cada generación conociera la voluntad de Dios y la obedeciera. Jehová fue el primer «maestro» de su pueblo. Dios condujo a su «familia» con el cuidado de un buen padre (Dt. 1.31), la instruyó (Dt. 32.10-11) con cariño y disciplina, y puso líderes (como Moisés, Josué y David) para guiarla. Parte importante de esta cadena de «maestros» que debía instruir a cada generación fueron los padres y abuelos de cada familia (Dt. 6.1-9). Cuando los hijos preguntaban sobre los mandamientos y testimonios de Jehová, el padre estaba instruido para contestar con palabras y con su ejemplo.

Aspecto fundamental de la misión de Dios para Israel fue compartir y vivir los mandamientos de Dios, generación a generación, en el seno de la familia. Diariamente, en todas las circunstancias de la vida, en todo lugar, en todo tiempo, los padres debían amar y obedecer a Dios y amar al prójimo; y debían enseñar a sus hijos a hacer lo mismo (Dt. 6.1-9).

Deuteronomio 6,1-9 contiene la famosa oración o declaración de fe israelita, la *shemá* judía: «Oye Israel» (Dt. 6.4-5). Las palabras de la *shemá* eran las primeras que los niños judíos aprendían.[21]

---

20. Ver Edesio Sánchez C., «La familia, educadora de la fe», en esta obra.
21. Profesores de la Compañía de Jesús, *La Sagrada Escritura*, Antiguo Testamento, vol. 1, Pentateuco, Biblioteca de Autores Cristianos, Madrid, 1967, p. 804.

Jesús las citó (Mr. 12.28-34) como el resumen de la Ley y la base para la moral cristiana. El libro de Deuteronomio es uno de los más citados en el Nuevo Testamento, y en él «aparecen concentrados los elementos básicos de la teología del Antiguo Testamento ... El Deuteronomio no halla otro lugar más importante para depositar el meollo de la fe bíblica que el hogar».[22] Estas palabras, dirigidas a padres y madres, subrayan que la vida y la conversación familiar son los vehículos más importantes para trasmitir la fe. Allí se pasa la verdad de generación a generación y se amonesta a la gente acerca de su responsabilidad para con la siguiente generación.[23] El lugar más adecuado para pasar la «bandera de la verdad», de generación a generación, como en una carrera de postas, es el seno de la familia.

Otro pasaje que enfoca la responsabilidad de los padres de enseñar a sus hijos las verdades de Dios es el Salmo 78. Los israelitas debían enseñar a sus hijos a tener fe en Dios. Recordemos que no sólo los individuos, sino también las familias y las tribus fueron advertidas del castigo que recibirían si seguían a dioses falsos (Dt. 4.15-31).

Pero, desobedecieron a Jehová. ¡Léase la historia que narra el Salmo 78! Los padres mismos enseñaron a sus hijos a seguir a otros dioses (Sal. 78.57-58; Jer. 9.13-14). Y, si bien los padres fueron castigados por no corregir a sus hijos (recuérdese a Elí: 1 S. 3.11-14), el castigo del pecado de «aborrecer» a Jehová se extendió hasta los nietos y los bisnietos (Dt. 5.9). Por familias pecaron y por familias fueron castigados (Dt. 11.6). Fe Coolidge señala una verdad pertinente cuando observa: «Ninguna nación es mejor que la vida hogareña de su pueblo».[24]

Las familias israelitas se olvidaron de adorar al único Dios, Jehová, y se olvidaron además de cumplir sus leyes e instrucciones, que eran pautas para vivir en comunidad. No se preocuparon por las viudas, los huérfanos, los extranjeros, ni los pobres. Descuidaron sus conversaciones en la casa y en la calle, acerca de Dios. Negociaron con pesas falsas. Trataron mal a sus prójimos. En

---

22. Sánchez, *op. cit.*
23. Edith Schaeffer, *What is a Family?*, Casa Nazarena de Publicaciones, Kansas City, s.f., p. 5.
24. Fe C. de Coolidge, *Con Cristo en el hogar*, Casa Nazarena de Publicaciones, Kansas City, s.f., p. 5.

suma, descuidaron todo aquello con que iban a señalar hacia el verdadero Dios.

No obstante la situación adversa, un grupo de israelitas siguió los caminos de Dios, De ese núcleo, muchas veces Dios levantó a un líder o profeta para llamar al pueblo al arrepentimiento (He. 1.1).

Familia y misión en el Nuevo Testamento

La misión de Jesucristo nace de la comunión y la comunicación entre el Padre y su Hijo, caracterizada por el amor (Jn. 3.35). «El amor, pues, es la expresión más profunda de la relación entre Aquel que se revela a sí mismo y su instrumento».[25] Sabemos que el Hijo hace visible a Dios el Padre (Jn 1.18; Col. 1.15). Por eso mismo, el único camino al Padre es el Hijo (Jn 14.6).

Jesús retoma la idea de Dios como esposo de Israel y compara su propia misión con una boda (Mr. 2.18ss.). Bromiley nos recuerda la cena nupcial del Cordero, Jesucristo (Ap. 19.9-21; Lc. 22.30), con estas palabras:

> Si el matrimonio terrenal no dura hasta la eternidad, el matrimonio de Dios y su pueblo sí perdura... Lo retrata como el matrimonio de Cristo y la Iglesia. Aquí está la relación perfecta —la relación con Cristo y en Cristo— que reemplaza a la más alta de las relaciones terrenales trascendental y eternamente.[26]

A través de su enseñanza y práctica, Jesús amplió el significado de la palabra «familia». Según él, aunque una persona debe amar a su familia, este amor no debe tomar el lugar de su amor para Dios (Lc. 14.26). Aunque Jesús valoró a la familia humana, enseñó que hay una gran familia cuyos vínculos son más profundos. Los miembros de la familia de Jesucristo son los que hacen lo que Dios desea (Mr. 3.31-35). El amor caracteriza a esta «familia extendida» (Jn. 13.34-35). El encargo de cumplir la misión de Dios va en cadena: del Padre al Hijo Jesucristo, y de éste a la Iglesia, esa gran familia.

---

25. Gottlob Schrenk, «The Father Concept in Later Judism», *Theological Dictionary of the New Testament* V, Eerdmans, Grand Rapids, 1967, p. 999.
26. *Op. cit.*, pp. 41-42.

El libro de los Hechos de los Apóstoles muestra el papel de la familia en la expansión de la naciente Iglesia de Jesucristo. En sus inicios, la Iglesia se reunía no sólo en el templo, sino también en los hogares (Hch. 2.46-47; 5.42).

La comunidad casera, *oikonomia*, era la unidad básica de la sociedad griega de aquellos tiempos.[27] Generalmente una familia expresaba su unidad adoptando la misma religión. Cuando la cabeza del hogar se convertía al evangelio, toda la familia seguía su ejemplo. Ilustración de ello es la conversión de Cornelio con todos sus parientes, siervos y amigos. Fue un grupo grande el que fue bautizado con él en la nueva fe (Hch. 10.24, 27, 28, 47 y 48). Rogelio Greenway dice al respecto:

> Los contactos y la amistad personal distinguían el nacimiento de una nueva iglesia, pero era a través de la «casa» griega que la nueva fe hacía su rápida expansión en el mundo de Pablo. La *oikos* u *oikia* del mundo griego era la unidad básica de la sociedad, y era adecuada para la extensión de la iglesia. En el griego no hay equivalente exacto para la palabra «familia». La *oikos* o casa era una especie de gran familia que mantenía juntos a muchos de sus miembros. No sólo se componía de miembros (en el sentido actual) sino también de los empleados, esclavos, inquilinos y otros dependientes.[28]

El libro de los Hechos menciona a otros hombres y mujeres que fueron instrumentos por medio de los cuales familias enteras entraron al «Camino». La Iglesia en Filipos se inició con la conversión de Lidia, el carcelero y sus respectivas familias (Hch. 16.15, 31-33). La primera familia corintia que se bautizó fue la de Estéfanas, una familia «dedicada al servicio de los santos» (1 Co. 1.16 y 16.15). ¡Qué lindo ejemplo de conversión familiar es el de Crispo, dirigente de la sinagoga de Corinto (Hch. 18.8). Judge escribe: «No sólo la conversión de la comunidad casera fue lo natural o la necesaria manera de establecer la nueva fe en el ambiente extraño,

---

27. Judge, *The Social Pattern of Christian Groups in the First Century*, Tyndale, Londres, 1960, p. 30.
28. Rogelio Greenway, *Una estrategia urbana para evangelizar América Latina*, Casa Bautista de Publicaciones, El Paso, 1977, pp. 96-97, citando a Joseph A Grassi, *A World to Win: The Missionary Methods of Paul*, Maryknoll Publications, Maryknoll, 1965, p. 85.

sino que el hogar se convirtió en la base más sólida de las reuniones de los cristianos».[29]

En los saludos de Pablo para la Iglesia, en Romanos 16.5, 14 y 15, aparecen mencionadas tres comunidades caseras. Hay otros dos saludos que parecen dirigirse a miembros de otras casas (Ro. 16.10-11). ¿Qué se hacía en esas reuniones en hogares? Se enseñaba y predicaba (Hch. 5.42). Se partía el pan (referencia a la celebración de la Santa Cena, y a la comunión entre hermanos), se comía juntos en un ambiente familiar alegre (Hch. 2.46-47) y se oraba (Hch. 12.12). Greenway sostiene que:

> El primer golpe contra las barreras paganas, raciales y sociales fue asestado en la mesa de la cena del Señor donde se sentaban juntos señor y esclavos, hombres y mujeres, judíos y gentiles. Las primeras y fundamentales lecciones referidas a la iglesia como «familia de Dios» (Gá. 6.1; Ef. 2.19) fueron enseñadas en el nacimiento mismo de la misión paulina a las ciudades, cuando la fe era establecida en las «familias grandes» de la casa griega.[30]

El estilo de vida de este microcosmos de la Iglesia, la familia, es diferente, si no lo opuesto, al mundo que lo rodea.

También sabemos que Saulo, cuando perseguía a la iglesia, iba «casa por casa» para arrestar «a hombres y mujeres» y llevarlos a la cárcel (Hch. 8.3). Así vemos que no sólo los creyentes como individuos, sino también la familia y el hogar, desempeñaron un papel importante en la evangelización y el discipulado en la Iglesia novotestamentaria. No sólo hombres ni sólo mujeres, se ocuparon de propagar la fe cristiana. La Iglesia, incluyendo a la «iglesia doméstica», no fue sólo *señal* del Reino, por su presencia, sino *agente activo* de su expansión.

Con el establecimiento de la Iglesia de Jesucristo, los temas de «familia» e «iglesia» están entretejidos en las epístolas. Por ejemplo, en Efesios 5.21 al 6.9, al hablar de las relaciones familiares, se menciona a la Iglesia y su relación con Cristo. Bajo el título «familia», la *Enciclopedia Zondervan* dice:

> El concepto de familia aparentemente estaba tan extendido que los apóstoles lo usaron en su predicación para describir, no sólo a

---

29. Judge, *op. cit.*, p. 36.
30. Greenway, *op. cit.*, p. 98.

Israel ... sino también a la Iglesia de Cristo ... El hecho que las primeras iglesias se reunieron en hogares privados ... y que generalmente los primeros convertidos fueron grupos familiares dio un peculiar carácter de familia a la imagen del cristianismo (Hch. 16.31, *et al.*) ... De todos los conceptos cristianos, aquellos que tenía que ver con la familia ... parecen haber tenido más aceptación. Hasta al amor de Cristo por la Iglesia se lo expresa como el de un esposo por su esposa. La imagen de un novio y su novia aparece en la visión apocalíptica final de la Nueva Jerusalén (Ap. 21.2; 22.17).[31]

Pablo menciona frecuentemente la familia en sus escritos y usa términos de cariño para expresar sus propias relaciones con la familia del Cuerpo de Cristo (2 Co. 1.8; Gá. 1.2; 1 Ti. 1.2; etc.), incluyendo la imagen de una madre nutriendo y cuidando a sus hijos (1 Ts. 2.7).

En cuanto a la tarea de los cristianos, Pablo los desafía a hacer «bien a todos, y mayormente a los de la familia de la fe» (Gá. 6.10). En Efesios 2.19 se refiere a la Iglesia como «la familia de Dios». En Efesios 3.14 y 15, con reverencia frente al padre Dios, reconoce que de él «toma nombre toda familia en los cielos y en la tierra».

Hablando del liderazgo de la Iglesia, Pablo dice que la persona que no sabe administrar su propia familia no puede ni debe cuidar de la Iglesia de Dios (1 Ti. 3.5). A los que tratan de esquivar la responsabilidad de su propio hogar amonesta: «Si alguno no provee para los suyos, y mayormente para los de su casa, ha negado la fe, y es peor que un incrédulo» (1 Ti. 5.8).

Por cierto, el hogar es el lugar más natural (por las relaciones permanentes), pero también el más difícil (por la intimidad y el conocimiento mutuo), para dar testimonio del Reino de Dios. Sin embargo, el cambio que Cristo trae a la vida individual puede cambiar el ambiente del hogar y hacer que una familia sea luz en medio de las tinieblas. Opina el misionero William Goff:

> Insisto que el cambio amoroso que Cristo hace en el corazón humano puede penetrar en aquel cristiano y contagiar a aquellos con quienes tiene que ver constantemente, aun si aquellos son su propia familia. Cristo produce en el hombre lo que C. S. Lewis

---

31. W. White, «Family», *The Zondervan Pictorial Encyclopedia of the Bible* II, Zondervan, Grand Rapids, 1975, p. 500.

llamaba «la buena infección», que afecta a todos los que tengan contacto con el «infectado».[32]

Por supuesto, las relaciones de la familia que Dios está formando están todavía en proceso de perfeccionamiento (Fil. 1.6). ¡Dios no ha terminado aún! La familia cristiana es el «laboratorio» donde Dios está formando al hombre nuevo. En el vaivén diario, viviendo, aprendiendo juntos, en familia, con la ayuda de Dios, viene la madurez en Cristo ... y es un proceso (Ef. 4.13).

El Apóstol Pablo retoma el tema veterotestamentario de la responsabilidad de los padres para con sus hijos (Ef. 6.4). ¡Y, atención, que también las madres y abuelas participaban en esta tarea (1 Ti. 1.5)! Edesio Sánchez Cetina dice que el hogar es

> el lugar más lógico para la formación de la vida cristiana. Allí, las relaciones intergeneracionales son más espontáneas y significativas; los momentos pedagógicos más variados y ricos ... En el hogar, inclusive la doctrina más académica y esotérica tiene la oportunidad de convertirse en desafío y estilo de vida.[33]

Los miembros de una familia, como pequeña Iglesia, aprenden a hacer la obra y la voluntad de Dios juntos, por medio del poder del Espíritu Santo. Su aprendizaje incluye preocupación por los olvidados, los necesitados: las viudas, los huérfanos y los pobres, tal como le fue mandado hacer a Israel hace siglos (1 Ti. 5.3; Ef. 4.28; Ro. 12.13; 1 Co. 16.1-4; 2 Co. 8.1-7, 14; 9.6-15; etc.). Parte de la misión de la familia cristiana como Iglesia en miniatura es proveer hogar para los que carecen de él. La hospitalidad es uno de los atributos de un buen cristiano (Ro. 12.13), y creemos que incluye ayudar a la madre abandonada, al hombre preso, al niño desamparado (Mt. 25.35 y 36).

En Romanos 16 hay indicación de que las familias cristianas desempeñaron un papel en la expansión del evangelio y en el ministerio de Pablo. Entre los saludos que él manda incluye a Priscila y Aquila, un matrimonio entregado al ministerio y compañeros en misión, que juntos dirigían una iglesia casera (Ro.16.4-5), y Andrónico y Junias, llamados «parientes» y «compañeros de prisiones» (16.7). Hay saludos para «la casa de Aristóbulo» (16.10),

---

32. William Goff, *El matrimonio y la familia cristiana*, Seminario Teológico Bautista de Venezuela, Los Teques, 1980, p. 175.
33. Sánchez, *op. cit.*

Hermas, Patrobas y Hermes y «los hermanos que están con ellos» (16.14), y Filólogo, Julia y Nereo y su hermana (16.15).

Los otros apóstoles, al igual que Pablo, incluyeron en sus epístolas, enseñanzas sobre la familia. Tenemos, por ejemplo, las instrucciones de Pedro sobre qué hacer cuando el esposo no es creyente (1 P. 3.1-6). Suya también es la expresión «coherederas de la gracia» (1 P. 3.7), que usa para explicar la elevación de la mujer a una posición igualitaria, en Cristo, retando a los esposos a honrarlas y vivir «sabiamente» con ellas.

En 1 Juan hay muchas expresiones de cariño familiar: «hijitos», «amados», «hermanos». El destinatario de 2 Juan es una «señora elegida y sus hijos» (1.1). De esto hay varias interpretaciones: a) que se escribió para una mujer y sus hijos; b) que fue dirigida a una iglesia específica, dado que menciona «los hijos de tu hermana, la elegida». Añadimos una tercera opción: c) que su destino era una señora específica, y sus hijos, en cuyo hogar se reunía una iglesia casera.

La familia y la misión de Dios hoy

La Iglesia Católica últimamente ha presentado valiosas publicaciones en esta área, aunque la reflexión teológica sobre la familia parece ser un asunto relativamente nuevo. En el pasado se hicieron profundos estudios sobre el matrimonio, pero la familia como tal no recibió la debida atención hasta ahora.[34]

La frase clave que resume el concepto católico de la familia y su papel en la misión de Dios es «iglesia doméstica». Esta expresión tiene su origen en el «esquema *Lumen gentium*, enviado a los padres conciliares en mayo de 1963».[35] Más tarde fue aprobado en el «aula conciliar».

Ya algunos teólogos tempranos hicieron mención de la familia en la misión. Por ejemplo, San Agustín invitó a los padres de familia a ejercer el ministerio de obispos en sus hogares.[36] Juan

---

34. José Román Flecha, *La familia: lugar de evangelización*, Madrid, PPC, Colección Vida y Amor, 1983, p. 34. Este libro es una joya, lleno de buenas ideas, para la familia que quiere participar en la misión de Dios.
35. *Ibíd.*, p. 52.
36. *Ibíd.*, p. 53, citando a San Agustín, Sermón94:PL 38, pp. 580-581 y su comentario sobre San Juan, tr. 51,13:PL 35, p. 1768.

LA FAMILIA EN LA MISIÓN DE DIOS

Crisóstomo desafió a los cristianos a hacer de su casa una iglesia. Esta es una idea que venía de la iglesia primitiva pero parece que pasó inadvertida por siglos.[37]

¿Qué es la «iglesia doméstica»? José Román Flecha la define en esta manera: «La esencia de la familia cristiana, como iglesia doméstica, parece exigir su misión como iglesia misionera y evangelizadora, como iglesia orante y celebrante, como iglesia servidora y liberadora. 'La familia y el hombre no son fines en sí mismos'».[38]

La Tercera Conferencia General del Episcopado Latinoamericano llevada a cabo en Puebla, México, en 1979, expresa también su preocupación por la familia en las siguientes palabras:

> Pasados 10 años [de Medellín], la Iglesia en América Latina se siente feliz por todo lo que ha podido realizar en favor de la familia. Pero reconoce con humildad cuánto le falta por hacer, mientras que percibe que la Pastoral Familiar, lejos de haber perdido su carácter prioritario, aparece hoy todavía más urgente, como elemento muy importante de la Evangelización.[39]

Existe además un documento oficial del Vaticano que es clave para entender el punto de vista católico actual. Es la *Exhortación apostólica* Familiaris consortio *de su santidad Juan Pablo II al episcopado, al clero y a los fieles de toda la Iglesia sobre la familia cristiana en el mundo actual*.[40] Allí se observa:

> En efecto, la familia cristiana es la primera comunidad llamada a anunciar el Evangelio a la persona humana en desarrollo y a conducirla a la plena madurez humana y cristiana, mediante una progresiva educación y catequesis ... Queridos por Dios con la misma creación, matrimonio y familia están internamente ordenados a realizarse en Cristo y tienen necesidad de su gracia para ser curados de las heridas del pecado y ser devueltos «a su principio»,

---

37. *Ibíd.*, p. 54.
38. *Ibíd.*, p. 61, citando a A. Suquía, «Misión de la familia», F. J. Elizari, *El sínodo de la familia*, Madrid, 1981, p. 46.
39. *La evangelización en el presente y en el futuro de América Latina*, III Conferencia General del Episcopado Latinoamericano, Conferencia Episcopal Argentina, Buenos Aires, p. 198, citando a Juan Pablo II, Homilía Puebla 2, AAS LXXI, p. 184.
40. Editorial Salesiana y Ediciones Paulinas, Lima, 1981.

es decir, al conocimiento pleno y a la realización integral del designio de Dios.[41]

El Papa demuestra comprensión ante el contexto difícil en que muchas familias del Tercer Mundo viven. Reconoce que muchas veces faltan los «medios fundamentales para la supervivencia como son el alimento, el trabajo, la vivienda, las medicinas... las libertades más elementales».[42] Se da cuenta de que la familia es objeto de «fuerzas» que están tratando de «destruirla o deformarla».[43] Reconoce que la buena marcha de la sociedad y de la iglesia misma depende «rotundamente» de la salud de la familia. Dice que las familias cristianas «están llamadas a acoger y vivir el proyecto de Dios».[44]

La familia es vista como la «cuna» de la iglesia por ser el lugar donde cada nueva generación se inserta en la Iglesia. Dice: «Por eso la familia recibe la misión de custodiar, revelar y comunicar el amor, como reflejo vivo y participación real del amor de Dios por la humanidad y del amor de Cristo por la Iglesia su esposa».[45] *Familiaris Consortio* señala además la necesidad de «recuperar ... la primacía de los valores morales».

> Todos los miembros de la familia, cada uno según su propio don, tienen la gracia y la responsabilidad de construir, día a día, la comunión de las personas, haciendo de la familia una «escuela de humanidad más rica», en lo que sucede con el cuidado y el amor hacia los pequeños, los enfermos y los ancianos; con el servicio recíproco de todos los días, compartiendo los bienes, alegrías y sufrimientos.[46]

Guillermo Cook ha escrito un extenso libro basado en su investigación de las comunidades eclesiales de base (CEBs) y las implicaciones de este movimiento, para católicos y evangélicos.[47] Cook escribe que entre las iglesias caseras y las CEBs hay algo

---

41. *Ibíd.*, pp. 4-7.
42. *Ibíd.*, p. 13.
43. *Ibíd.*, pp. 6-7.
44. *Ibíd.*, p. 8.
45. *Ibíd.*, p. 3.
46. *Ibíd.*, p. 40.
47. *The Expectation of the Poor: Latin American Base Communities in Protestant Perspective*, Orbis Books, Maryknoll, 1985, p. 71.

en común con la Iglesia de Jerusalén donde la doctrina, la liturgia, la oración, la comida y las posesiones se compartían. Allí menciona que Marins llama a las iglesias del Nuevo Testamento «comunidades domésticas de base», las cuales son las principales responsables de la rápida expansión de la Iglesia por todo el Imperio Romano.

En el mundo protestante latinoamericano hay muy poca reflexión y producción literaria sobre la familia en relación con la misión de Dios y la misión de la iglesia, aunque en la práctica el acelerado crecimiento de las iglesias protestantes a través de los grupos caseros y del testimonio en los hogares es una muestra de su pertinencia. Ya a finales de la década de los sesenta se dio testimonio de la eficacia de la evangelización a partir de los hogares. Dayton Roberts encontró que en las células de oración, muchas de ellas domésticas, muchas personas se convertían. Sus informes indicaban que familiares y vecinos se entregaban a Cristo por este medio, y que los prejuicios religiosos desaparecían cuando la familia evangélica abría las puertas de su casa.[48] Un reciente estudio antropológico de los protestantes en América Latina asegura que: «...el éxito de los estudios bíblicos familiares y de las iglesias en casas ... señala a los hogares como la clave de la expansión evangélica.»[49] Es probable, entonces, que no podamos hacer justicia al trabajo de las iglesias protestantes en este campo, aunque siempre será por no haber encontrado testimonio escrito de esta tarea.

En la búsqueda de trabajos protestantes sobre el tema, en inglés, en una librería evangélica en Miami, Florida, revisamos un enorme estante repleto de libros sobre la familia. Había mucho sobre el matrimonio, y cómo resolver los problemas que agobian el hogar. Unos pocos libros tocaban apenas nuestro tema.[50] ¿Es esto un

---

48. *Los auténticos revolucionarios*, Caribe, San José de Costa Rica, 1969, p. 79.
49. David Stoll, *Is Latin America Turning Protestant? The Politics of Evangelical Growth*, University of California Press, Berkeley, 1990, p. 318.
50. En nuestra opinión, el libro de Geoffrey W. Bromiley, *op. cit.*, es especialmente recomendable por su estudio del trasfondo bíblico del matrimonio y la familia. El libro de Edith Schaeffer (*op. cit*), la esposa de Francis Schaeffer, es muy bueno y práctico. Hay capítulos relacionados con la familia y su misión en Lindell Sawyers, *Faith and Families*, The Geneva Press, Filadelfia, 1986; y Ross T. Bender, *Christians and Families*, Herald Press, Scottdale, 1982.

reflejo de la salud de la familia cristiana en el mundo de habla inglesa? ¿O refleja más bien un vacío teológico-pastoral en lo que respecta a la familia? En castellano también hay publicaciones evangélicas que se ocupan de la familia, pero la gran mayoría de ellas son traducciones del inglés. Su enfoque también apunta a cómo mejorar las relaciones familiares y raras veces tratan el concepto de misión. Hay cursos sobre el hogar y la familia, pero casi nada sobre su misión.

Rolando Gutiérrez-Cortés en su ponencia en el Congreso Latinoamericano de Evangelización, CLADE II, llevado a cabo en 1979, en Lima, Perú, tocó el tema más que cualquier otra:

> Hemos de orar por cada familia cristiana en nuestro continente, para que el Señor le colme de su gracia y la torne en luz viva de su Evangelio en cada lugar en donde tiene su esfera de influencia. Hay quienes piensan que pueden ser cristianos y testigos auténticos, descuidando la piedad familiar, pero el amor al prójimo comienza con los de la propia casa.[51]

Conclusiones

La pequeña comunidad cristiana, la familia, puede ser una primicia de lo que Dios quiere hacer para otras personas y familias. En íntima comunión con el Señor de la familia y de la misión, con el Hijo Jesucristo como centro del hogar y por medio del poder y guía del Espíritu Santo, la familia cristiana puede ser y hacer la perfecta voluntad de Dios.

> No hay nada más natural y más potente para que la vida de Cristo sea diseminada en la comunidad que por medio del testimonio fuerte y piadoso del hogar cristiano. Es una pieza en miniatura de la Iglesia plantada en cada vecindad, en cada manzana y en cada calle.[52]

---

51. Rolando Gutiérrez-Cortés, «Espíritu y palabra en la comunidad evangelizadora», *América Latina y la evangelización en los años 80*, CLADE II, Fraternidad Teológica Latinoamericana, pp. 183-184.
52. Bob Mumford, «El varón renegado», *Vino Nuevo*, enero/febrero de 1983, Centro Para el Desarrollo Cristiano, San José de Costa Rica, p. 7.

¿Suena demasiado idealista? ¿Le es posible a la familia cumplir con la misión que Dios le ha entregado? ¿Todavía tiene vigencia la responsabilidad entregada a los padres en Deuteronomio de enseñar de generación a generación? Ahora que varias instituciones asumen responsabilidades de los padres, ¿qué les corresponde a éstos? La iglesia local debe estimular y apoyar la enseñanza hogareña. Y dado que la mitad de la población latinoamericana está compuesta por niños y jóvenes, la tarea es enorme.

Cada iglesia local debe conocer su congregación y su vecindario a fin de detectar sus necesidades. ¿Hay familias incompletas que carecen de ayuda y amor? ¿Hay personas sin familia? ¿Hay problemas comunitarios que la iglesia puede ayudar a solucionar? ¿Hay miembros de la iglesia que tienen capacitación y/o recursos para ayudar a otros? ¿Hay niños y jóvenes que no tienen padres que les enseñan acerca de Jesucristo? ¿Hay gente que no puede palpar el amor que Dios?

En las ciudades, hay cada vez más sospecha, temor, violencia y soledad, y sin embargo cualquier humilde hogar cristiano, conocido por los vecinos, puede romper esas barreras para que Cristo entre. En edificios multifamiliares, la mejor manera de alcanzar a la gente que habita allí es a través de una familia cristiana que viva en el mismo «bloque». ¿Cuántos miembros de familias extendidas son ganados para Jesús cuando ven y se benefician del cambio que Dios ha hecho en su pariente?

Ross Bender expresa el propósito de Dios para la familia en estos términos:

> Si afirmamos que las familias cristianas son agentes activos y no objetos pasivos en la sociedad, preguntamos qué es la naturaleza de la misión que Dios les ha encomendado a ellas. Esa misión es principalmente ser una pequeña comunidad en la cual, Dios en su amor hace pactos y se encarna en las relaciones humanas. Es una comunidad construida sobre un pacto en el cual el amor y la fidelidad son principios fundamentales. También es una comunidad que se extiende para compartir sus recursos con personas y familias con quienes entra en contacto. Es una comunidad con un verdadero, radical «estilo de vida» ... Es un lugar donde las necesidades íntimas más profundas de cada miembro pueden ser cumplidas y donde las personas son preparadas para las relaciones

humanas y liberadas para darse a sí mismas a otros como Cristo se dio a sí mismo.[53]

Pero ustedes son una familia escogida, un sacerdocio al servicio del rey, una nación santa, un pueblo adquirido por Dios. Y esto es así para que anuncien las obras maravillosas de Dios, el cual los llamó a salir de la oscuridad para entrar en su luz maravillosa (1 P. 2.9, VP).

---

53. Ross T. Bender, *op. cit.*, p. 14.

9

El divorcio y las iglesias evangélicas

Alianza Evangélica Española[*]

Ante todo conviene reconocer la seriedad del tema. El profeta Malaquías declara explícitamente: «Dios ha dicho que aborrece el repudio» (Mal. 2.16). Este énfasis se reitera en todas las Escrituras.

Si el matrimonio constituye una de las más sublimes formas de las relaciones humanas, el divorcio tiene que ser una de las más tristes manifestaciones de fracaso y de pecado en dichas relaciones.

La Palabra de Dios es tajante al respecto: aun si admitimos que en ciertos casos el divorcio puede ser el menor de dos males, ello no altera el hecho de que sigue siendo un mal. Jesucristo mismo no suavizó sus palabras al hablar sobre esta cuestión: «Lo que Dios juntó, no lo separe el hombre ... Cualquiera que repudia a su mujer y se casa con otra, comete adulterio contra ella; y si la mujer repudia a su marido y se casa con otro, comete adulterio» (Mr. 10.9-12).

Si el divorcio es una cosa odiada por Dios y denunciada por Jesucristo, la Iglesia no puede transigir en el momento de recono-

---

[*] Este artículo, escrito en Junio de 1979, fue publicado por la Fraternidad Teológica Latinoamericana.

cer y proclamar que el divorcio es siempre una desgracia y una manifestación del pecado en el mundo.

Sin embargo, habiendo dicho esto, conviene reconocer también lo delicado y difícil del problema. Se trata de una cuestión compleja en la que se entrelazan factores psicológicos, éticos, jurídicos, religiosos e incluso biológicos. Cualquier postura rígida o extremadamente dogmática es impropia, tanto desde el punto de vista teológico como pastoral; tampoco se ajusta a la orientación bíblica, siempre equilibrada entre las santas demandas divinas y las tristes realidades humanas.

No puede considerarse cristiana una posición tan radicalmente antidivorcista que carezca de comprensión y simpatía, y sea totalmente ajena a los horribles dramas que viven infinidad de familias en que los vínculos matrimoniales han sido destrozados.

Por otro lado, las corrientes divorcistas —tan en auge en nuestros días— constituyen una de la más serias amenazas sociales de nuestro tiempo. Toda brecha que se abra en el muro de la familia pone en peligro no sólo la integridad de ésta, sino la disposición mental, psicológica y social de las nuevas generaciones. Es notable la relación directa entre delincuencia juvenil y matrimonios en desarmonía o prácticamente deshechos.

Desaparecidos algunos tabúes seculares, todo lo concerniente al sexo se caracteriza hoy por una permisividad creciente cuyas últimas consecuencias nadie es capaz de prever. El antecedente histórico de los tiempos de Noé puede, sin embargo, servirnos de ilustración admonitoria.

En la actual situación, ¿cuál debe ser la actitud y cuál el mensaje de las Iglesias Evangélicas?

La única respuesta válida a la cuestión del divorcio —al igual que la que demos a cualquier otra problemática— debemos buscarla en la Palabra de Dios. Mas, no siempre es fácil recorrer el camino de la interpretación bíblica, especialmente cuando los datos de la Escritura —muchas veces en forma de principios básicos— deben aplicarse a situaciones concretas y diversas.

Que llegar a una postura clara e indiscutible en lo relativo al divorcio no es tarea simple, lo evidencian las diferencias existentes entre las diversas confesiones cristianas. Estas diferencias se ponen de relieve no sólo en lo que concierne al divorcio en sí, sino también en lo que respecta al nuevo matrimonio de los divorciados.

Sin embargo, es posible que la diversidad de conclusiones a que se ha llegado se deba más a presiones culturales, e incluso a determinados presupuestos teológicos, que a una dificultad real de interpretar adecuadamente los textos bíblicos. Las tradiciones de las iglesias y de la sociedad pesan a veces más que la pura exégesis de la Escritura Sagrada.

El divorcio a la luz de las Escrituras

Un enfoque bíblico tiene que comenzar allanando el terreno interpretativo de algunos textos fundamentales. Uno de estos textos es el que encontramos en Mateo 19.5-6. ¿Qué quiere decir el Señor con estas palabras: «Lo que Dios juntó no lo separe el hombre»?

Las interpretaciones han sido muy diversas. Los Padres de la Iglesia, (así lo reconocen en la actualidad incluso autores católicos como Schillebeeckx) entendieron, en su mayoría, estas palabras de Jesús como la revelación de una ley *moral*, un principio *ético*: el vínculo matrimonial *no debería* ser roto; la indisolubilidad sería un ideal no traductible en normas jurídicas absolutas, un ideal que corresponde a las normas perfectas del Evangelio y que debe tenerse siempre presente, pero que, al igual que las demás normas éticas, desgraciadamente *puede* romperse. En este sentido iba la práctica de la Iglesia Oriental antigua: sin descuidar el ideal, la Iglesia se sentía llamada asimismo a dar testimonio de la misericordia del Señor.

Más tarde, sin embargo, la teología escolástica —a partir de una eclesiología previa, basada en una deficiente traducción de Efesios 5.32 («sacramento» en vez de «misterio»)— interpretó el vínculo matrimonial como algo objetivo y *ontológico*, un lazo que persiste *per se* independientemente de las relaciones de los cónyuges entre sí. Como un hijo no puede deshacer el vínculo genético que lo une a sus progenitores, aunque llegue a aborrecerlos y hasta a separarse de ellos, así perduraría este lazo ontológico en la pareja que un día se unió en matrimonio. De modo que, según este concepto que subyace en la teología católica, el vínculo matrimonial *no puede* ser disuelto.

La configuración jurídica de este concepto en el llamado «matrimonio canónico» es históricamente tardía; fue reforzada en

Trento, cuyo criterio constituye la sustancia de la disciplina vigente sobre esta cuestión en la Iglesia católica.

La interpretación de Mateo 19.6 oscila, pues, entre el *no debería* ser (el matrimonio no debería ser roto) de unos y el *no puede* ser (el matrimonio no puede ser disuelto) de otros, entre una comprensión *moral* que tiene en cuenta sobre todo la naturaleza real de las relaciones personales con su dinamismo y otra que considera la indisolubilidad como realidad *ontológica* estática.

Detrás de ambos conceptos se hallan dos maneras distintas de entender los sacramentos. Porque no podemos olvidar que la interpretación ontológica se ajusta a la teología sacramental del catolicismo romano, para el cual el matrimonio constituye un verdadero sacramento.

La teología católico-romana entiende los sacramentos como operaciones *ex opere operato* de la gracia y así concibe la indisolubilidad, no tanto como un mandamiento que Dios instituye en su Ley moral, sino como una realidad que constituye objetiva y ontológicamente el lazo matrimonial irrompible ya a partir del momento en que el matrimonio válido se consuma. Es como el agua del bautismo que, *per se* (en virtud de ella misma como sacramento) *ex opere operato*, lava las manchas del pecado original del niño recién nacido. Es también como el pan y el vino de la misa que se convierten en «cuerpo» y en «sangre» de Jesucristo, por más que el paladar del comulgante sienta el gusto del pan y del vino, y los ojos no vean sino los productos del trigo y de la vid. «Son apariencias —asegura la doctrina católico-romana—; detrás de ellas se halla la realidad de la carne y la sangre de Jesús».

En los Evangelios, sin embargo, los milagros del Señor no asumen jamás este carácter de «apariencia». Al transformar el agua en vino, en las bodas de Caná, Jesús no tuvo que aclarar: «Esto es vino, aunque os parezca agua; si bien sabe a agua, debéis creer que es vino. El paladar os engaña; se trata solamente de la apariencia de agua».

Esta línea sacramentalista se halla presente tanto en la pastoral como en la teología católica tradicionales. Pese a tantos hogares destrozados, promesas quebrantadas, lazos deshechos y pisoteados; pese a tantos distanciamientos y alejamientos definitivos, la dogmática y la praxis romanas insisten en que, si hubo matrimonio canónico consumado, el vínculo es indisoluble, ocurra lo que ocurra.

Al decir esto, no desconocemos las inquietudes de buen número de teólogos, canonistas y moralistas católicos que buscan una evolución de la doctrina y las leyes de su Iglesia sobre el matrimonio. Pero esta evolución no ha llegado todavía a una síntesis de todos los criterios (a veces yuxtapuestos) aparecidos últimamente y, por otra parte, siguen vigentes oficialmente tanto los conceptos tradicionales y las normas jurídicas derivadas de ellos, como el entendimiento del matrimonio como sacramento, y sacramento a la manera escolástica.

Creemos que la *indisolubilidad* es la declaración de la buena voluntad de Dios para la pareja; constituye el ideal del matrimonio tal como lo quiere Dios. Y, en tanto que expresión del matrimonio definido en su más alto grado de perfección, representa para toda pareja humana el único modelo.

Así, pues, la frase bíblica «Lo que Dios juntó, no lo separe el hombre» entra en la categoría de mandamiento, como revelación de una ley moral, al igual que el «No matarás», «No cometerás adulterio», «No codiciarás», etc. Es la expresión de la voluntad divina para nuestra felicidad conyugal.

Pero hay más: el mandato de este texto descansa sobre una afirmación divina: «serán los dos una sola carne». Se manda al hombre no separar lo que Dios ha unido. Y, aunque no podemos aceptar la interpretación radicalmente ontológica de esta unión, ni que se efectúe a través de un sacramento, ni que tenga que ver con una intervención casi «mágica» de Dios, sí podemos declarar que la afirmación divina siempre tiene consecuencias reales y efectivas en cualquier pareja. Dios ha creado de tal modo al hombre y a la mujer, que el enlace de ambos siempre comporta algo más que una simple unión superficial y temporal. La huella psicológica y la íntima vinculación que inevitablemente quedan después del acto sexual son manifestaciones tales de la unión provista por el Creador, que según el apóstol Pablo tales manifestaciones se dan incluso, en alguna medida, en el caso del que se une con una prostituta (1 Co. 6.16), a pesar de constituir este acto una deformación monstruosa de la intención divina.

Esto es así porque todo mandamiento divino, al ser la expresión de la buena voluntad de Dios para el ser humano, refleja la auténtica naturaleza del mundo creado y del Hombre dentro de este mundo.

Pero, por otra parte, la Biblia muestra también claramente la incapacidad del Hombre natural para guardar los mandamientos de Dios (1 Co. 2.14) y, por ende, la norma divina sobre el matrimonio. El Hombre caído no acierta a vivir en su plenitud esta dimensión de indisolubilidad que conlleva el vínculo matrimonial según el ideal divino y, muy a menudo (sobre todo en nuestros días), rompe lo que Dios unió, despedazando aquello que el Creador quería estructurado «en una sola carne» indivisible. Este pecado grave hace del ser humano un rebelde para su propio mal. Es el *homo inordinatus* que, vulnerando el orden establecido por Dios, trata de establecer el suyo propio, que siempre trae como resultado desorden, confusión y ruina.

Comprobamos, pues, la operatividad de dos principios enfrentados. Nuestra tarea consiste en separarlos y dar a cada uno su debida importancia: por un lado tenemos el principio de *unión*, reflejado en el mandato y la afirmación de Dios, y, por otro lado, tenemos un principio de *ruptura*, manifestado en la desobediencia del hombre y de la mujer. La desobediencia humana hace que la unión matrimonial, aun en el mejor de los casos, nunca sea perfecta; la afirmación divina en el matrimonio hace que, en el peor de los casos, la ruptura no tenga que ser necesariamente total. El principio de unión nos lleva a ser *idealistas*; el principio de ruptura nos lleva a ser *realistas*. El problema estriba en saber discernir, en determinados casos concretos, hasta dónde debe operar el realismo y hasta dónde el idealismo. Resulta obvio que, en algunos casos, el factor de ruptura y conflicto sobrepasa el factor de unión.

La *indisolubilidad*, basada en la naturaleza creacional del matrimonio, es una tarea que cada uno de los cónyuges debe realizar personalmente en la realidad del matrimonio comprendido, asumido y vivido de conformidad con la Palabra de Dios.

Al escuchar esta Palabra en la voz de Cristo mismo (Mr. 10.9 y Mt. 19.3-8) se nos revela la intención divina para su creación, incluida la pareja. El fundamento de la indisolubilidad del matrimonio es la clara voluntad de Dios sobre hombre y mujer: ambos son llamados a constituir una unidad perfecta e inquebrantable. Esta radicalidad nos remite a la intención original del Creador y a la naturaleza del amor matrimonial. Un hombre y una mujer que se quieran de verdad no pueden proyectar otra cosa que casarse para toda la vida, pues saben que el amor auténtico es amor sin reservas y tiene aspiraciones de perpetuidad. Ahí radica la fuerza del amor vinculante. Al darse en Cristo la voluntad de Dios para su creación, la enseñanza de Jesús tenía que proclamar los absolutos morales y no una adaptación circunstancial. Así, sus palabras sobre el matrimonio proclaman lo que fue en el principio y lo que debe ser siempre el fin del matrimonio. Anuncian una promesa y una exigencia. Una promesa: «y serán los dos una sola carne».También una exigencia: «lo que Dios ha unido, no lo separe el hombre». La promesa abre posibilidades infinitas a un amor que quiere ser indestructible y la exigencia reclama todo el esfuerzo de los esposos para alcanzar la promesa. A cuantos creemos en Jesucristo, su promesa y su exigencia son fuentes inagotables de gracia.

La vivencia dinámica del genuino amor cristiano sigue siendo el único camino para una plenitud de la persona y de la pareja. Este amor vivo es lo que hace posible alcanzar la promesa y cumplir la exigencia de indisolubilidad. El matrimonio debería renunciar con palabras y con hechos a la ruptura. Todo matrimonio cristiano debería anunciar con su forma de vida la posibilidad de este amor resueltamente orientado hacia una unidad cada vez más perfecta.

Sin embargo, muchos fracasan. Y muchos más ni siquiera intentan alcanzar esta clase de matrimonio y esta clase de amor. La dureza de corazón del Hombre caído se rebela contra la voluntad original del Creador para la pareja y estropea lo que Dios desea indestructible. Independientemente de la fidelidad y el amor de los cónyuges, resulta verdaderamente difícil el matrimonio indisoluble. La separación y el divorcio son ciertamente un mal —un mal que no cabe disimular—, por cuanto suponen un fracaso del proyecto amoroso de vida en común de la pareja, pero a veces son males inevitables. El lenguaje bíblico al respecto es muy realista. Y si, por un lado, proclama sin ambigüedades las altas metas a las que Dios llamó al Hombre al crearlo —y lo llama ahora en Cristo al recrearlo—, por otra parte, no es menos claro al describir el fracaso de ciertas parejas.

El divorcio en el Antiguo Testamento

Deuteronomio 24.1-4 constituye el punto de partida, no sólo por lo que se refiere al Antiguo Testamento, sino a todas las referencias bíblicas sobre nuestra temática. Jesús mismo hace arrancar de este pasaje su enseñanza sobre el divorcio.

Un estudio cuidadoso de este pasaje de la Escritura indica que la Ley de Moisés toleraba el divorcio entre los israelitas por otras causas además del adulterio, permitiendo a los divorciados unas segundas nupcias. El divorcio se consentía sobre la base de «alguna cosa *indecente*» (Reina-Valera), «algo *vergonzoso*» (NuevaBiblia Española).

Algunos comentaristas han pensado que lo «indecente» o «vergonzoso» se refería siempre al adulterio y que, por lo tanto, Jesús y la Ley estaban de acuerdo al permitir el divorcio solamente en caso de adulterio. Pero el pasaje y su contexto veterotestamentario no apoyan semejante tesis. La Ley determinaba que todo adúltero —hombre o mujer, la Ley mosaica no hacía distinción— tenía que ser apedreado hasta la muerte (Dt. 22.22) y, en cambio, la mujer de que habla Deuteronomio 24 no solamente no es apedreada sino que tiene libertad para volver a casarse. La expresión hebrea traducida «algo vergonzoso» o «indecente» significa más bien una conducta torpe (Nácar-Colunga y Versión Moderna Hispanoamericana), impropia. El esposo judío podía acusar a su esposa por cualquier cosa que le pareciera incorrecta, desagradable, y a veces bajo cualquier pretexto. Precisamente para proteger a la mujer de las arbitrariedades de un marido inconstante e irresponsable, la Ley lo obligaba a entregar «una *carta de divorcio*» a la mujer que repudia.

No obstante, Deuteronomio 24 no aprueba ni fomenta el divorcio, y ni siquiera lo regula. Simplemente, lo tolera. Y mediante la «carta de divorcio» pone en manos de la mujer —la parte más indefensa en aquel tiempo— un documento legal que la coloca a salvo de las calumnias del hombre en una sociedad patriarcal.

La interpretación seria de este pasaje muestra que la Ley mosaica recogía una práctica que se había impuesto de hecho por la fuerza de la tradición y que Dios *toleraba*. Porque, hay que repetirlo, Deuteronomio 24 *tolera* —no ordena— el divorcio. En Mateo 19, Jesús nos explicará el por qué de esta tolerancia: «Por la dureza de vuestro corazón» (Mt. 19.8). En Deuteronomio 24 solamente el versículo 4 expresa una orden tajante de parte de Dios; los otros versículos no hacen más que describir una situación de hecho.

El divorcio en el Nuevo Testamento

1. La enseñanza de Jesús

En Mateo 19, Jesús no presenta una nueva Ley, sino que se remite al plano ideal, original, de las intenciones de Dios para el ser humano. Observemos cómo Jesús corrige a los fariseos: Moisés *no mandó* dar carta de divorcio y menos todavía «por cualquier causa». Moisés *permitió* tal práctica debido a la dureza del corazón humano.

El Señor explica: «Yo os digo que cualquiera que repudia a su mujer, salvo por causa de fornicación, y se casa con otra, adultera» (Mt. 19.9). En Mateo 5.31-32 dentro del contexto del Sermón de la Montaña, Jesús repite la misma enseñanza. La lección del Señor en todos estos textos es idéntica: sólo existe un motivo legítimo de divorcio a los ojos de Dios, el adulterio. Y es que la infidelidad destruye aquella unión expresada en la sentencia divina: «y serán los dos una sola carne».

En el Antiguo Testamento la infidelidad disolvía el matrimonio mediante la muerte de la parte culpable. El cónyuge inocente podía así contraer un nuevo matrimonio. En cambio, la enseñanza de Jesús admite el divorcio para liberar al marido en caso de adulterio de la esposa, o para liberar a ésta cuando el adulterio lo comete el hombre (Mr. 10.12). Como señala J. Murray, el Señor introduce dos innovaciones: la una negativa y la otra positiva. Abroga el castigo mosaico y legitima el divorcio por causa de adulterio. Bien leído, el Antiguo Testamento no legitimaba la ruptura, salvo en casos de adulterio. Sin embargo, la economía mosaica toleraba el divorcio por la dureza del corazón humano. La normativa que introduce Jesús anula dicha tolerancia. En su Reino (porque de él se trata, ya que su lección es para los hijos del Reino) la Ley sobre el divorcio será más estricta, estará más de acuerdo con la intención original del Creador para la pareja.

Mateo 19.9 revela que Jesús permite el divorcio en caso de adulterio. Porque esta ruptura no depende de Dios sino de los cónyuges. Se trata del fracaso del amor humano; no es cuestión de que el amor de Dios instituya el divorcio, como antes instituyó el matrimonio. Esto es inimaginable, puesto que el divorcio es siempre un mal, incluso cuando es un mal menor.

Lo que hace Jesucristo es *señalar la realidad del divorcio* como un hecho innegable producido por la infidelidad. La comprensión de este punto es capital para entender la doctrina bíblica sobre el divorcio.

Según Mateo 19.9 hay más todavía: parece justificado afirmar que cuando un cónyuge repudia al otro por adulterio, este repudio expresa la disolución —la quiebra— del lazo matrimonial y, por consiguiente, el hombre (o la mujer) queda libre para volver a casarse, sin caer en la responsabilidad de un nuevo adulterio. El divorcio disuelve el matrimonio.

2. La enseñanza del apóstol Pablo

Queda fuera de toda duda que la separación y el divorcio fueron de hecho practicados en el seno de las comunidades cristianas primitivas. Años antes de que se escribieran los Evangelios, Pablo ya escribía a los cristianos de Corinto respondiendo a preguntas sobre esta problemática. Lo significativo es que el apóstol, conocedor de la intención de Dios revelada en Cristo —y fiel intérprete de las enseñanzas de su Señor— sobre la indisolubilidad matrimonial, opta por reconciliar esta intención original de Dios con la misericordia divina. Porque él sabe que la voluntad de Dios es también redentora y transformadora de la realidad de un mundo caído.

La consulta de los corintios tenía que ver con tres casos específicos:

a. El divorcio entre creyentes (1 Co. 7.10-11).
b. El divorcio entre un creyente y un incrédulo cuando éste no quiere la separación (vv. 12-14).
c. El divorcio entre un creyente y un no creyente cuando éste quiere la separación definitiva (vv. 15-16).

En el primer caso, el apóstol Pablo reafirma la enseñanza de su Maestro en Mateo 5.32 y sugiere que hay recursos suficientes de gracia y de amor en los cónyuges creyentes para no tener que llegar a la ruptura total. Sin embargo, con su realismo característico, la Biblia reconoce que, a veces, el matrimonio puede resultar difícil, intolerable y angustioso incluso entre cristianos. En estos casos, la idea es que se separen y se queden sin volver a casarse (v. 11). La separación deja la puerta abierta a una posible reconciliación futura.

En el segundo caso, el creyente debe permanecer fielmente al lado del cónyuge no cristiano que consiente en vivir con aquél (v. 12). La parte creyente en este caso está llamada a dar un testimonio vivo, amoroso y eficaz a la no creyente (vv. 13-14). La ruptura no tiene que venir jamás de la parte cristiana.

En el tercer caso, el apóstol Pablo permite el divorcio y la posibilidad de volver a casarse, tanto a una parte como a la otra. La decisión de la ruptura se ha originado en el cónyuge incrédulo, contra cuya decisión nada puede hacer ya el creyente (vv. 15-16). Es lo que la Iglesia romana denomina «privilegio paulino».

Conviene señalar que el verbo «separar», que aparece en los versículos 10, 11 y 15, en el original es más propiamente *divorciar*. Se trata en todos estos versículos del mismo vocablo griego, *koridzo*, que significa, obviamente, divorciar. De lo contrario Pablo no hubiera puesto como condición a los matrimonios cristianos con problemas («si se separan, quédense sin casar»; v. 11), lo cual indica la posibilidad legal de una nueva unión después de la ruptura. Este vocablo —y el uso paulino lo demuestra— significa la realidad inequívoca del divorcio, con o sin condiciones; en el versículo 11 es divorcio, con la condición de no volver a casarse (lo cual constituye el equivalente lejano de nuestra separación, cosa desconocida en el Imperio romano). En el versículo 15 se refiere al divorcio sin condiciones (es decir, con posibilidad de volver a casarse): «pues no está el hermano sujeto a servidumbre en semejante caso». ¿Qué quiere decir el apóstol Pablo?

En el caso del versículo 11, aunque la esposa se divorciara del marido, está todavía sujeta a servidumbre con vistas a una posible reconciliación, ya que ambos cónyuges son creyentes. Mas, cuando el no creyente se divorcia del cristiano, éste no se halla ya sujeto a servidumbre, es decir, a permanecer en la espera de una hipotética reconciliación. Esto conlleva la posibilidad de un nuevo matrimonio, pues tal es el sentido de la expresión «no estar sujeto a servidumbre».

Si tuviéramos que resumir la enseñanza neotestamentaria sobre el matrimonio y el divorcio, según lo obtenido en el análisis de los textos sobre el tema, podríamos afirmar que el divorcio es contemplado como una realidad trágica y no deseada por Dios, que está ahí como una frustración más y un exponente claro de las consecuencias del pecado. El Nuevo Testamento reconoce la existencia de divorcio y su legitimidad incluso, como mal menor, en dos ocasiones: 1) Por quiebra del principio «serán los dos una sola carne». Es la quiebra del adulterio, que destruye el vínculo matrimonial. 2) Por quiebra espiritual de la relación conyugal; cuando se produce el divorcio originado en la parte no creyente por no tolerar la nueva vida en Cristo del consorte cristiano.

La dinámica que descubrimos en estos textos responde a una tensión entre la revelación de la voluntad divina (matrimonio indisoluble como ideal que debe proclamar y vivir la Iglesia) y la misericordia de Dios que actúa en favor del hombre y dentro de las situaciones concretas en que éste se halla. Lo fundamental es comprender que el evangelio que proclamamos es una «buena noticia», y debe serlo también para los matrimonios rotos y las parejas destrozadas. Es la vida humana —y no leyes abstractas— la que tenemos con nuestro mensaje. Ello explica también que la enseñanza del Nuevo Testamento vaya desarrollándose en gran parte a medida que surgen problemas morales (pensemos, por ejemplo en 1 Corintios y en la epístola a Filemón). Respecto al divorcio, quizá nos habríamos quedado solamente con las palabras de Jesús en los sinópticos, de no haberse planteado la cuestión de los matrimonios mixtos en Corinto, lo que dio lugar a la ampliación del tema por parte de Pablo en 1 Corintios 7.

Si en las iglesias del Nuevo Testamento hubieran surgido situaciones análogas a las de nuestros días, ¿cuál habría sido la normativa apostólica?

A partir de unos principios básicos inalterables, junto con los ejemplos prácticos que la Escritura nos ofrece, ¿no puede la Iglesia establecer una orientación —siempre concorde con la Palabra de Dios— para las cuestiones que no están explícitamente decididas en la Biblia?

Dado que el Nuevo Testamento señala dos casos inequívocos en los que hay que admitir la realidad del divorcio, y tomando en consideración lo que hemos dicho acerca del llamado «derecho paulino», ¿tenemos derecho a condenar a aquellos hermanos y a aquellas iglesias que creen que Dios puede arreglar también otras situaciones de quiebra matrimonial y ofrecer su perdón y su ayuda a los divorciados?

Unicamente en el contexto amplio de la intención de Dios Creador y Salvador, tal como se nos revela en Jesucristo y por su Palabra, podemos definir y aplicar lo que es el bien y la verdad de Dios para todas las situaciones concretas del hombre y de la mujer.

El reconocimiento del divorcio y el matrimonio de divorciados en las iglesias

El reconocimiento del divorcio por las causas expresamente mencionadas en el Nuevo Testamento (adulterio y abandono por parte del consorte no creyente) no debiera ofrecer ninguna dificultad entre cristianos que declaran tener la Biblia como única norma de fe y práctica, siempre, por supuesto, que se hayan agotado todas las posibilidades de reconciliación.

¿Y qué hacer con los divorciados y casados en nuevo matrimonio que se convierten y desean unirse a una Iglesia cristiana? ¿Debe ésta rechazarlos si las causas de divorcio no fueran las reconocidas y sancionadas explícitamente por el Nuevo Testamento? No parece que esta actitud sea la más acorde con 2 Corintios 5.17.

Aparte del caso concreto mencionado en 1 Corintios 7.15, ¿qué decisión debe tomarse si en un matrimonio mixto el cónyuge no creyente, por malos tratos u otras causas graves, destruye prácticamente la esfera conyugal? Si él no decide tomar la iniciativa para el divorcio, ¿debe la parte «inocente» soportarlo indefinidamente? O, si decide separarse, ¿tiene que quedarse sin casar mientras viva su consorte?

Sin duda alguna, la respuesta a estas preguntas es lo más difícil. No lo es teóricamente. Si el caso no está previsto en las excepciones expuestas en el Nuevo Testamento, puede deducirse que cabe la separación pero no un nuevo matrimonio. Sin embargo, no debe disminuirse la gravedad del conflicto que tal situación puede plantear a la «víctima». ¿Ha de quedar indefinidamente condenada a la soledad, a la amargura de la frustración y de la desesperanza, con todos los serios problemas espirituales y psicológicos inherentes a tal estado? Puede alegarse que la gracia de Dios es suficiente para la superación de estas dificultades. Cierto. Y en muchos casos, por la gracia de Dios, el nuevo estado de la persona creyente que ha visto deshecho su matrimonio ha constituido una nueva esfera de magníficas realizaciones, tanto a nivel humano como espiritual, sin necesidad de un nuevo matrimonio. Pero, ¿qué hacer cuando, a causa de una fe débil u otras limitaciones, una persona no es capaz de superar su situación de divorcio y ve como única salida y solución visible una nueva unión matrimonial?

Aunque una iglesia no dé su aprobación a este tipo de nuevos matrimonios, ni menos aún los solemnice con un acto religioso, ¿debe excomulgar al creyente que vuelve a casarse civilmente? Creemos que antes de tomar su decisión, cada iglesia debería buscar seriamente la dirección del que no quiebra la caña cascada ni apaga el pábilo que humea (Is. 42.3). Con todo, debe evitarse con sumo cuidado dar la impresión de que la iglesia comparte el espíritu permisivo del mundo. En su testimonio práctico —es decir, en su servicio a los hombres— debe actuar equilibradamente, fiel a su Señor, quien de modo perfecto encarnó la gracia y la verdad, la justicia y el amor.

Todo ello nos lleva al convencimiento de que existe una apremiante necesidad de formular una pastoral más intensa y profunda, encaminada a la orientación de la pareja, antes y después del matrimonio.

El problema del divorcio debe investigarse en sus raíces: «la dureza del corazón». El único remedio efectivo consiste en señalar a los cónyuges tanto las horribles consecuencias del pecado como el camino sanador del evangelio de Jesucristo.

En última instancia, el camino cristiano que debemos recomendar con el máximo empeño es el de la reconciliación. Sírvanos de ejemplo lo que experimentó en su propia carne el profeta Oseas (2.14-16 y 19-20), hombre engañado por su compañera, a la que, sin embargo, amaba entrañablemente y fielmente, y a la que consiguió rescatar de la desgracia del adulterio y de las más abominables esclavitudes de su tiempo, siendo capaz de celebrar algo así como un renovado casamiento que reconstruyó lo que el pecado había destruido.

Conclusiones

No hemos intentado solucionar todos los problemas exegéticos y pastorales con esta declaración expositiva sobre el divorcio. El espacio no lo permite y, por otro lado, este estudio no ha pretendido sino sentar las bases doctrinales mínimas parar proseguir una reflexión que cada vez se hace más necesaria.

Como conclusiones mínimas nos atrevemos a hacer las siguientes recomendaciones, en un espíritu de diálogo constructivo, sin ánimo dogmático y abierto al contacto con todos aquellos hermanos que tienen responsabilidad pastoral en las iglesias:

1. Denuncia

a) En cuanto al matrimonio

Dios no puede ordenar o bendecir el divorcio. El divorcio es siempre consecuencia del pecado que divide y corrompe. La indisolubilidad es la buena voluntad de Dios para el matrimonio.

Por consiguiente, la primera responsabilidad de la iglesia, en medio de una sociedad que se aleja cada vez más de los mandatos divinos, estriba en ser portavoz de la voluntad divina para la pareja: mediante sus palabras, denunciando el divorcio fácil y, mediante la vida de sus miembros, dando testimonio de lo hermoso que es el matrimonio en los propósitos de Dios.

Cuando el Creador establece «serán una sola carne» (Gn. 2.24), no decreta ninguna esclavitud, como algunos pretenden afirmar hoy, sino todo lo contrario. La indisolubilidad es una muestra del amor de Dios el Creador hacia sus criaturas, para que éstas se realicen plenamente y sean felices.

Además, es importante subrayar que la unión matrimonial marca para toda la vida a ambos cónyuges. El amor que ambos se tuvieron un día, la intimidad sexual, el llorar y el reír juntos durante más o menos tiempo, el amor y el cuidado de los hijos —si los han tenido—, todo esto deja huellas que luego, ni el desamor, ni el egoísmo, ni el capricho, ni todas las normas legales habidas o por haber pueden borrar fácilmente.

b) En cuanto a los niños

La tendencia no cristiana y, consecuentemente, la opción divorcista total es la de sustituir el orden de la creación —dado por Dios y revelado en su Palabra— por la ordenación contractual simple de dos individuos que pueden rescindir, a su antojo, el contrato matrimonial. Pero ante la presencia de los hijos, ¿dónde están los factores contractuales de éstos para que puedan ser rescindidos? Los hijos tienen derecho a tener a sus padres; no por separado, sino vinculados en el compromiso que contrajeron ambos al engendrar un ser que les iguala en dignidad. Los hijos no son, en manera alguna, «un residuo» del matrimonio, cuyo destino pueda determinarse por un acto administrativo que estime suficientes unas causas para la disolución, sino la natural continuidad de la sustancia biológica, social, psicológica y moral del matrimonio.

Harían bien, tanto los legisladores como los matrimonios con problemas, en tomar en consideración el derecho que todo niño tiene a un hogar estable y el grave daño que se infiere a toda la sociedad cuando se olvida este derecho.

2. Realismo

Seamos realistas, como la Biblia misma. Jesucristo primero, y los apóstoles después, discernieron y señalaron la realidad frustrante para la pareja allí donde realmente se producía. Cerrar los ojos a las situaciones concretas de ruptura no es ni cristiano ni humano.

Puesto que la indisolubilidad del matrimonio es un mandamiento y por lo tanto se trata de una realidad de carácter *moral*, no ontológico, que gravita como exigencia divina sobre los cónyuges, el hombre pecador es capaz de vulnerarla, lo que de hecho ocurre demasiadas veces.

El realismo bíblico nos invita tanto a la proclamación del ideal divino para el matrimonio como al discernimiento de su quiebra y su fracaso allí donde realmente se producen.

Será muy difícil una auténtica y profunda pastoral de orientación matrimonial y de ayuda a los divorciados, sin el reconocimiento de este realismo bíblico al que nos invitan tanto el Señor como sus apóstoles, con su doctrina y con su ejemplo.

3. Compasión

El realismo bíblico es compasivo. Toda acción y toda postura relativas al divorcio (y a la separación) deberían ser adoptadas con «temor y temblor», motivadas además por una sincera compasión (libremente: compasión = padecimiento con, juntamente).

El objetivo primordial de nuestra mediación cristiana y pastoral debe ser siempre la *reconciliación*, como solución infinitamente preferible al divorcio. Nuestro consejo, nuestra oración y nuestra ayuda como iglesias y como creyentes deben estar encaminadas sobre todo a este fin. Para ello convendrá ahondar en la idea del *arrepentimiento* (a diferencia de la moderna moda legislativa), lo que implica lógicamente una consideración no menos profunda de *culpa*. En la práctica no se hallarían probablemente muchos casos en los que una sola de las partes fuese la única culpable y la otra completamente inocente. Muy a menudo, por no decir siempre, la culpa debe compartirse y, consecuentemente, el arrepentimiento y el esfuerzo hacia la reconciliación también.

Cada matrimonio, al igual que cada situación conyugal conflictiva, debiera ser considerado individualmente como un caso específico y concreto. Las generalizaciones, las ambigüedades, tanto como los legalismos y la estrechez de miras, son consejeros peligrosos. Tan lamentable es la actitud miope que se acomoda a modos y modas vigentes en la sociedad permisiva que nos rodea y que nos impulsa a ser indulgentes en extremo, como el legalismo farisaico y deshumanizado que sólo se atiene a unas reglas y a unos textos sacados de contexto, sin intentar siquiera aplicarlos compasiva y amorosamente (es decir, humana y cristianamente) en cada caso.

Pero la compasión, si quiere ser efectiva y no dar la impresión de debilidad o relativismo, tiene que ir aunada a una firmeza total en los principios y una lealtad absoluta a la Palabra de Dios. Jesús pudo tratar compasivamente a la mujer adúltera (Jn. 8) por haberse definido tan clara y tajantemente en contra del adulterio (Mt. 5.27-30). La compasión de la iglesia, al tratar cuestiones de divorcio, jamás debe fundarse en conceptos éticos nebulosos o aguados sino en la firme decisión de seguir y aplicar la verdad en amor.

4. Evangelización

La problemática divorcista puede convertirse también en una ocasión de testimonio, si verdaderamente la pastoral de nuestras iglesias responde a la vocación compasiva y cristiana que acabamos de exponer.

No seamos ilusos. Difícilmente se da una sociedad cuya legislación (en este caso, las leyes reguladoras del divorcio) se homologue totalmente con la ley bíblica. Ni el antidivorcismo a ultranza de los últimos cuarenta años, ni las futuras leyes sobre divorcio en España pueden responder al ideal bíblico.

Esto supone para las iglesias y para los cristianos una constante vigilancia, porque debemos nuestra lealtad primera a la Palabra de Dios. Por lo tanto, haremos bien en someter a crítica cualquier proyecto divorcista a la luz de la doctrina revelada.

Nuestro testimonio en este ámbito, como en tantos otros, seguirá siendo difícil. En la democracia permisiva, como antes en la dictadura inspirada en el nacional-catolicismo, tenemos que vivir bajo ordenamientos jurídicos rara vez inspirados en la Biblia.

Tampoco es para espantarse. El pueblo de Dios ha vivido siempre en estas condiciones. De lo que se trata, ahora, es de que nosotros, como cristianos, lo entendamos así, con claro discernimiento de las señales de los tiempos y del eterno mensaje de la Palabra de Dios, viviendo y sirviendo a nuestros semejantes en plena coherencia de fe.

Veamos pues, no sólo los problemas sino las oportunidades de dar testimonio del evangelio, porque Cristo es también la solución al problema del divorcio, como lo es de toda ruptura y división. Sólo él puede sensibilizar el corazón endurecido de todo ser humano y de todo cónyuge. Aún más, sólo él puede dar un corazón nuevo y unos nuevos ideales a las parejas que, tratando de subsistir por sus pobres y escasos recursos, ha naufragado o está a punto de hacerlo.

Esta cuádruple dimensión del testimonio que como cristianos evangélicos estamos llamados a dar, compuesta de *denuncia, realismo, compasión* y *evangelización*, presupone en todo instante la fiel proclamación de la norma creacional, conforme al plan original de Dios para la pareja, que Cristo exige sobre todo a los suyos.

Esto obliga a nuestras iglesias a no rebajar nunca las exigencias morales del evangelio, pero también a no olvidar jamás en su pastoral el poder transformador del mensaje y la acción de Jesucristo sobre todos los seres humanos que viven situaciones de frustración y pecado.

El evangelio es «buena noticia» también en los ámbitos complejos y trágicos de las situaciones de deterioro matrimonial. «Les daré un corazón y un camino», promete el Señor por sus profetas (Jer. 32.39). ¿Qué mejor remedio para el divorcio?

10

Hacia una pastoral evangélica del matrimonio

Iglesia Evangélica Metodista Argentina*

La Iglesia no puede dejar de reflexionar y delinear una estrategia pastoral para este aspecto tan significativo de la vida humana como es la pareja, no sólo para los momentos críticos sino también en una acción profiláctica que conduzca a matrimonios felices, que vivan una saludable intimidad guiados por el amor, conscientes de la misión a la que está llamada la familia cristiana.

Sin embargo, no pueden dejar de recordarse otros aspectos del ámbito familiar que se han visto profundamente deteriorados en nuestro país, tanto por causas políticas, como en el caso de familiares de presos políticos, emigrados, desaparecidos, exiliados, como por razones económicas, donde por carencias de trabajo, vivienda, seguridad laboral y social, numerosas familias se han ido desintegrando por las inmigraciones forzosas o por el abandono de uno o ambos cónyuges del resto del núcleo familiar.

---

* Esta sección es parte de un documento más extenso, aprobado por la IX Asamblea General de la Iglesia Evangélica Metodista Argentina en 1985, y publicado en *El Estandarte Evangélico* en 1986 con el título «Matrimonio y Divorcio, una Perspectiva Metodista» como una contribución a la reflexión que se hace también en otras iglesias.

La problemática del divorcio y del siguiente matrimonio que pudieran contraer uno o ambos divorciados es un aspecto de la pastoral de la familia que nos ha tocado afrontar como Iglesia con mayor intensidad en los últimos años.

El sentido bíblico del matrimonio

Desde el punto de vista social el matrimonio es una institución generada en diferentes contextos con características culturales propias, cuyas funciones básicas son encuadrar la sexualidad en límites que aseguren la convivencia y dar un marco adecuado a la procreación y formación social que permita el desarrollo de la comunidad humana.

Pero esta limitada visión de la institución familiar es ampliada en la concepción que nos presenta la revelación bíblica. No cabe duda que el «creced y fructificad, llenad la tierra y señoread sobre ella» es la descripción bíblica de esta función social. Pero antes que esto el Génesis nos enseña que el ser humano «fue creado a imagen y semejanza de Dios, varón y hembra» (Gn. 1.27). Es decir, fue creado para el amor, y esta condición sexuada del ser humano es un símbolo de su disposición para el amor. Más adelante (Gn. 2.18) en un segundo relato del acto creador de Dios, se nos asegura que «no es bueno que el hombre esté solo», y de la voluntad planificadora de Dios surge la creación del ser humano como pareja: «ésta es hueso de mis huesos y carne de mi carne» ... y ... «se hacen una sola carne». Así el sentido fundamental de la pareja humana consiste en la posibilidad de expresar cabalmente el amor, máximo don de Dios a los seres humanos. Y esto se constituye en la gran parábola de toda relación humana.

Es tan cierto esto, que en el Nuevo Testamento el apóstol Pablo utiliza esta misma imagen para hablar del amor de Cristo por su Iglesia, la humanidad redimida (Ef. 5.25-33). Sin duda a esto se refiere Jesús al decir que «lo que Dios unió, no lo separe el hombre» (Mr. 10.9); no hay posibilidad para vivir una vida plena sin amor, incluso sin el amor conyugal, sin el amor que constituye la esencia de la relación familiar. Nuestra tarea humana es asegurar que como comunidad global facilitemos y aseguremos el encuentro y la profundización del amor que construye la familia, y enfrentemos lo que tiende a desunirla: la marginación, los prejuicios, la codificación de las relaciones humanas, la comercialización y denigración de los afectos.

Preservar la familia es también una forma de protección a los más débiles: en la situación de la sociedad de los tiempos bíblicos, las mujeres y los niños. De allí que el divorcio fuera considerado doblemente un mal: por un lado, muestra el pecado al señalar la incapacidad humana de vivir plenamente el amor; por otro, desprotege a la mujer y al niño abandonándolos. Por eso la ley y los profetas del Antiguo Testamento señalaban la necesidad de cuidar de «viudas y huérfanos», aquellos que quedaban expuestos por el «divorcio» impuesto por la muerte. Y por eso condenaban el divorcio (salvando el caso de adulterio, que muestra un amor ya marchito y una «seguridad» buscada en otra relación), que era una prerrogativa machista.

El evangelio nada quiere saber de estas prerrogativas ni de este abandono de los débiles. Menos aún puede mostrarse en la falta de voluntad para vivir en el amor, aún cuando mantenerlo sea costoso. Pero tampoco ignora la oferta de nueva vida, del arrepentimiento y la reconciliación, del perdón y la esperanza, que constituyen su misma esencia. El evangelio de Jesús abre caminos, no los cierra; no es para perfectos, sino para los que necesitan salvación (Jn. 12.47); no es una nueva ley, sino una oferta de vida.

Como toda institución humana, el matrimonio se mantiene subordinado a la demanda radical del Reino de Jesucristo. Este carácter aparece expuesto en varios dichos de Jesús:

> Porque de aquí en adelante, cinco en una familia estarán divididos, tres contra dos y dos contra tres. Estará dividido el padre contra el hijo, y el hijo contra el padre; la madre contra la hija, y la hija contra la madre; la suegra contra su nuera, y la nuera contra su suegra (Lc. 12.52-53).

> Si alguno viene a mí, y no aborrece a su padre, y madre, y mujer, e hijos, y hermanos, y hermanas, y aun también su propia vida, no puede ser mi discípulo (Lc. 14.26-27).

> Porque en la resurrección ni se casarán ni se darán en casamiento, sino serán como los ángeles de Dios en el cielo (Mt. 22.30; ver vv. 24-32).

La ceremonia del matrimonio

No tenemos antecedentes bíblicos de la «ceremonia religiosa» de matrimonio. Las alusiones que aparecen en el Antiguo Testamento hablan siempre de «fiesta», pero no detallan ni refieren ninguna ceremonia específica. La legislación mosaica, que es tan cuidadosa en describir distintas solemnidades (especialmente en el libro de Levítico), ignora totalmente indicación alguna de ceremonia de casamiento y ni siquiera menciona sacrificios u ofrendas especiales para la ocasión. Quizás el único elemento religioso presente fuera una palabra de bendición por parte del padre de la novia, que acompañaba el consentimiento y la entrega.

Los estudiosos están inclinados a creer que esa seguía siendo la costumbre en la época de Jesús, y así parecen atestiguarlo los relatos y parábolas de los evangelios. Jesús repetidamente ilustra parábolas (especialmente las llamadas «parábolas del Reino») aludiendo a las bodas y ocupando la figura del novio. Sin embargo, la fuerza recae en el sentido de contrato y festividad de la ocasión, no en su significación religiosa. Cuando hablan del matrimonio otros escritos del Nuevo Testamento jamás mencionan ceremonia alguna. El matrimonio era un asunto civil aun en la sumamente religiosa sociedad hebrea, y así continuó siéndolo en los albores del cristianismo.

Sólo en la Edad Media aparecen registros de «ceremonias eclesiásticas». En un primer momento fue la bendición en la calle o en el atrio, por parte del sacerdote, a la pareja cuando ésta, después de los esponsales celebrados en casa de la novia, se dirigía al nuevo domicilio. Más adelante fue perfeccionándose una ceremonia que se realizaba ya en el templo, frente al altar. Hasta donde se sabe, recién en la Edad Media, en las esferas nobles (donde el matrimonio de príncipes y aristócratas traía serias consecuencias políticas, y a favor de una cada vez mayor influencia de la Iglesia en la esfera civil) comenzó a realizarse el «contrato de matrimonio» en la Iglesia teniendo al obispo como testigo (oficiante). No tenemos documentos que hablen del «acercamiento al matrimonio» hasta después del año 1200. Posteriormente la costumbre de los nobles empezó a extenderse hasta llegar a constituirse en la «ceremonia» del casamiento.

Nuestra actual ceremonia cabalga entre dos aguas. Estrictamente debería ser considerada como «un culto de acción de gracias e intercesión que, con ocasión especial de la celebración de un matrimonio, convoca a la comunidad creyente como acompañante y en regocijo, invocando la presencia de Dios y su bendición en el hogar que se constituye». En la práctica, nuestra liturgia sigue reemplazando, en parte, a la ceremonia civil. En la teología evangélica, no reconociéndose la sacramentalidad del matrimonio, éste es sólo un acto civil, al cual la Iglesia presta su oficio intercesor.

Pastoral de los novios

Cualquier acción pastoral debe tener presente el lugar donde la pareja se forma y empieza a desarrollarse. El noviazgo es el comienzo de la aventura de compañerismo que debe llegar a su plena realización en el hogar.

Si la vida del matrimonio se expresa en el compañerismo y en el estímulo al desarrollo de la personalidad, es importantísimo que el noviazgo provea la oportunidad del conocimiento mutuo, no sólo en situaciones románticas y placenteras.

Es decir, el noviazgo debe tener como meta que ambos lleguen a conocerse realmente, en una relación interpersonal que permita el perfeccionamiento del amor y que conduzca a una decisión sabia por parte de la pareja. Para ello los novios se darán el tiempo necesario para conversar honestamente sobre los temas que pueden pesar en forma muy definida en la vida matrimonial, como, por ejemplo, la relación con los padres, lo que cada uno espera del otro, la imagen que cada uno tiene del papel que ambos deberían ocupar en la pareja, el uso y manejo del dinero, los intereses comunes, el cultivo de la fe, el modo de entender la relación sexual, etc. La Iglesia debería ofrecer ámbitos y momentos para la honesta y amplia discusión de estos temas y otros.

Será importante tener en cuenta que el noviazgo es siempre tentativo, una aproximación al matrimonio. Si los novios deciden no continuar con la relación, si bien puede quedar el dolor de ilusiones deshechas, debe también surgir una nota de satisfacción al reconocer que han tenido el valor y la visión para darse cuenta de que no estaban llamados a formar un hogar en común.

Por lo tanto, la preocupación pastoral de la Iglesia no puede esperar a que la pareja se acerque para pedir la ceremonia nupcial. Debe proveer entrevistas, reuniones de jóvenes, de parejas, etc., que ofrezcan elementos de información, asesoramiento y reflexión, con vistas a un desarrollo del noviazgo y una decisión por el matrimonio bien consciente e informada.

Como consecuencia, ningún pastor celebrará un casamiento sin una amplia preparación previa de la pareja, con la adecuada consideración de los aspectos que hacen a la salud total y a la plena realización de la unión matrimonial.

Una posibilidad interesante es tener reuniones de parejas, que ya han decidido su casamiento, para que se enriquezcan mutuamente. Sería recomendable poder realizar uno o dos cursos anuales para novios en los circuitos o regiones, anunciándolos con anticipación y haciendo explícito que las parejas que han de contraer matrimonio, en una fecha cercana a la de los cursos, deberán participar de ellos (no hacerlo como una ley, pero tampoco muy informalmente). Convendrá que la tarea se realice en equipo, en el cual estarían integrados el pastor con su esposa (si puede acompañarlo), parejas en distintos períodos de la vida matrimonial y profesionales, como médicos, psicólogos, asistentes sociales, abogados, etc. Así lograría analizarse la vida matrimonial desde distintos puntos de vista en una tarea grupal donde todos podrían hacer su aporte.

La preparación para el matrimonio no puede reducirse a lo puramente individual (físico, psicológico, etc.) sino que también tiene que abarcar la problemática de la pareja y la familia en la sociedad, ya que allí se genera gran parte de los problemas que entorpecen la unión conyugal. También es fundamental que las parejas tomen conciencia de su misión como cristianos en el mundo.

Nuestra Iglesia Metodista necesita proveer a sus pastores y congregaciones de material adecuado para la pastoral de las parejas que están preparándose para el matrimonio, como, por ejemplo, guías para reuniones, audiovisuales, listas de literatura disponible, etc.

Es importante también la preparación para la ceremonia. Por eso el pastor se entrevistará con los novios y, si es posible y conveniente, con los padres y padrinos de los novios, a fin de poner en claro el sentido y la motivación de la ceremonia, el uso y significado del ritual y de sus distintos momentos, y también considerar los detalles y las formas exteriores de la ceremonia (ornamentación, uso del templo, etc.) a fin de que contribuyan a realzar el significado profundo de la ceremonia, tal como fue expresado en la sección anterior.

Hacia una pastoral permanente del matrimonio

La pastoral matrimonial no termina con el casamiento. La relación de pareja no es algo estático, dado, con las mismas características para siempre, sino que va atravesando distintos períodos propios de la relación y del momento de vida de cada uno. Por eso el vínculo debe ser alimentado a lo largo del matrimonio y se debe preparar para los momentos críticos que deba recorrer.

Creemos, y ya fue afirmado anteriormente, que el matrimonio es indisoluble. Pero enseguida debemos plantearnos la pregunta acerca de cómo está unida la pareja y para qué lo está.

Hay uniones enfermizas que de ninguna manera contribuyen a la plenitud de sus integrantes, y otras donde, si bien la apariencia los muestra como un matrimonio constituido, existe un abismo entre sus integrantes y un deterioro sensible de la relación.

La intimidad de la pareja debe manifestarse adecuadamente en distintas dimensiones, tales como la sexual, emocional, intelectual, estética, creativa, recreativa, de trabajo, de servicio, espiritual.

Respecto a esto último, es importante que la pareja tenga pautas concretas que le ayuden a aprovechar los «medios de gracia» como la oración y la lectura de las Escrituras. Encontrar modos de devoción, encuentro y diálogo ante Dios es algo fundamental y la Iglesia debe ayudar en esa búsqueda.

Las congregaciones deben proveer ocasiones a los matrimonios (sea en grupos, visitas familiares o entrevistas) para que tengan la oportunidad de reflexionar, hallar respuestas adecuadas y fortalecer la relación matrimonial.

También creemos importante el seguimiento de las parejas recientemente casadas, seguimiento que debe ser hecho tanto por el pastor como por los grupos de matrimonios de la Iglesia donde se casaron.

Existe una serie de aspectos de la problemática matrimonial o familiar que exigen una atención especializada que el pastor no puede o tiene dificultades para atender adecuadamente (aspectos médicos, psicológicos, legales, etc.). Todo pastor debe tener a mano información sobre los recursos disponibles a fin de poder derivar (referir) las parejas a quienes estén en condiciones de ayudarlas.

La Iglesia ante el matrimonio en crisis y con los divorciados

Nuestra postura frente al divorcio no tiene que ver sólo con un ordenamiento legal de la sociedad, sino con la nueva actitud de vida en relación con nuestro prójimo y con Dios.

Esta debe partir del llamado de Jesús a ser nuevas criaturas, desterrando el egoísmo, la intolerancia, la competitividad, la opresión de nuestras relaciones humanas, en todos los ámbitos, y aceptando humildemente que somos rehabilitados por él cuando fracasamos y somos animados por su Espíritu para conocer que nuestra vida tiene un sentido —él se lo da— tanto cuando triunfamos como cuando fracasamos, cuando somos hábiles como cuando somos inhábiles.

La Iglesia hace presente, manifiesta, a Jesucristo hoy. Para ello convoca a las personas y a la sociedad para actuar con nuevas motivaciones: la solidaridad, la comprensión, la amistad, el amor. Al mismo tiempo, les facilita esa nueva orientación de plenitud y de libertad que apunta a algo que trasciende a la propia Iglesia y a cualquier institución humana: lo que llamamos «Reino de Dios».

Por eso, siendo el divorcio expresión de un fracaso en el cual todos estamos involucrados, es necesario que nos dediquemos a hacer eficaz esa señal de perdón y de liberación de Jesucristo que vino a salvar a los pecadores, al mundo, a la creación (Jn. 10.16-18).

La actitud de la Iglesia frente a este tema debe regirse por dos principios centrales, cada uno de los cuales tiene consecuencias pastorales.

En primer lugar, creemos que la unión matrimonial es, en el propósito de Dios, total y permanente, destinada a crear una nueva realidad humana (la pareja), objeto como tal de la gracia y la promesa divina. Por consiguiente, la Iglesia tiene responsabilidad pastoral de ofrecer sus servicios para que se realice ese propósito. En ese sentido, el ministerio de la Iglesia está destinado a que esa nueva realidad humana —la pareja— se realice plena y permanentemente.

Por lo mismo, no puede menos que ver en la ruptura de la unidad un hecho negativo, una consecuencia del pecado. La Iglesia no puede, pues, tomar livianamente la separación como algo «natural», y el matrimonio como una especie de procedimiento de «ensayo y error». Esto debe ser claro en la enseñanza y la labor pastoral de la Iglesia, en su liturgia, etc.

En su tarea pastoral ante el matrimonio en crisis será importante que ofrezca a la pareja la posibilidad de buscar las causas de tal situación, de tal manera que ambos cónyuges asuman su parte de culpa sin por eso quedar derrotados o sentirse condenados y expresen su manera de ver las cosas, cuando estando solos ante el otro no pueden hacerlo o lo dicen mal.

Será importante que la Iglesia ofrezca elementos para la reconstrucción y la restauración de la relación en crisis, dando esperanzas mediante posibles salidas. En ese sentido, deberá subrayarse el lugar que tiene la fe como base y sostén de la relación matrimonial y como ayuda para una adecuada reparación del vínculo.

En la visión evangélica del matrimonio deberá subrayarse que la vida de la pareja no se agota en la relación de uno con el otro: sería otra forma de egoísmo que, como todos los egoísmos, conduce a caminos sin salida. Es fundamental que la pareja establezca relaciones profundas y comprometidas con la realidad exterior y con otras personas, a las cuales está llamada a amar y servir. Esto implicará una serie de actividades muy significativas en las cuales pueden comprometerse juntos.

En segundo lugar, el mensaje del evangelio nos enseña que ningún error, pecado o fracaso nos excluye de la gracia de Dios en Jesucristo, gracia que significa perdón, transformación de la vida y poder para una vida nueva. Por lo tanto la primera actitud de la Iglesia ante la crisis o el fracaso matrimonial debe ser la palabra liberadora de perdón. No puede construirse nada sobre la sola base del sentimiento de culpa.

El perdón requiere el esfuerzo por restaurar y recrear lo que el pecado (propio, ajeno o estructural) ha dañado o destruido. Esto significa ponerse (la Iglesia, el pastor) al servicio de la salud total de la pareja, buscando su reconciliación o posible restauración.

Cuando la situación ha llegado a un punto irreversible, el evangelio no ata irremediablemente a la persona a su pasado. Esto significa la posibilidad de iniciar una vida nueva más allá de este fracaso, ayudando a la persona a reconstruirse a sí misma y a comprender que, en la relación con Dios y con la comunidad, puede llevar a cabo otros proyectos que den pleno sentido a su vida.

Aunque se haya llegado a la conclusión de que los cónyuges no pueden seguir conviviendo, eso no significará que se anula la responsabilidad que uno pueda tener por el otro y por los hijos, si los hubiera. Por eso, se procurará lograr la mejor salida para que haya el menor daño posible.

Si creemos que por la gracia de Dios ninguna persona está atada a una situación definitivamente clausurada, entendemos que la Iglesia no debe descartar la posibilidad de un nuevo matrimonio. Los criterios a tener en cuenta para un segundo matrimonio serían los siguientes:

a) El pastor evaluará la situación a partir del conocimiento más objetivo posible de los hechos que la han provocado (causas de la ruptura del primer matrimonio, circunstancias en que se organiza la nueva pareja, personas afectadas por la situación, acciones que se realizaron en tiempos de la ruptura del primer matrimonio, etc.).

b) Ningún pastor llegará a una decisión respecto a un nuevo casamiento sin una extendida relación pastoral (según los casos, con la pareja que se separa, los separados o la pareja que busca unirse). El propósito primario es el señalado en los principios ya mencionados, y eso debe ser claro en la misma relación pastoral.

c) Por medio de esta relación el pastor tratará de discernir si la relación anterior llegó realmente a una situación irreversible, y que se trata de un caso en el que el nuevo casamiento es una expresión de la gracia y el perdón divinos a los que la Iglesia no puede negarse. En todo caso, antes de ofrecer esa posibilidad, consultará con el superintendente regional (o, en el caso de que él mismo lo fuere, con el obispo). Si una de las personas estuviera en relación con otra congregación o si otro pastor hubiese intervenido, la consulta incluirá a los ministros que desde el comienzo ofrecieron atención pastoral.

d) La ceremonia deberá tener en cuenta la naturaleza de esta unión, no sobre la base de una «condicionalidad» (Dios no da una gracia de segunda categoría), sino adecuando el lenguaje y el énfasis a la situación.

e) Debería exigirse que, por lo menos, una de las personas pueda probar un compromiso con la Iglesia Metodista.

f) Será muy importante trabajar pastoralmente con los hijos de divorciados, y especialmente si sus padres contraen nuevo matrimonio.

En cuanto a la situación de pastores separados, vueltos a casar o en pareja con una persona divorciada, consideramos que la actitud de la Iglesia debe seguir los lineamientos mencionados, por ser el pastor, ante todo, un miembro de la Iglesia. Pero dadas las circunstancias mencionadas, consideramos importante distinguir entre el interés pastoral y su papel específico dentro de la comunidad de fe. Por lo tanto, será el Consejo General de Ministerio y Designaciones el que decida acerca de la ordenación o permanencia de un ministro, tomando en cuenta su situación particular.

7172